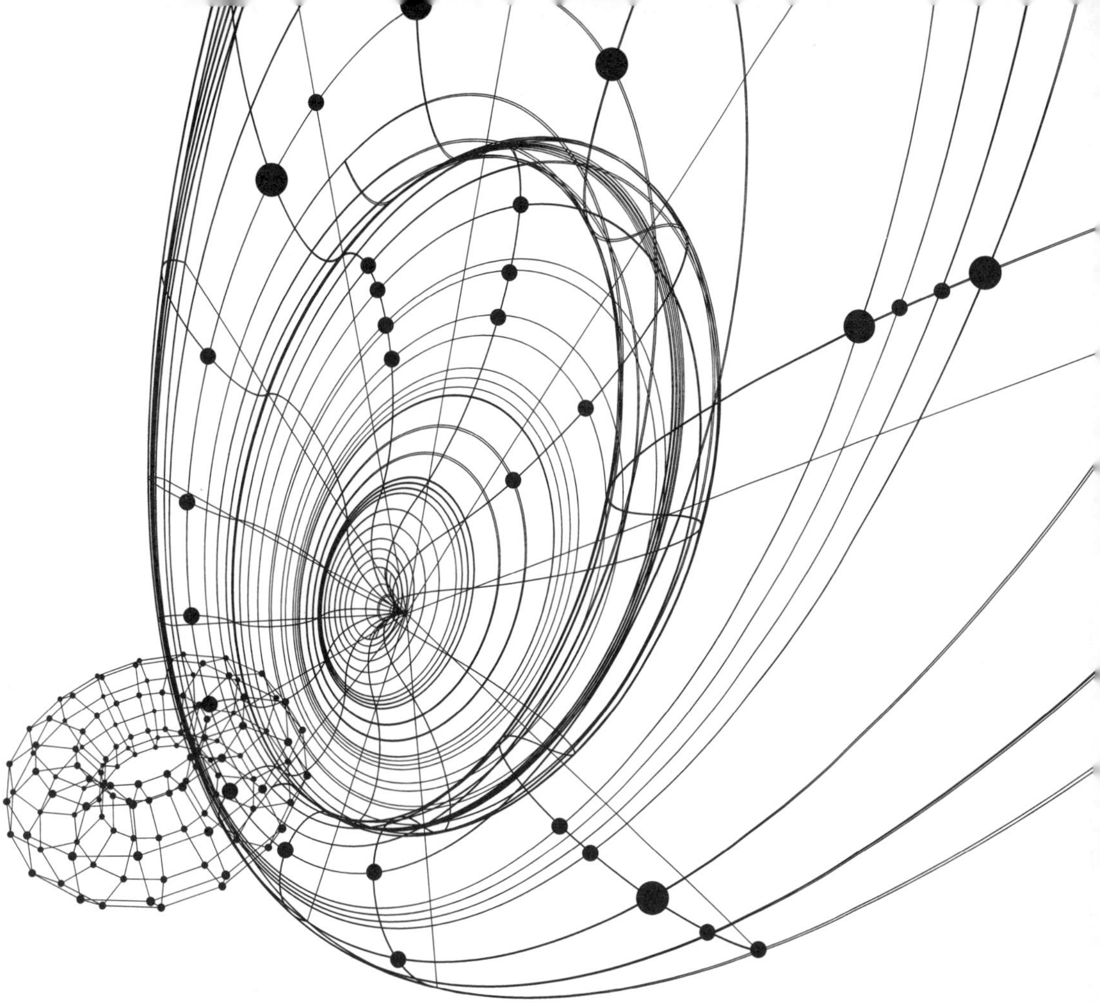

# CAD/CAM 실무

## [ PowerMILL 이용 3차원 가공 ]

맹희영 저

한국델켐(주) 감수

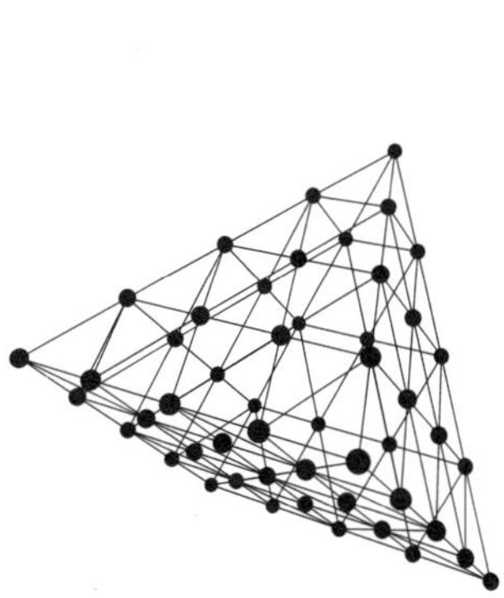

북스힐

# 머리말

우리나라는 제조업 분야에서 그동안 눈부신 성장을 이루어 세계적인 강국으로 불리고 있다. 그러나 2009년 이후 최근 들어 글로벌 경기 위축, 임금 상승, 시장 변동성 등의 영향으로 앞으로 전망이 밝지만은 못하다. 그 때문에 정부에서는 「제조업 혁신 3.0」을 통해 제조업의 생산성과 경쟁력을 향상시키고자 노력하고 있다. 주요 골자는 '스마트공장'을 추진하여 IT · SW 역량이 부족한 기업의 제조 현장을 지원하는 것이다. 제품 기획, 설계, 제조, 판매, AS까지의 전 과정에 ICT나 사물인터넷 IoT를 접목시키려는 계획을 가지고 있다.

이러한 시기에 넓은 의미의 CAD/CAM은 스마트공장(Smart Factory)이 원활하게 운용될 수 있도록 소프트웨어적인 요소, 즉 자동 운전 명령 지침들을 만들어 주는 것이 그 목적이라 하겠다.

이와 같은 CAD/CAM의 목적과 취지에 맞추어서, 이 교재는 대학 수준에서 3학점 단위 교육 과정을 통해 CAM 관련 이론과 실습을 병행할 수 있도록 생산자동화에 관련된 NC 기계의 운용, 그리고 PowerMILL CAM 시스템을 이용한 3차원 가공 중심의 실무적인 학습을 제공하고자 하였다.

수업용 교재를 목적으로 개조식의 간단명료한 서술로 정리하고자 하였으며, 그러면서도 다양한 설명도와 해설을 통해 이해도를 높임으로써 이론수업과 실습수업을 병행하는 데 도움이 될 수 있도록 하였다. 비록 이 책에서는 현장에서 다루는 복잡한 과제까지는 수록하지 못하였지만, 인터넷이나 YouTube를 통해 얻을 수 있는 다양한 교육 자료 또는 동영상을 접할 수 있도록 인용 · 소개하고자 노력하였다. 이들 매체들을 잘 활용하면 더욱 더 CAD/CAM 실무 능력을 키우는 데에 도움이 될 수 있으리라 생각된다.

이 교재를 완성하기까지 자료의 수집은 물론 관련 실습 자료들을 활용할 수 있도록 허용해 주신 한국델켐(주)의 정찬웅 사장님과 김성례 팀장님, 그리고 엄정섭 박사님께 깊은 감사의 말씀을 드리며, 편집과 출판 과정에 아낌없는 지원을 해 주신 ㈜도서출판 북스힐의 조승식 대표님을 비롯한 관계자 여러분들께도 깊이 감사드리는 바이다.

2016년 6월 저자 씀

# 차 례

01 장

# 자동화 개념과 CAD/CAM

최근 자동차, 항공기, 스마트폰, 각종 정밀 디바이스 등 첨단 산업이 급속히 발전함에 따라 이러한 산업을 뒷받침할 수 있는 호환성(互換性; interchangeability) 있는 기계부품의 수요가 날로 증가하고 있다.

자동화는 기계가 지능화되어 조작 및 통제를 스스로 실행하는 것이라 할 수 있으며, 넓은 의미의 CAD/CAM은 이러한 자동화시스템이 원활하게 운용될 수 있도록 소프트웨어적인 요소, 즉 자동운전 명령지침들을 만들어 내어 주는 것이 그 목적이라 할 수 있다. 이 단원에서는 자동화의 개념과 생산 자동화 시스템의 측면에서 하드웨어적인 요소와 이에 대응하는 CAD/CAM의 역할과 구성 요소에 대하여 살펴보기로 한다.

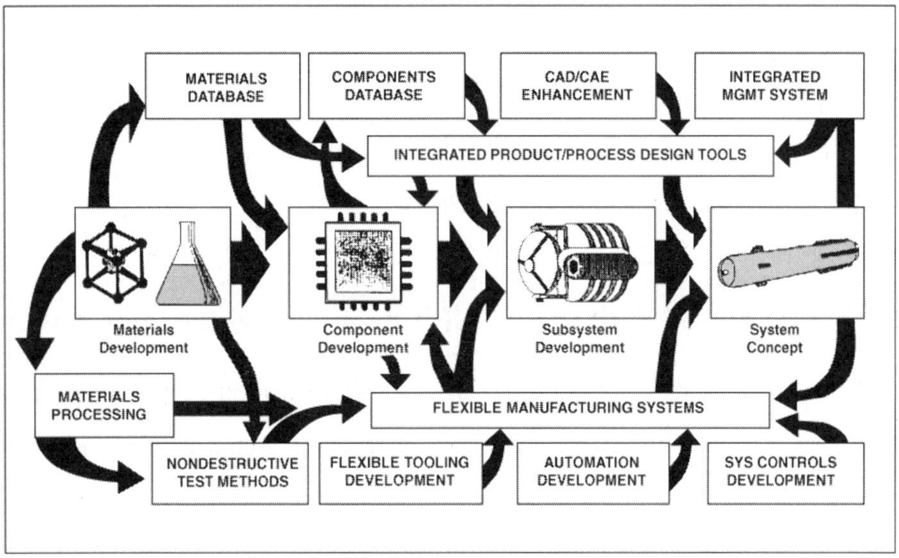


**그림 1.1** 자동화 개념과 CAD/CAM 역할

# 1.1 산업의 발전 단계

## (1) 신석기 시대 이후: 도구화(Tool Utilization)

인간은 태고로부터 도구를 사용하면서 발달해 왔다. 처음에 이용한 도구로는 인간의 신체 활동과 유사하고 흡사한 것이 만들어져서 사용하였다. 즉 주먹 대신 망치, 손바닥 대신 그릇 등을 만들어 의식주를 해결하였다.

## (2) 산업혁명 이후(1771년대 이후): 기계화(Mechanization)

인간은 점차적으로 도구의 기능을 조합한 기계를 만들어 내기 시작하면서 초기에는 사람의 힘이 아닌 자연의 힘을 이용한 기계를 만들어 냈다. 예를 들면 물레방아 같은 것을 들 수 있다. 급기야는 18세기에 들어와 증기 기관의 발명으로 자연계의 힘 외에서도 동력을 얻을 수 있는 방법을 찾으면서 급격한 기계 문명의 발달을 이루게 된다.

## (3) 2차 대전 이후(1940년대 이후): 자동화(Automation)

19세기 말에서 20세기에 걸쳐서 갖가지 기술이 개발되어 자동 제어 기술을 라인으로 연결하여 작업 기계 사이의 물류 이동을 기계 자체가 하게 된다. 2차 세계 대전 종료 후 공장에서 생산되는 제품은 전쟁용에서 민간용으로 옮겨져 상권이 형성되면서 생산 공장이 건설되어 제품을 대량으로 만들어 내기 시작한다. 이에 생산 설비의 개량으로 효율 향상이 요구되고 자동화 기술이 연마되어 자동화(Automation)란 새로운 단어가 탄생된다(1947년 J. doebold와 D. S. Harder 명명).

## (4) 컴퓨터의 대중화(1960년대 이후): 유연성 자동화(Flexible Automation)

생산 시스템에서 자동화 분야는 메커니컬 자동화(Mechanical Automation), 프로세스 자동화(Process Automation) 및 비즈니스 자동화(Business Automation)로 구분할 수 있으며, 초기에는 주로 단순한 메커니컬 프로세스에 프로그램을 추가한 정도였으나, 컴퓨터의 기능과 활용이 대중화된 이후에는 생산 기기, 반송 기기, 보수 기기 등을 컴퓨터로 연결하여 생산 계획, 생산 관리를 위한 소프트웨어의 활용이 활발히 진행되었다.

### (5) 5세대 컴퓨터 등장(1990년대 이후): 무인화(Full Automation)

생산의 다양성 및 융통성은 인터넷, 컴퓨터 및 정보 기술의 발달로 인하여 고도화되었고, 민첩 생산(Agile Manufacturing), 전자 상거래(Electronic Commerce), 컴퓨터 통합 생산 시스템(CIM) 등을 통하여 열악한 환경의 공장에서 사람이 직접 작업하지 않고 중앙 상황실에서 원격으로 제어하는 기술이 구현되었고, 이 기술이 전 세계적으로 확산되어 경쟁이 매우 심화되게 되었다.

### (6) 스마트폰/클라우드 컴퓨팅 등장(2010년대 이후): Smart Factory(ICT화), 융복합화(CT화), 3D Printing 등 4차 산업 혁명화

생산활동이 더욱 고도화되면서 미래의 생산 시스템은 전 세계에 흩어져 있는 소비자들의 요구에 민첩하게 대응할 수 있도록 작은 규모의 생산 시스템이 인터넷을 기반으

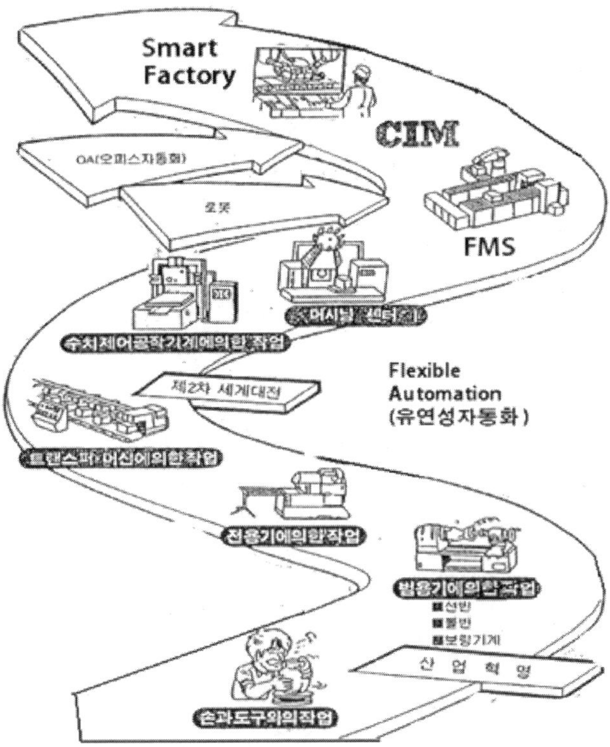


그림 1.2 시대별 산업과 생산 형태의 발전 단계

로 분산된 형태로 구축하여, 기획에서 설계, 생산, 검사 등에 소요되는 리드 타임(lead time)을 혁신하여 축소함으로써 민첩 생산을 가능하게 하고, 다양한 소비자의 요구에 부응한 고품질 저비용의 제품을 개발 및 생산할 것이다. 아울러 ICT 기술을 기반으로 전 세계적인 공급망, 원격 감시 및 제어 기능을 갖출 수 있도록 발전하고 있다. 즉 미래의 생산 시스템은 SMART(Small Manufacturing with Agile and Reasonable cost & quality in Tele-factory) 특성을 갖는 생산 시스템들과 고객들이 ICT 기반으로 연결되어 상거래가 이루어지는 새로운 생산 시스템으로 발전할 것으로 예상된다 하겠다.

## 1.2 현대적 자동화 개념

### (1) 현대적 개념의 자동화

현대적 개념의 자동화는 기계가 지능화되어 조작 및 통제를 스스로 실행하는 것으로 정의할 수 있는바, 기계화는 인간의 육체노동을 기계로 대치하는 것, 즉 인간의 “근육, 힘줄”을 기계로 대체하는 기능이라 한다면, 인간의 “신경, 뇌”와 같은 정신노동을 대체해 주는 제어기능이 추가되어서 기계의 지능화를 꾀하는 것이라 할 수 있다.

### (2) 인간과 자동화 기계의 비교

반복성(repeatability)과 힘(power), 스피드(speed), 정확성(accuracy) 등은 자동화 기계에 비하여 인간의 능력이 떨어지나, 학습력(learning), 융통성(flexibility), 판단력(judgment) 등은 앞선다고 할 수 있다.

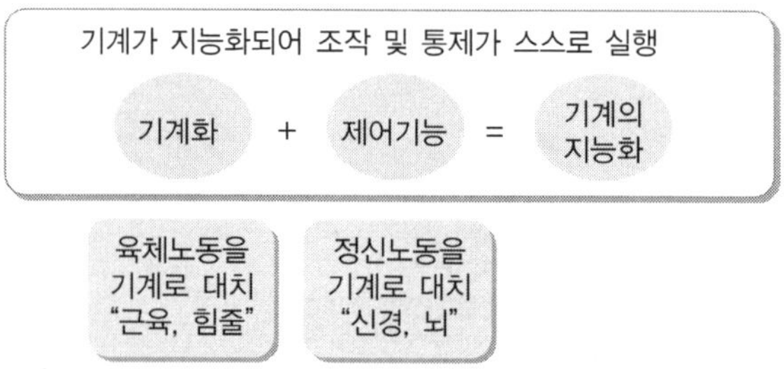


그림 1.3 기계의 지능화와 자동화의 의미

### (3) 시대별 생산 기술의 변화

생산성(Productivity), 다양성(Variety)을 중심으로 점진적으로 발전하고 있다.

- 아담 스미스(Adam Smith): 분업화
- 테일러(Taylor)의 과학적 관리법: 하루의 공정한 과업을 기준으로 계획적인 생산 실시, 표준시간, 과학적 관리
- 포드(Ford)의 대량 생산 방식: 이동식 조립라인 즉 컨베이어 벨트 시스템을 도입한 분업화, 부품들의 호환성, 조립의 용이성을 추구함
- 도요다(Toyota) 자동차의 적시 생산 관리: 부족한 설비 효율성 제고, 고객의 다양한 요구에 대응한 생산 방식, 생산 현장의 낭비를 발견하여 이를 해결하는 것부터 시작, 설비 가동률의 향상 등

## 1.3 고정 자동화와 유연성 자동화

### (1) 고정 자동화(Fixed Automation 또는 Inflexible Automation)

생산 플랜트 또는 주어진 공정을 자동화하였으되, 기계 장치의 변경 없이는 제품형식이나 공정을 변경할 수 없는 자동화로 정의할 수 있으며, 1회용 자동화의 특성을 가지며 소품종 대량 생산형태에 적합하다.

[예] 화학제품, 생필품, 음료수, 식료품(섬유류) 등의 생산라인 등

### (2) 유연성 자동화(Flexible Automation 또는 Programmable Auto.)

프로그래밍된 절차로 운전되기 때문에 기계 장치의 변경 없이도 제품의 형식이나 공정을 변경시킬 수 있는 자동화이며, 반영구적 자동화의 특징을 가지며 다품종 중/소량 생산형태에 적합하다.

[예] Computerized된 자동화장치, NC기계, robot 장비, 자동창고 관리 시스템, 무인창고 시스템, CAD/CAM, FMS, CIM 등

### (3) 컴퓨터 이용(Computer Aided/Assisted) 설계/생산 관련 용어

| CAE : | Engineering | CADD : | Drafting & Design |
|---|---|---|---|
| CAD : | Design | CAR : | Recreation |
| CAPP : | Process planning | CAGD : | Gemetric Design |
| CAM : | Manufacture | CAI : | Inspection |
| CAT : | Testing | CAQC : | Quality Control |
| CA* : 자동* | Computer Aided, Computer Assisted, Automatic | | |

## 1.4 CAD/CAM 개념과 FMS 및 CIM

### (1) 생산 자동화의 궁극적인 목표

개념설계에서 공학설계, 형상처리, 제도, 공정계획, 가공, 품질검사, 출하 등에 이르는 전체 과정을 on-line 자동화하는 것이 궁극적인 목표라 할 수 있다.

### (2) FMC(Flexible Manufacturing Cell)

어느 한 부품을 대상으로 이의 가공을 완전히 자동화할 수 있는 핵심 제조 단위라고 할 수 있다. 이 가공 시스템의 핵심은 가공 기능을 구성하는 공작 기계 군이지만 이를 지원하는 착탈 기능의 로봇, 계층 제어 방식 DNC 공작 기계 군 기능, 자동 물류 시스템 기능, 자동 창고 기능, 자동 시스템 보전 기능, 종합 소프트웨어 시스템 기능 등의 요소로 구성된다.

### (3) FMS(Flexible Manufacturing System)

유연 생산 체계(FMS; flexible manufacturing system)는 여러 부품을 가공하는 FMC들이 특정 모듈 제품을 자동으로 생산할 수 있도록 구축된 시스템이다. 소비자 요구의 다양화에 대응하고 생산된 제품의 가격 저하와 납기의 단축 요청에 의해 탄생된 것이다. 현재 많이 사용하고 있는 소품종 다량 생산 방식은 사용자의 요구가 다양해지고,

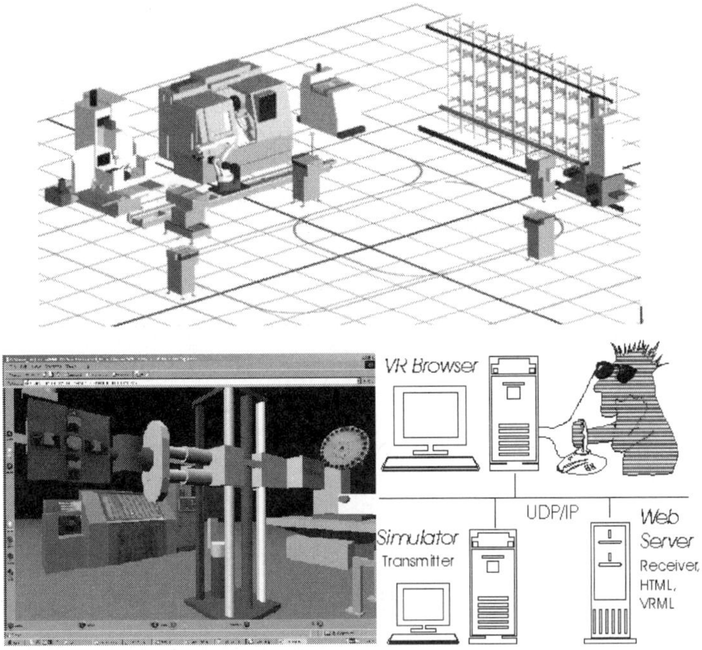


그림 1.4 FMC의 기본 요소 및 운영 시스템

그림 1.5 전형적인 FMS 생산 공장의 내부 모습(http://waitbutwhy.com/2015/05)

수명 주기가 짧아진 제품을 경제적 또는 효과적으로 생산할 수 있도록 구축된 시스템이다. 현재 사용되고 있는 FMS는 공작 기계를 주로 사용한 단품 또는 기계 부품의 가공용 시스템이 주류를 이루고 있다.

### (4) FMS의 주요 자동보전 기능

- 시스템 전체의 감시 기능: 가공 감시용 CCTV로 시스템 전체와 가공 기능의 가동 상태를 감시한다.
- 시스템의 고장 대책: 공작기계의 고장에 의한 시스템의 정지에 대비한 대체 공작 기계를 설치하여 시스템 가공 기능의 실용성을 갖게 하는 방법이 널리 채용되고 있다.
- 시스템 운전 요원에 대한 안전 확보 기능: 완전하게 무인화된 FMS는 거의 없으며 또 완전하게 무인화된 시스템에서도 점검 및 보수를 위하여 사람이 시스템 내에 들어가야 할 경우가 있다. 따라서 시스템 운전 요원의 안전을 확보하기 위하여 안전장치를 설치하는데 무인 운반차의 이동 경로, 가공 기계 주변, 로봇 주위에 안전장치를 설치하거나, 천장에 별도의 통로를 설치하는 방법 등이 있다.
- 시스템의 자기 진단과 복귀 기능: 시스템의 가동 상태를 시스템 자신이 항상 인식하고, 고장의 알림이나 고장 원인의 자기 진단을 하여 고장인 경우에는 진단 결과에 기초를 둔 시스템의 자기 복귀를 하는 것이다.
- 공작 기계의 효과적 이용 기능과 가공 정도 확보 기능: 이 기능은 시스템의 가공 기능을 구성하는 각 공작 기계마다 설치되어 있어 현재의 FMS에 있는 가장 일반적인 보전 기능이다. 그 내부는 공작 기계의 이용 효율 향상이나 가공 정도 확보뿐만 아니라 기계의 안전 확보도 포함한 넓은 것으로 되어 있다.
- 반송 기기의 상태 확보 기능: 이 기능은 무인 운반차의 위치 센서, 팰릿의 식별 장치가 대표적이다. 이 기능으로 시스템 내에 있는 반송 기기의 상태, 반송되고 있는 일감, 반제품, 제품, 치구, 공구, 팰릿의 식별, 공작물을 반입해야 할 공작 기계의 판별 등을 할 수 있다.
- 가공 대상 부품의 치수 및 형상 검사: 이 기능은 가공된 부품의 품질을 일정하게 보존하기 위하여 필요하다.

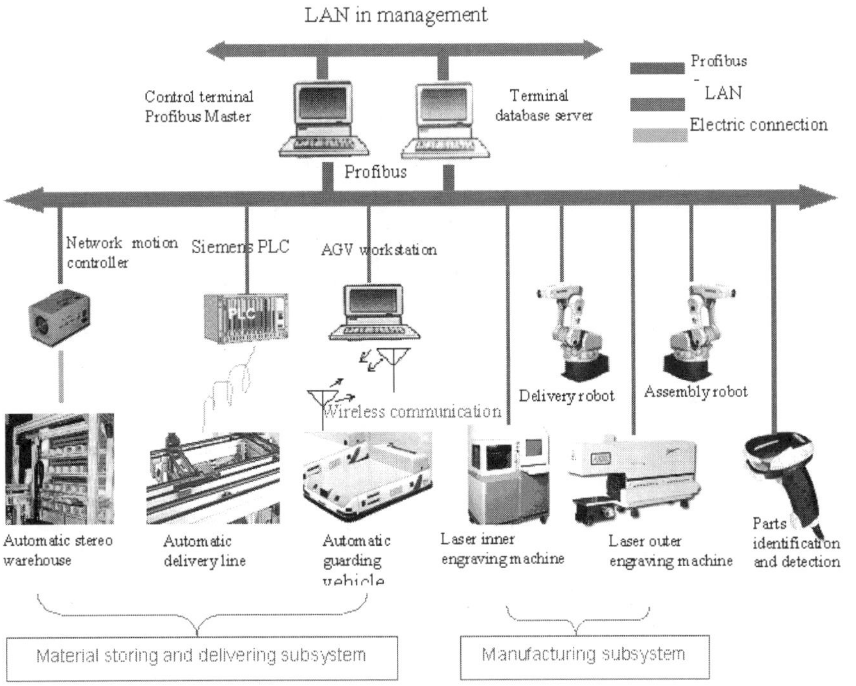


**그림 1.6** FMS에서의 통합적인 정보 전달 체계와 관리

## (5) CIM과 CAD/CAM 소프트웨어적 역할

- 생산 제어 소프트웨어: FMS 공장 내에서 소재로부터 부품이나 제품을 생산하는 과정에는 많은 정보가 흐른다.
- 관리 정보 처리 시스템: 생산 시스템의 중요한 서비스 시스템의 하나로서 제품 설계 관리와 생산 관리로 구성된다. 이 중 관리 정보 처리 시스템의 중심은 생산 관리로서 경영 계획 시스템으로 설정된 생산 목표를 효율적, 경제적으로 달성하기 위하여 생산에 관한 모든 관리 활동을 하는 것이다.
- 기술 정보 처리 시스템: 생산 시스템의 중요한 하나의 하위 시스템을 구성하고 있다. 이것은 다품종 소량 생산 시스템에 적합한 FMC나 FMS의 소프트웨어를 구축하는 경우에는 기술 정보 처리 소프트웨어의 완비가 요청되고 있는 것을 의미한다. 그러나 1980년대 초기 단계에는 소프트웨어의 일부분이 생산 제어 소프트웨어와 결합하는 형으로서 실용화되어 있다.

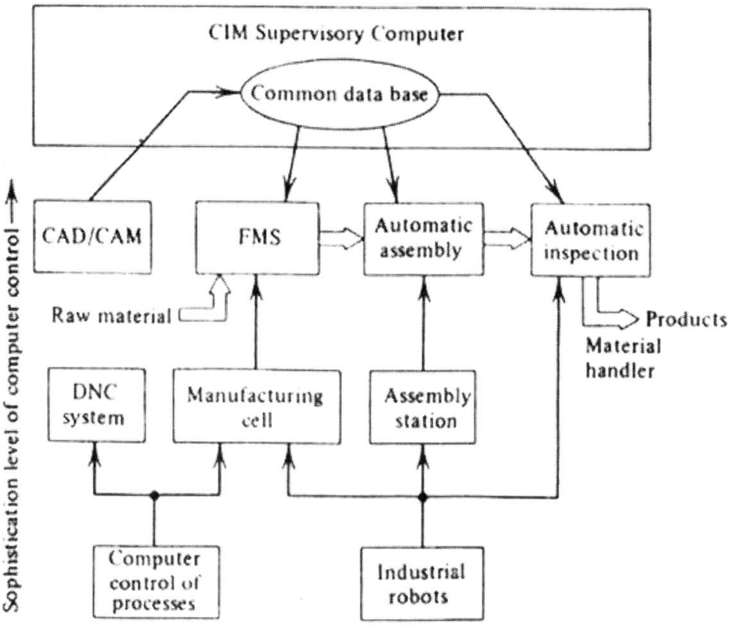


그림 1.7 CIM 통합생산 시스템의 계층 구조

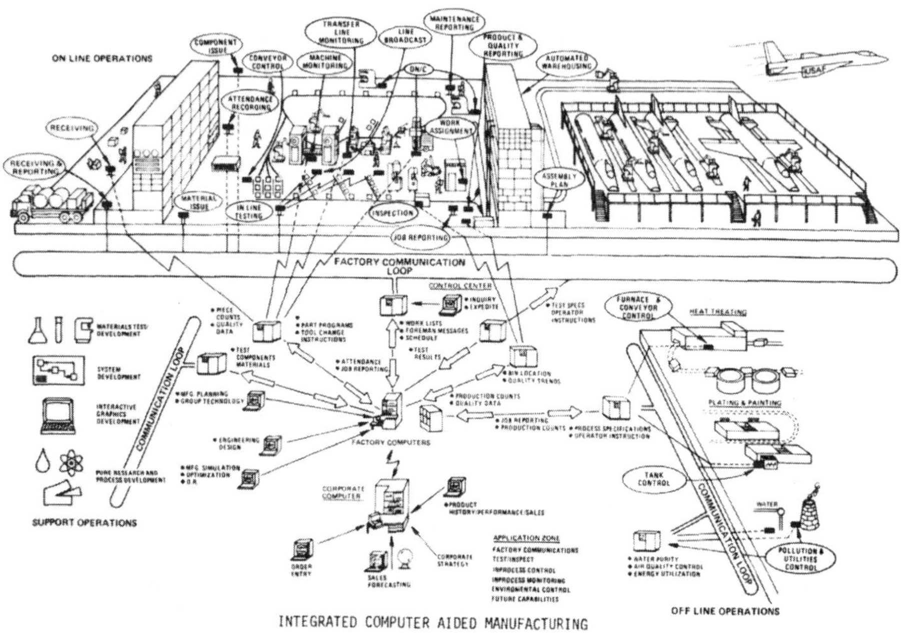


그림 1.8 CIM 통합생산 시스템의 총체적인 운영 체계 모형

- CIM 네트워크: FMS는 여러 개의 유연 생산 셀(FMC; Flexible Manufacturing cell)로 구성되어 있는데 계속하여 확장이 가능하도록 시스템을 구성하여야 한다. FMC를 구성하는 셀(cell)과 시스템 컨트롤러를 비롯한 각 컨트롤러, 각종 제어 시스템, 각 공작 기계 사이에는 각종의 정보가 원활하게 서로 오고 가야 하는데 이것을 네트워크(network)라고 한다. 네트워크는 시스템의 운전에 있어서 매우 중요한 요소로서 시스템을 안전하고 효율적으로 운전할 수 있도록 구성되어야 하며, 노이즈에 의하여 변경되거나 간섭을 받지 않아야 한다.
- 시스템 컨트롤러와 각 셀 컨트롤러 사이에는 대규모 정보의 전송이 가능한 이서넷(ethernet)이 사용되며, 시스템 컨트롤러와 무인 운반차 컨트롤러는 중거리 전송용인 자동 창고와 스태커 크레인 컨트롤러는 광 모뎀을 통하여 정보를 주고받는다. 각 스테이션과 스테이션 PLC, 무인 운반차 컨트롤러와 무인 운반차는 무선 통신으로 신호를 전송한다.

## 1.5 CAD/CAM 역할과 구성 요소

### (1) 넓은 의미의 CAD/CAM

제품이나 구조물, 장치 등을 만들 때 만들고 싶은 제품을 레이아웃 설계하고 CAE 해석하며 그 결과를 형상 설계하며, 가공 및 제조에 필요한 정보를 토대로 공정 설계(CAPP)하여 그 결과로 산출된 작업 지침서와 가공 명령정보를 공장의 자동화 장비의 운영 정보로 변환하여 온라인으로 가공하고 조립하기 위한 소프트웨어 역할을 의미한다.

### (2) CAD 영역

CAD 영역은 설계 작업 중에서도 도면의 작성, 수정이나, 도면상에 그려져 있는 공작물의 구조계산 등 기계적 작업에서 인간이 하면 시간이 걸리는 작업에 전념하여 인간과 컴퓨터가 서로 어려운 부분을 보완해서 질이 좋은 설계를 효율적으로 하는 것을 목적으로 한 것이다.

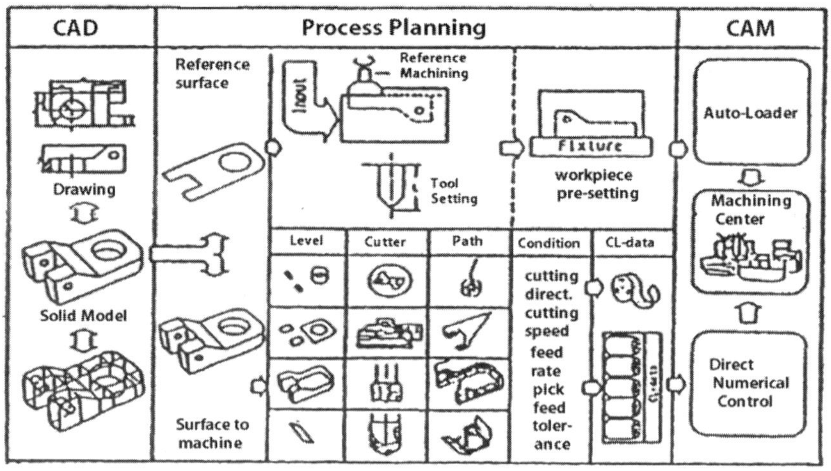


그림 1.9 전형적인 CAD/CAM 정보의 흐름도

## (3) CAM 영역

CAM 영역은 컴퓨터를 이용하여 제조공정의 생산성 향상을 꾀하는 것으로, 생산공장에서 로봇을 움직이려면 제조하는 물건 가공 순서를 기억하고 있는 소프트웨어나 물건의 크기 등의 데이터가 필요한데, 이 소프트웨어나 데이터를 인간이 알기 쉬운 말로 컴퓨터에 입력함으로써 자동적으로 생산하는 것이 CAM의 구체적 의미라고 할 수 있다.

## (4) CAD와 CAM 통합화

CAD와 CAM은 시스템으로서는 따로 발전해 왔지만 최근에는 데이터베이스를 공용함으로써 통합화되어 가고 있으며, CAD는 그 적용범위가 더 넓어져서 최근에는 제조업 이외에 건축, 토목이나 설비 서비스업에서의 각종시설, 설비의 설계, 디자인 등 많은 분야에서 이용되기 시작하고 있다. 한편 CAM은 제조에 있어서 NC 공작기계의 제어용 중심이었으나 앞으로는 공장의 로봇화가 진전되어 감에 따라 이용형태가 여러 가지로 나타날 것이다.

## (5) 종합 솔루션 기능

따라서 CAD/CAM 시스템에서는 맨 머신(man machine) 인터페이스(interface)에 손을 가하여 이용 분야도 다양화되어서 CAD/CAM은 하드, 소프트, 그리고 이용기술 삼위일체가 된 종합 솔루션 기술이라고 할 수 있다.

## 1.6 CNC 기계의 역할

- 공장자동화 라인(FMC, FMS, CIM 등)에서 말초적인 세포(Cell) 역할 담당을 담당하고 있다.
- 단독으로도 운용되고 (stand alone 방식), DNC(Distributed NC), GC - DNC(Group Controlled DNC) 등으로 초대형 생산라인에서 군을 형성하여 운전되기도 한다.
- 유연성 자동화 시스템의 기본적인 unit이라고 할 수 있다.
- NC controller 자체는 공작기계뿐 아니라 공업 전반에 걸쳐, 위치결정 제어 또는 윤곽제어 기능이 필요한 장비에 널리 응용되고 있다.

[예] 3차원측정기, 레이저가공기, 대형제도기, 자동재봉기, 프레스기, 배선기, 형상재단기, 로봇, 용접기, 각종 전용기 등.

- 미래의 생산형태는 신제품을 신속하게 제작 소개하고, 비슷한 기능으로 빠르게 변형하고, 소량제품을 경쟁력 있게 생산하고, 일관성 있는 품질을 보증하고, 제품 모델이 가급적 다양하고, 고객이 원하는 변화에 대한 수용 능력이 높은 특성을 요구하고 있다. 이에 CNC 기계는 미래의 생산형태에 잘 부응하고 있다고 할 수 있다.

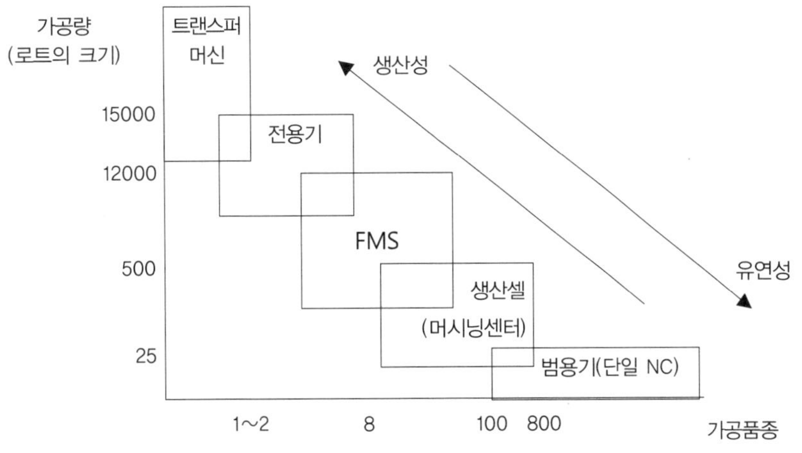


그림 1.10 가공의 유연성과 생산성

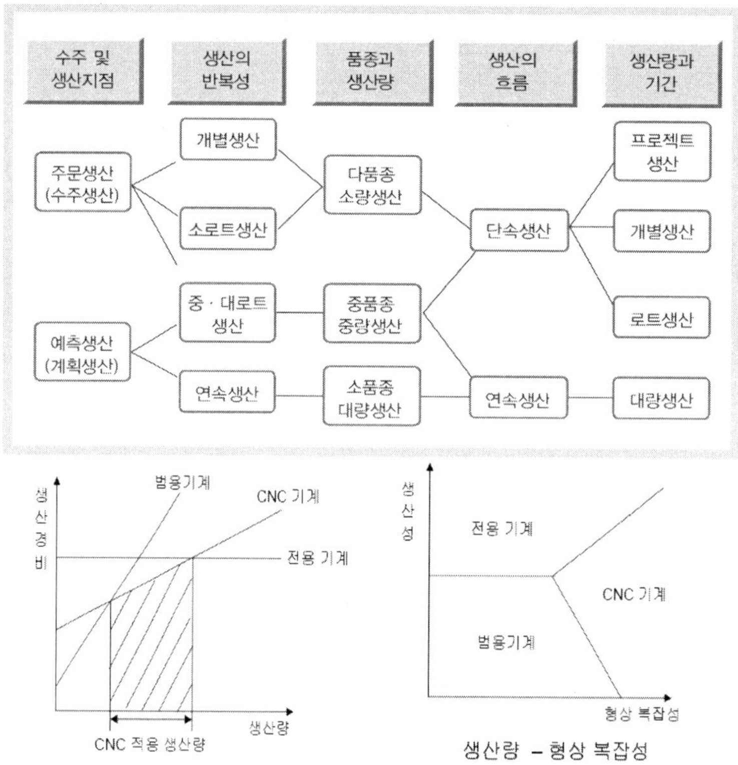


그림 1.11 생산 자동화 시스템에서 CNC 기계가 차지하는 역할

## 복습문제

**01.** 유연생산시스템(FMS)은 일반적으로 어떠한 생산형태에 적합한 시스템인가?

㉮ 다품종 소량생산 ㉯ 소품종 대량생산
㉰ 다품종 대량생산 ㉱ 소품종 소량생산

➜ ㉮

**설명** 유연생산시스템(FMS)은 소비자의 다양한 요구에 대응할 수 있는 다품종 소량생산 형태에 적합한 자동화 시스템이다.

**02.** CNC 기계를 사용하여 공장 자동화를 추구하는 데에서 얻을 수 있는 효과가 아닌 것은?

㉮ 공구 교환시간 단축 ㉯ 품질의 다양성
㉰ 품질의 향상 ㉱ 제조원가 절감

➜ ㉯

**설명** 공장 자동화는 신제품을 신속하게 제작 소개하고, 비슷한 기능으로 변형, 소량제품을 경쟁력 있게 생산하며, 일관성 있는 품질보증과 제품 모델이 가급적 다양한 경우에 적합하도록 고객이 원하는 변화에 대한 수용능력을 갖도록 하는 기능을 갖는다.

02 장

# CNC 공작기계의 구조와 장치들

CNC 공작기계는 공장자동화 라인(FMS, CIM 등)과 CAD/CAM 시스템과 같은 유연성 자동화 시스템에서 말초적인 세포(Cell) 역할을 담당하고 있으며, 이들 구성 장치들은 공업 전반에 걸쳐, 위치결정 제어 또는 윤곽제어 기능이 필요한 장비에 널리 응용되고 있다.

이 단원에서는 CNC 공작기계에 대하여 그 구조와 장치들에 대해 살펴보기로 한다. NC의 정의와 제어 원리 및 장치에 대해 알아보고, NC공작기계의 전형적인 제어 방식과 종류에 대해 알아본다. 그리고 동시제어를 위한 각종 보간 방식과 NC 서보 시스템 구동 요소, feedback 장치에 대해 학습함과 아울러 능률적 자동조작을 위한 ATC, APC 장치의 동작 원리에 대하여 알아보기로 한다.

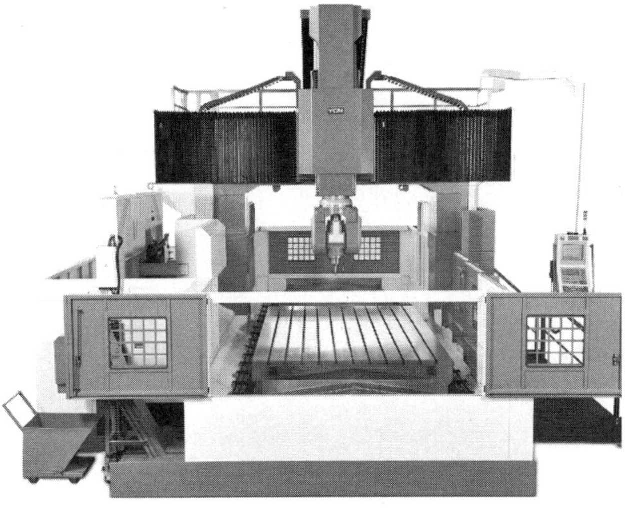

그림 2.1 3축 제어 CNC 공작기계 외형

## 2.1 NC의 의미

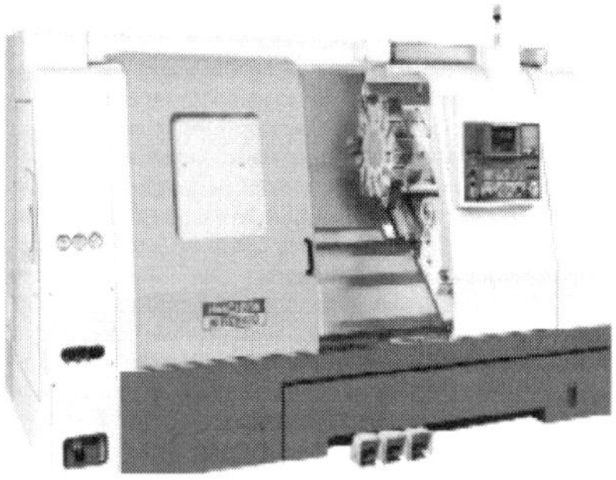

### (1) 정의: Numerical(ly) Control(led) <ISO-KS B 0125 규정>

KS B 0125의 규정에 따르면, 수치제어란 "수치와 기호로써 구성된 수치정보를 통하여 기계의 운동을 자동제어하는 것"으로 정의한다.

[예] A. 공작기계류: NC+ 선반, 밀링머신, 드릴링머신, 보링머신, 와이어-컷 방전기(EDM), 연삭기, 펀치 프레스, 레이저 가공기, 초정밀 가공기, 기타 전용기 등.

B. 기타 기계류: NC+ 3차원 측정기, 재봉기, 형상 재단기, 아크 용접기, 배선기, 자동 운송기, 스카라 로보트 등.

### (2) NC 기계 탄생의 배경

- NC는 미국의 John T. Parson에 의해 발명된 것으로, 당시 헬리콥터의 회전 날개를 만드는데 그 회전 날개를 설계대로 만들기 위해 장소에 따라 다른 종류의 형상 게이지를 먼저 만들고 그 게이지로 검사를 하면서 완성해 갔다. 당시 미국 공군에서는 Parson사와 "펀치 카드형의 지령값을 사용하여 곡면을 가공하는 실험기를 제작하기 위한 설계상의 문제 연구"라는 프로젝트로 계약을 맺어 수행하면서 탄생하였다.
- 그 후 MIT (Massachusetts Institute of Technology)가 연구를 주관해, 1952년 MIT 실험실에서 3축 제어 기계의 설명회를 가졌으며 이것이 NC 공작기계의 1호기인

셈이다. 이 1호기 NC 공작기계는 모방밀링머신을 개조한 것으로 모방 제어 장치에 서보 시스템을 붙여 이 시스템에서 정보를 주도록 하는 NC 장치로 바꿔 놓은 것이었다. 이 1호기 NC 공작기계는 원호 등을 포함한 복잡한 형상의 절삭이 목적이었다. 한편 그 당시에는 진공관과 전자스위치를 사용했기 때문에 제어 장치의 크기가 기계 본체의 크기보다 훨씬 컸다고 한다.

- 이 신기술은 큰 관심을 불러 일으켰으며 많은 기업이 NC 공작기계나 NC 장치의 개발에 노력했다. 또 미군은 약 100대의 NC 공작기계의 제작비를 투자하고 항공기의 기체나 엔진 제작 공장으로 배분하여 사용시켰다. 초기의 NC 공작기계는 밀링 머신, 스킨 밀러, 프로파일러 등의 범용기를 기반으로 거기에 제어장치를 부착한 것이었다.

## (3) NC 기계의 발전 단계

- NC는 위에서도 서술했듯이 산업 기계보다 공작기계에서 필요성을 느껴왔다. 1952년 MIT에서 NC 밀링 머신을 처음으로 공개한 이후 많은 기업들의 높은 관심으로 많은 발전을 거듭했다.

**표 2.1** NC 기계의 발전 단계

| NC의 세대 | | 탄생년 | 구성방식 |
|---|---|---|---|
| Hard wired | 제1세대 | 1954 | 진공관 Relay, Analog |
| | 제2세대 | 1959 | Transistor, Digital 회로 |
| | 제3세대 | 1965 | IC부품, Digital 회로 |
| Soft wired | 제4세대 | 1970 | Soft wired, LSI, MSI 사용<br>Mini computer 내장 |
| | 제5세대 | 1974 | Soft wired, 1chip<br>microprocessor 내장 |
| | 제6세대 | 1979 | Bubble memory 초LSI, CRT의 일반화 |
| | 제7세대 | 1981 | 대화식, Custom화 FA, FMS 대응 |
| | 제8세대 | 1986 | Digital화 MAP 대응 |
| | 제9세대 | 1995 | PC - CNC화 |

• 특히 처음의 제어 장치는 진공관을 사용했기 때문에 대형이었으나 그 후 전자 부품 제작 기술의 진보로 컴퓨터 산업이 발달하였고 제어 장치에 대한 논리 회로의 구성도 마이크로프로세서의 설치로 여러 가지 기능의 작성을 쉽게 할 수 있게 되었으며 컴퓨터 등이 싼값으로 보급되면서 이들을 내장시킨 CNC 등이 주류를 이루게 되었다. 지금의 NC 공작기계는 PC NC 공작기계로 바뀌고 있으며 이러한 현상은 정보화와 함께 급속히 확산되고 있다.

## 2.2 NC 공작기계의 전형적인 제어 과정

- DPU: Data Processing Unit
- CLU: Control Loop Unit
- MCU: Main Control Unit (= DPU + CLU + 기타 Interface 장비)

### (1) 조작부

프로그램 입력 부분으로 조작 테이블(console)이나 조작판에 설치하여 필요한 기능을 선택하거나 작동을 시작 또는 정지시키고 그 외에 여러 가지 설정값을 입력시키는 장치

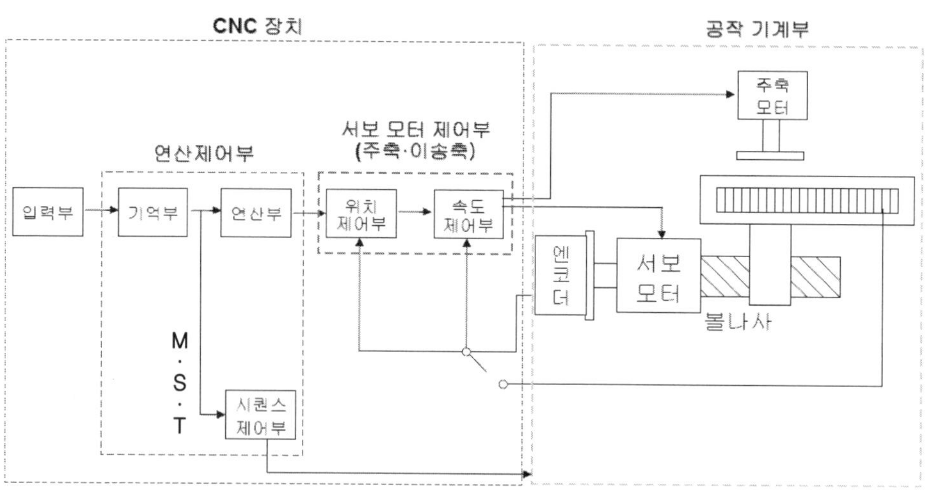


그림 2.2 NC 공작기계의 전형적인 제어 과정과 장치의 구성

이며 현재의 위치 등을 표시하는 장치도 이 조작부 안에 포함하고 있다. CAD/CAM 소프트웨어에 의해 설계되고 자동적으로 NC 코드화가 되어 공작기계에 지령되는 DNC (Direct Numerical Control)로 되고 있다.

### (2) 정보 처리부

기억 회로, 데이터 분배 회로, 보간 회로 등으로 구성되어 있다. CNC 내지는 PC-NC를 사용하여 NC 코드화된 지령 정보를 NC 장치에 전달하기 위해서는 지령 정보를 저장해야 한다.

### (3) 구동부

테이블이나 공구대의 위치 또는 이송 속도를 제어하는 장치와 공구나 공작물을 회전시키는 주축 구동 장치로 되어 있다. 유압식 구동 장치는 유압 모터로 볼 나사를 회전시키는 것과 램 등으로 공구대의 위치를 이송시키는 것이 있다. 전기식에서는 DC모터, AC 서보모터, 스테핑모터, 인덕션모터, 리니어모터 등 여러 가지 종류가 사용되고 있다.

### (4) 검출부

테이블이나 공구의 위치 또는 이송 속도 등을 측정하기 위한 부분이다. 직선 형태의 자로 측정하는 경우와 볼 나사의 회전으로 측정하는 것이 있다. 검출 방법으로는 광학식, 전기식이 있으며 여기서는 광학 스케일, 자기 스케일, 인덕토신, 레졸버, 타코제너레이터 등 여러 가지가 사용되고 있다.

### (5) 제어부

검출기에서 검출된 공구의 위치와 이송 속도의 데이터를 비교 회로에서 지령값과 비교하고 그 결과를 구동 회로로 보내어 서보모터를 제어하는 부분이다.

# 2.3 NC 서보 시스템

## (1) 서보기구

제어부, 구동부 및 검출부를 합해서 하는 말이며 사람의 손과 발에 해당하는 부분이다. 이 서보기구는 두뇌에 해당하는 정보처리부로부터 지령에 따라 NC공작기계 테이블 등을 움직이는 역할을 한다. 서보기구는 정보처리부로부터의 지령에 대해서 정확하게 움직일 필요가 있다. 서보기구는 NC의 가장 중요한 것이며 NC의 속도, 정도, 안정성, 신뢰성, 가격 등이 서보기구에서 결정되어진다. 현재 쓰이고 있는 NC 서보기구로는 기계를 직접 움직이는 구동 모터로서 우수한 특성을 지닌 DC 모터를 사용하고 있으나 점차로 다양성이 있는 AC 서보모터로 사용하는 경향으로 흐르고 있다. 서보모터는 속도 검출기와 위치 검출기에 의해 각각의 속도와 위치를 검출하여 그 정보를 제어부에 feedback함으로써 제어된다.

## (2) Open loop control(개회로 제어)

Feedback 요소가 없이 지령치만으로 결과를 얻어내는 제어방식이다. 구동기구가 아주 정확해서 원하는 정밀도의 만족에 그다지 문제가 되지 않는 경우라든지 정밀도가 그다지 높지 않은 경우에 사용한다.

[예] 드릴링머신, 용접기, 절단기, 교육용 기계 등에 가끔 사용

## (3) Closed loop Control(폐회로 제어)

Feedback 요소로써 지령치에 의해서 얻어진 결과를 측정하여, 이를 지령치와 비교하

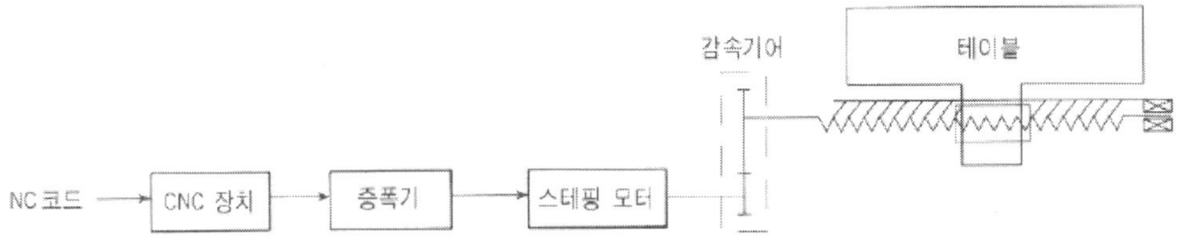


그림 2.3 개회로 방식

고, 이때 발생된 오차를 보상케 하는 제어 방식이다. 비교적 높은 정밀도를 요하는 보통의 NC기계에서 사용된다.

[예] 보통 정밀도급 NC 기계

## (4) 직접 feedback과 간접 feedback

- 직접 feedback: 최종의 목표치를 나타내는 물리량(예컨대 길이, 속도)을 직접 측정하여 되먹임하는 것을 의미한다.

  [예] 테이블에 장착된 인덕토신(Inductosyn) 또는 직선척(liner scale) 등은 테이블이 실제로 이동한 변위(길이)를 직접 측정하여 되먹임함.

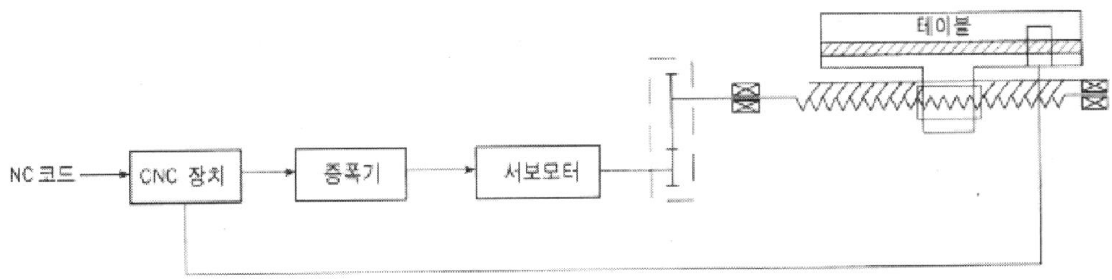


**그림 2.4** 직접 feedback을 사용하는 폐회로 제어

- 간접 feedback: 최종의 목표치를 직접 측정하지 않고, 이에 상당하는 등가의 회전량 또는 전압 등을 측정하여 되먹임하는 것이다.

  [예] DC motor 축 또는 leadscrew 축에 장착된 회전형 엔코더(rotary encoder), 레졸버(resolver) 등은 테이블이 움직인 변위(길이)를 측정하는 것이 아니라, 그 대신에 간접적으로 길이량과 비례적 관계를 갖는 회전량을 측정하여 되먹임함.

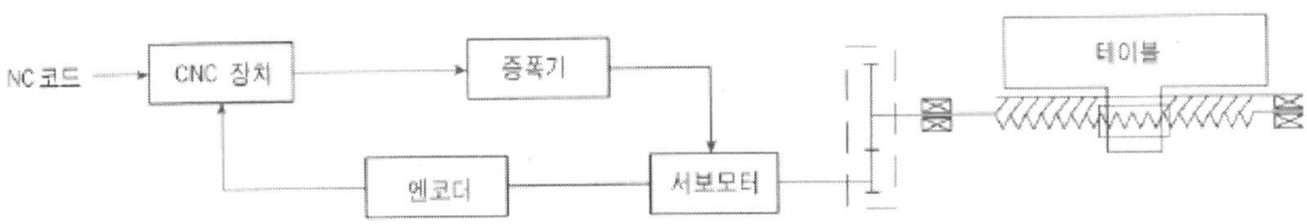


**그림 2.5** 간접 feedback을 사용하는 폐회로 제어

### (5) 서보 방식의 응용

폐회로 방식은 feedback 요소를 어떻게 포함하고 있는가에 따라 다음과 같이 나눌 수 있다.

- 반폐쇄회로 방식(Semi - closed loop control): 간접 피드백 요소만을 사용하고 있어서 중간단계의 변수가 되먹임하는 방식이다.
- (완전)폐쇄회로 방식((full) Closed loop control): 직접 피드백 요소만을 사용하여 최종단계의 변수를 되먹임하는 방식이다.
- 혼성 방식(Hybrid control): 제어상의 특성이나 효과 때문에 직접 피드백 요소와 간접 피드백 요소를 함께 고유시켜 다중 루프를 구성시키는 방식이다.

[예] 최근에 생산되는 대개의 NC 기계에서는 혼성방식으로 제어되고 있음

## 2.4 구동 요소

CNC 공작기계의 구동요소로는 테이블이나 공구대의 위치 또는 이송 속도를 제어하는 장치와 공구나 공작물을 회전시키는 주축 구동 장치로 되어 있다. 유압식 구동 장치는 유압 모터로 볼 나사를 회전시키는 것과 램 등으로 공구대의 위치를 이송시키는 것이 있으며, 전기식에서는 DC모터, AC서보모터, 스테핑모터, 인덕션모터, 리니어모터 등 여러 가지 종류가 사용되고 있다. 그리고 이들 중 어떠한 요소를 채택하는가는 다음 사

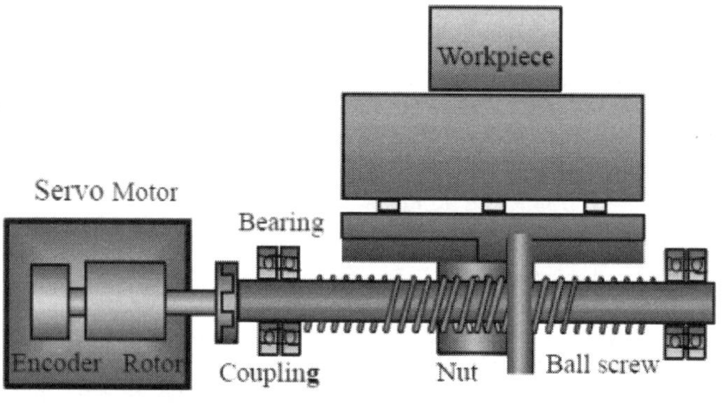


그림 2.6 CNC 구동부의 모형

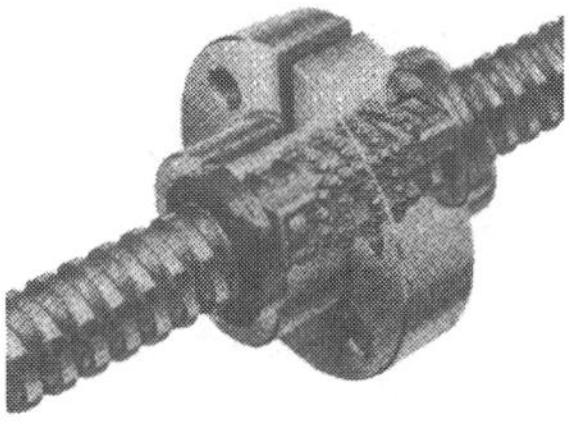

그림 2.7 볼 스크루

그림 2.8 각종 서보모터

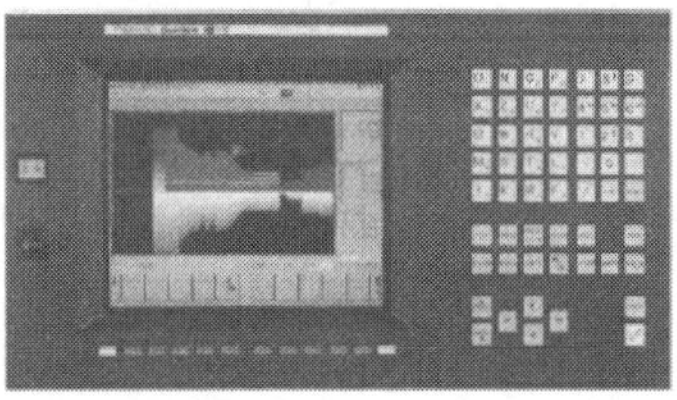

그림 2.9 CNC 조작반

항들을 고려한다.

- 소요동력이나 동력원
- 성능특성, 즉, 반응속도, 정확도, 안정성, 수명 등
- 가격 등 경제성

### (1) DC - motor 구동

오래전부터 전통적으로 직류(DC) 서보모터가 사용되었는데, 이는 응답성이 좋고 제어하기에 간편한 장점이 있기 때문이다. 그러나 브러시를 사용하고 있어서 노후화가 빨리되어 유지 보수가 어렵다. 과거에는 DC 모터가 주로 쓰였으나 오늘날은 마이크로프로세서 등의 발달로 인하여 현재는 사용이 줄고 있다. 비교적 적정한 출력의 높은 효율(efficiency)을 내고 넓은 범위에서 속도제어가 단순하다. 따라서 중소형 기계에서 널리 사용한다.

| V | → | DC - motor | → | w |
|---|---|---|---|---|
| 입력전압 | | | | 회전수 |

### (2) AC - motor 구동

DC - motor는 브러시 마모에 의해 고장이 잦고, 안정성이 떨어지며 마찰에 의한 출력특성 저하를 가져오고, 교류전원이 정류기를 거치므로 효율도 저하되어 점점 AC - motor로 많이 전환되고 있다. 대신 AC - motor는 inverter가 필요하여 종전에는 가격이 높았으나, 최근에는 양산되는 관계로 가격도 저렴하다. AC 서보모터의 대표적인 것은 동기 전동기 타입으로 이것은 전원의 주파수와 동기하여 회전하는 모터이다. 이 모터에서는 로터의 회전이 전원과 동기 되지 않는다면 진동이 크게 일어나게 되고 정지되거나 불안정하게 회전하는 경우가 발생하기도 한다. AC 서보모터의 회전수는

$$N(\mathrm{rpm}) = \frac{120\mathrm{f}}{\mathrm{p}}$$

$$(f : \text{전원의 주파수}[\mathrm{Hz}], \mathrm{p} : \text{자극}(\mathrm{pole})\text{의 수})$$

의 관계를 가지며, 다음과 같은 장점을 갖는다.

① 관리 및 유지가 자유롭다.
② 브러시가 없어 보수할 필요성이 줄어들었다.
③ 높은 회전 속도를 얻을 수 있다.
④ 정류의 한계 속도가 없다.

## (3) Stepping motor

스테핑(Stepping) 모터는 명령 자체가 펄스이며, 주어진 펄스 신호에 의하여 정해진 스탭각 단위로 한 단계씩 움직인다. 주어진 펄스 수에 대응하여 회전하여 원하는 회전각만큼 회전하고 펄스가 얼마나 빠른 속도로 입력되는가에 따라서 회전 속도가 결정된다. 관성의 영향이 거의 없어 소형이면서 극소부하의 위치결정용으로 사용된다. 스테핑 모터의 장점은 피드백이 필요 없어 회로가 간단하고, 마이크로프로세서와 인터페이스가 쉬우며, 유지 보수가 거의 필요 없다. 한편, 스테핑 모터의 단점으로는 에너지 효율이 낮고, 떨림이 발생하는 경우가 종종 있다. 스테핑 모터는 그 구조에 따라 PM형(Permanent Magnet Type; 로터부를 영구 자석으로 하고 스테이터에 구동 코일을 감은 구조), VR형(Variable Reductance Type; 로터부를 기어 모양의 철심으로 만들고 스테이터에 구동 코일을 감은 구조), 그리고 HB형(Hybrid Type; PM형과 VR형의 장점을 살려 로터부를 기어 모양의 철심과 자석으로 구성하고 스테이터에 구동 코일을 감은 구조) 등이 사용된다.

### (4) 유압구동

유압구동은 일반 AC 또는 DC 서보모터로 출력의 한계가 있을 때, 높은 출력을 안정성 있고 반응속도 빠르게 하여 시스템의 감도(sensitivity)도 좋고 동작도 부드럽게(smooth) 하고자 할 때 사용된다. 주호 대형 공작기계에 한하여 사용된다.

### (5) 볼스크루(Ball Screw)

보통 범용 공작기계의 이송나사는 사다리꼴나사를 이용하고 있는데, 이 경우 이송은 나사 경사면의 면 접촉에 의해 이루어지기 때문에 백래시가 크게 생기기 때문에 CNC 공작기계의 이송나사는 볼스크루를 사용하고 있다. 볼스크루는 점 접촉 이송에 의해 이송되므로 테이블이나 주축의 이동이 부드럽게 되고 백래시도 적어지며 높은 정밀도로 이송량이나 이송속도를 제어할 수 있다. 그리고 백래시를 줄이기 위해 볼스크루에 예압을 걸어서 조절하기도 한다.

### (6) 주축(spindle) 모터

CNC 공작기계에서는 작업도 다양하고 공구도 다양하기 때문에 각각의 조합에 따라 적절할 절삭속도의 범위가 정해져 있어서 주축의 회전속도는 가변될 수 있어야 한다. 특히 CNC 선반 등에서는 공작물의 내·외경이 연속적으로 변하므로 저속에서 고속까지 주축의 회전 속도가 가변되어야 하고 아울러 급정지도 가능해야 된다. 급정지를 위한 저항(Discharge)은 높은 회전수로 동작하다가 갑자기 멈추기 위해서는 높은 역전압을 걸어 정지시킨다. 그러므로 이 역전압을 소모시키기 위하여 저항을 설치하고 있다. 주축 모터에 요구되는 성능으로는 대 출력 및 정격 출력 속도 범위가 넓고, 가속 및 감속 시간이 짧으며, 속도 제어 범위가 넓고 안정된 제어가 가능하며, 신뢰도가 높고, 수명이 길며, 보수가 용이하고, 과부하에 대하여 강하고, 또한 보호되어 있어야 한다.

## 2.5 Feedback (측정) 장치

CNC 공작기계의 폐루프 제어를 위해서 사용되는 피드백 장치로는 엔코더, 인덕토신,

리졸버, 타코미터 등이 사용되며 이를 선정하기 위한 주요 고려사항으로는 정밀도(Resolution)와 직접 피드백을 할 것인가 간접 피드백을 할 것인가의 여부, 그리고 가격(경제성), 검출(변환)속도 제한 등을 검토한다.

## (1) 엔코더(Encoder)

엔코더는 광학적인 회전량이나 이동량을 측정하는 장치로서 직선형과 회전형의 2가지가 사용된다. 주요 구조는 광원(light source)부, 슬릿화된 유리판(glass disc), 감광판(photocell)과 신호변환 회로 등으로 이루어졌으며, light beam이 유리판의 회전(또는 이동)에 따라 주기적으로 통과하면 감광판에 milivolt 크기의 정현파 기전력이 발생하므로 이를 수집하면서 사각파(square wave)로 전환한 다음 변환기에서 신호처리 규격에 맞는 크기로 증폭하여 이를 비교회로에 입력하는 작동 원리를 갖는다.

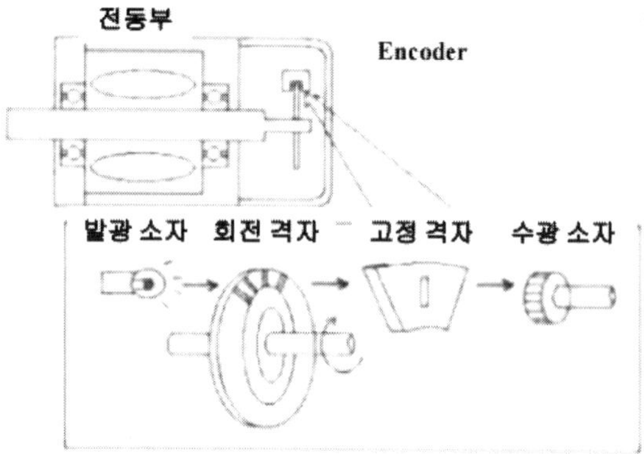


그림 2.10 광학식 엔코더의 원리

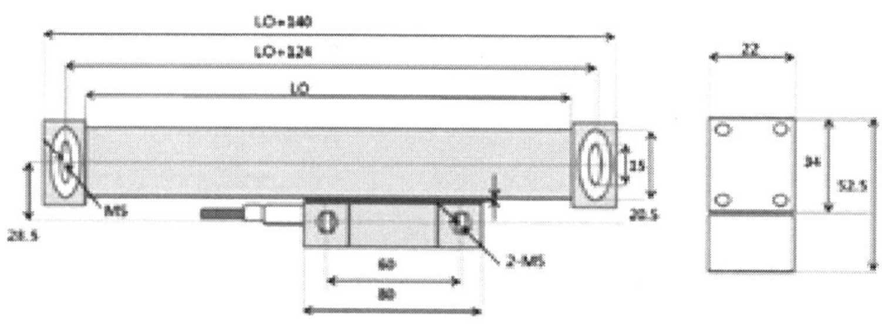

그림 2.11 엔코더를 사용한 리니어 스케일의 외관 모양

CNC 공작기계에서 이를 설치하는 부위는 회전형의 경우, 모터축이나 lead screw 축에 설치하며, 직선형의 경우는 테이블과 베이스 축에 설치한다. 일반적으로 정밀도가 높고 편리하여 널리 사용하지만, 소음, 과도전류, 외부간섭 등에 의해 오차 발생의 우려 등을 주의하여야 한다.

## (2) 인덕토신(Inductosyn)

인덕토신은 판 구조의 절연체에 고정자 또는 회전자 역할을 할 수 있는 극(poles)을 정밀하게 많은 개수로 와이어링하여 제작한 것으로 고정부와 이동부와의 산대 변위에 따라서 유도되는 인덕턴스 값을 디지털 신호로 변환하여 사용하는 것이다. 엔코더에 비해서 정밀도가 높고 안정적이며 제작 비용이 저렴한 장점을 가지고 있어서 최근에 많이 사용된다. 인덕토신도 직선형과 회전형의 2가지가 사용되며, 각각 회전형의 경우, 모터 축이나 lead screw 축에, 직선형의 경우는 테이블과 베이스 축에 설치한다.

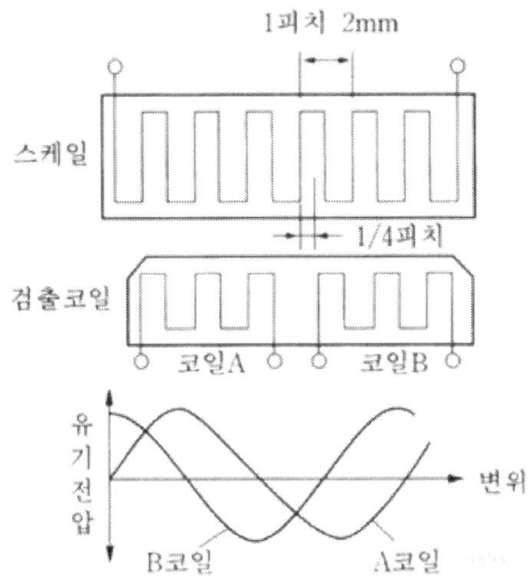


그림 2.12 인덕토신의 와이어링과 원리

## (3) 레졸버(Resolver)

레졸버는 구조상 소형 AC - generator와 같은 구조를 가지고 있으며, 회전자와 고정자의 상대적 위상에 따라 정현파 전압이 발생하도록 하며, 여기서 발생되는 신호는 엔코더의 경우와 같이 사각파로 전환한 다음 변환기에서 규격에 맞는 크기로 증폭/변환하여 이를 비교회로에 입력하는 원리를 갖는다. 이의 설치는 엔코더의 경우와 같으나, 중간의 커플링 기구가 부가적으로 필요하다. 그 때문에 엔코더 또는 인덕토신을 설치하기 어려운 환경에서만 제한적으로 사용된다.

### (4) 타코미터(Tachometer)

직접적인 피드백 장치는 아니지만 제어상의 반응특성을 좋게 하기 위해 타코미터를 회전축 등에 설치하여 서보모터의 회전 속도를 측정하고 이를 사용하여 내부의 feedback loop를 구성시키는 데 사용한다.

이를 사용하면 우선 반응속도를 빠르게 하는 데에 도움이 되며, 부하에 의한 속도강하 발생을 둔감하게 해 주고, 필요에 따라서는 증폭기의 비선형성을 예방하기 위해 제어계의 이득값을 조절하는 데에 이용되기도 한다.

## 2.6 보간기 및 보간법

CNC 공작기계는 여러 축이 동시제어 되면서 소정의 형상을 가공할 수 있는 운동을 제어할 수 있어야 한다. 이를 위해서는 보간법에 의하여 X, Y, Z 등 각각의 축이 조화롭게 움직여야 한다. 기본적으로 주어진 평면상에서 2축 동시제어를 하거나 2.5차원의 동시제어를 하는 경우를 많이 사용된다.

동시제어를 하기 위한 보간법으로는 오래전부터 하드웨어 방식과 소프트웨어 방식의 2가지가 사용되어 왔는데, CNC화가 보편화되면서부터는 하드웨어 방식은 사용되지 않

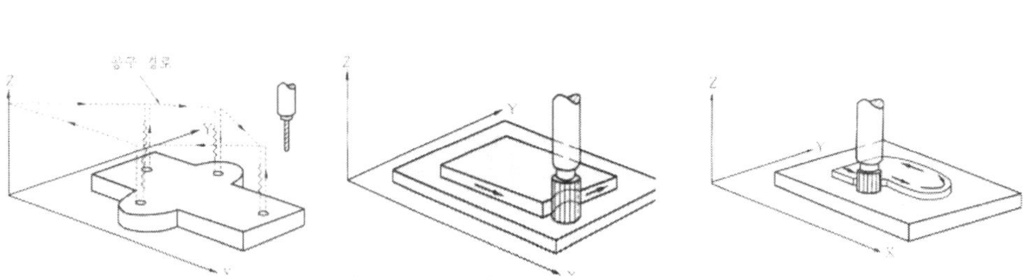

(a) 위치결정제어 (b) 직선절삭제어 (c) 윤곽절삭제어

그림 2.13 CNC 공작기계의 동시 제어 종류

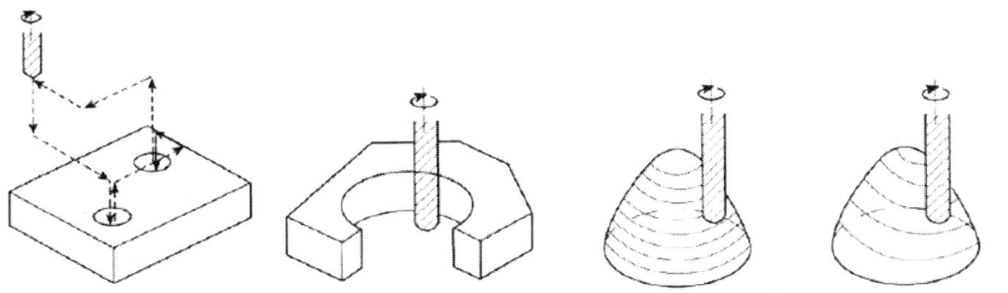

(a) 동시 1축 제어 (b) 동시 2축 제어 (c ) 동시 1/2축 제어 (d) 동시 3축 제어

**그림 2.14** CNC 공작기계의 동시 제어 자유도의 종류

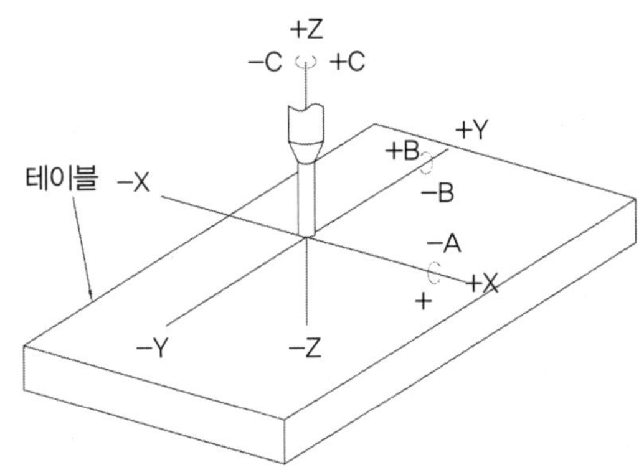


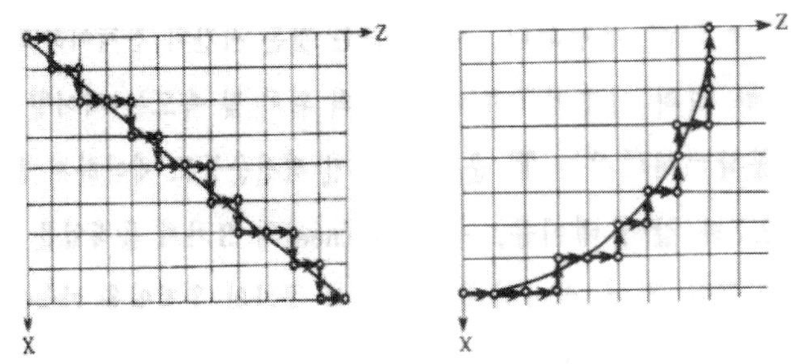


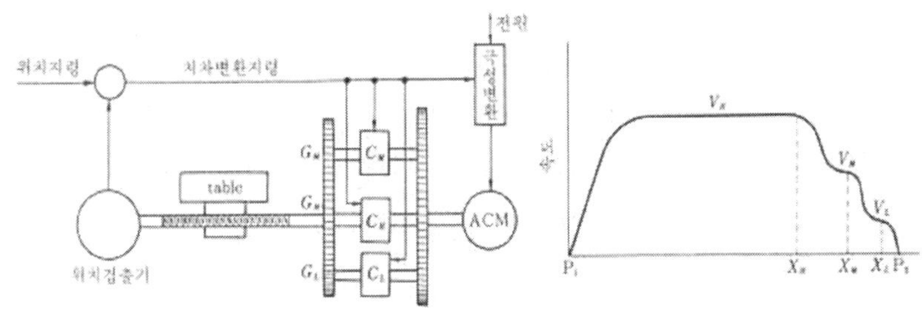


(a) 구동기구 (b) 속도선도

**그림 2.15** 대수연산방식에 의한 동시제어축의 보간

고, 주로 소프트웨어 방식이 사용된다.

소프트웨어 방식은 또한 크게 Software Interpolator Reference pulse 방식과 Sampled Data 방식(Reference Word 방식)이 사용되는데, 이들 알고리즘을 구성하는 방식에 따라서 Software Interpolator Reference pulse 방식에서는 대수연산 방식, 최소편차 연산 방식이 사용되고, Sampled Data 방식으로는 Euler 방식, Taylor 방식, Tustin 방식 등을 사용하여 근사화시키고 있다.

이들 소프트웨어 방식의 각각의 알고리듬은 소정의 논리형식을 프로그래밍하여 CNC 컴퓨터의 ROM에 control program 형식으로 짜 넣는다.

## 2.7 ATC(자동공구교환) 장치

머시닝센터는 ATC(Automatic Tool Changer) 장치가 부착되어 있어 자동으로 공구를 교환할 수 있다. 기계 가공을 할 때 몇 가지 공정을 거쳐 제품을 완성하는 경우가 대부분이며, 각각의 공정마다 각기 다른 공구가 필요하게 된다. 자동 공구 교환 장치(ATC: Automatic Tool Changer)란 여러 개의 공구를 툴 매거진에 장착시켜 놓고, 공정에 따라 자동으로 공구를 교환해 주는 장치이다. 종류에는 시퀀스 방식과 랜덤 방식이 있다.

- Turret형: 여러 개의 공구를 공구대에 직접 설치하고 공구대를 회전시킨 후, 직선적으로 이동하여 필요한 공구를 작업 위치 또는 주축위치에 오도록 터릿이 회전하는 방식이다(공구 장착수가 제한됨). 주로 CNC 선반류, 터닝센터, 드릴링(태핑)마스터 등에서 사용된다.
- Tool Magagine - Carousel형(회전목마형; tool pot형): 그림 2.17과 같이 머시닝센터류에서 보통 32개 이내의 공구를 장착하는 데에 사용된다. 매거진 타입은 주축으로부터 떨어진 위치에 여러 개의 공구를 저장하는 공구 보관 매거진을 두고, 이 매거진에 내장되어 있는 공구를 교환 위치까지 이동시켜 교환 암 등을 사용해 주축에 있는 사용하던 공구와 교환하는 방식이다. 이 방식은 머시닝센터나 다양한 종류의 부품을 가공하기 위해 많은 공구를 필요로 하는 CNC 공작기계에 많이 이용되고 있는데 수직형 머시닝센터에 주로 사용된다.

• Tool Magagine - Chain형(돌개팔형): 이는 머시닝센터류에서 보통 64~128개의 공구를 장착하는 데에 널리 사용된다. 수평형 머시닝센터에서는 예비 공구수가 증가하는 경향이 있다. 공구 선택방식은 크게 2가지 방식으로 구분된다. ① 시퀀스방식: 공구를 공정 순으로 수납되게 하여 이 순서별로 공구를 교환하는 방식, ② 랜

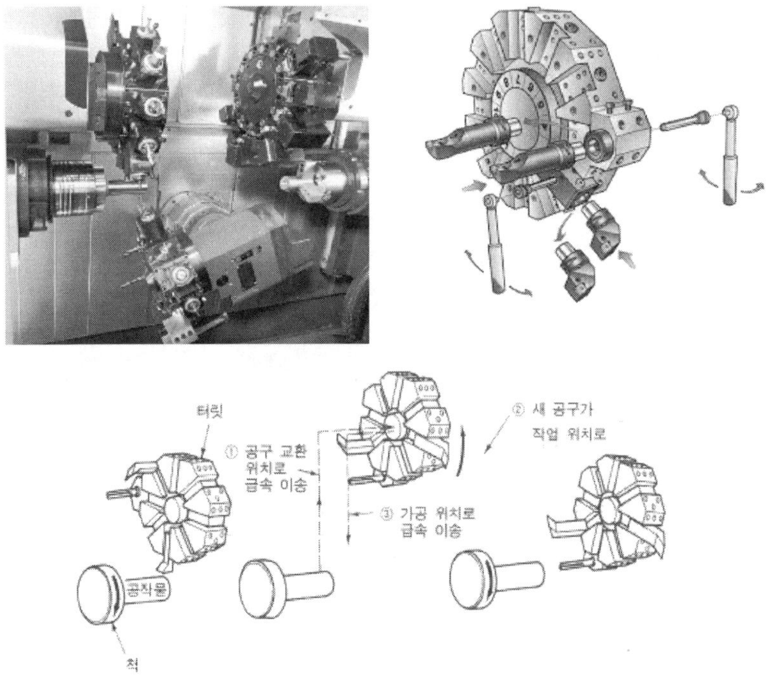


**그림 2.16** 터릿형 ATC 장치

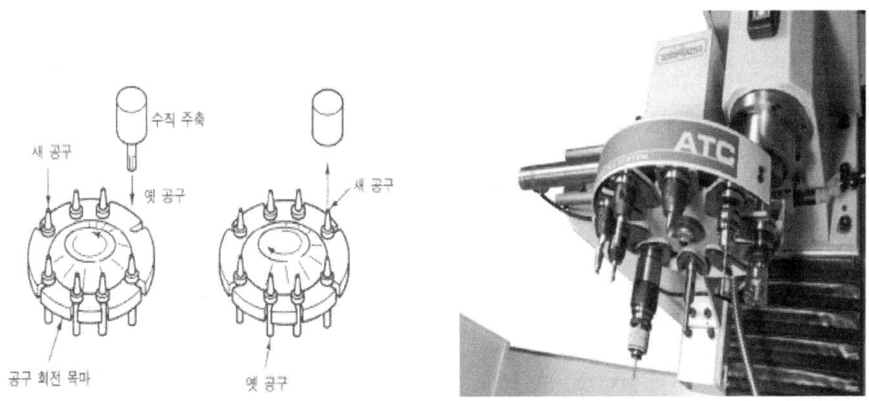


**그림 2.17** 회전목마형 ATC 장치

덤방식: 매거진의 저장 홈에 번호를 지정하여 그 번호를 ATC 장치에 기억시킴으로써 매거진의 공구를 임의로 호출하여 교환하는 방식으로, 공구 선택방식에는 최근 이 방식이 주류를 이루고 있다. ATC에서 공구를 죄어 물리는 방식으로 범용 밀링 머신과 같은 범용 공작기계에서 공구를 기계에 고정시키는 방법은 당김 볼트(Drawing Bolt)가 공구를 죄어 붙이는 형식을 채택하고 있으나, 머시닝센터에서 그런 방법으로 공구를 조정한다면 공구를 탈착시키는 시간이 길어지게 되므로 경제적이지 못하다.

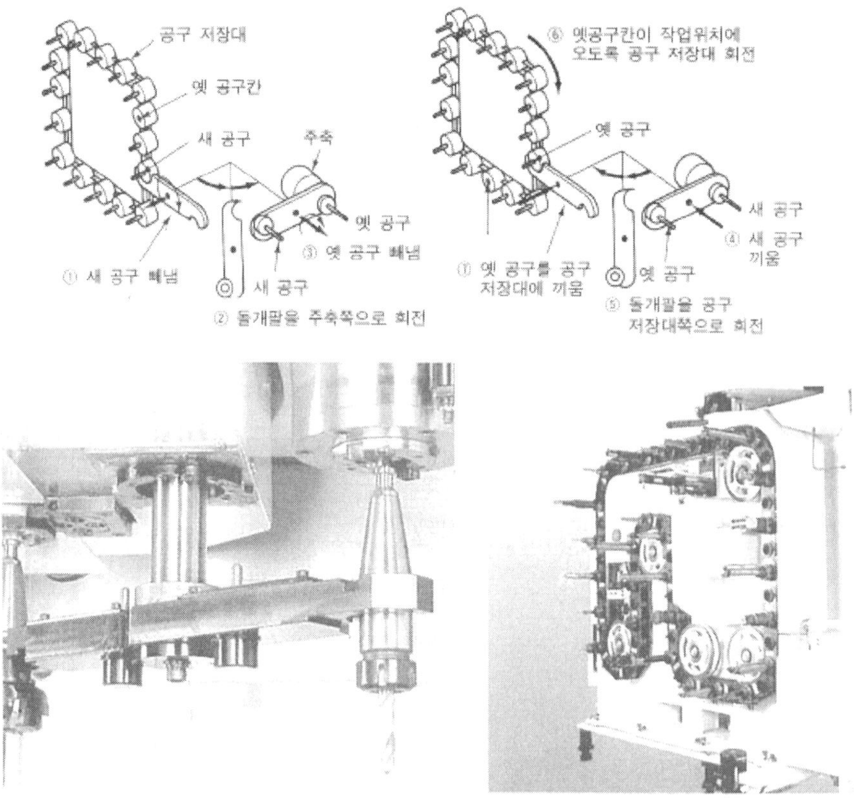


**그림 2.18** 돌개팔형 ATC 장치

## 2.8 APT(자동팔렛교환) 장치

기계가 멈춰 있는 시간 중에 가장 많이 차지하는 시간은 가공물을 장착(loading)하거나 내리는(unloading) 시간일 것이다. APC(Automatic Pallet Changer) 장치는 공작물이 가공되는 동안, 다른 pallet에 다음 가공될 공작물을 세팅하기 위해 사용되는 것으로 가공물 세팅에 따른 유휴 시간(idle time)을 최소화(장시간 운전을 위해 보통 3개 정도 사용)하는 데에 효과적이다. 그림 2.19와 같이 기계의 작업 중에 테이블 옆의 다른 팔렛에 공작물을 고정하고 작업이 끝나면 바로 팔렛을 교환하여 기계가 멈춰있는 시간을 최소화한다. 교환 시간은 몇 초면 가능하므로 리드 타임을 줄일 수 있어 생산성 향상에 도움을 준다.

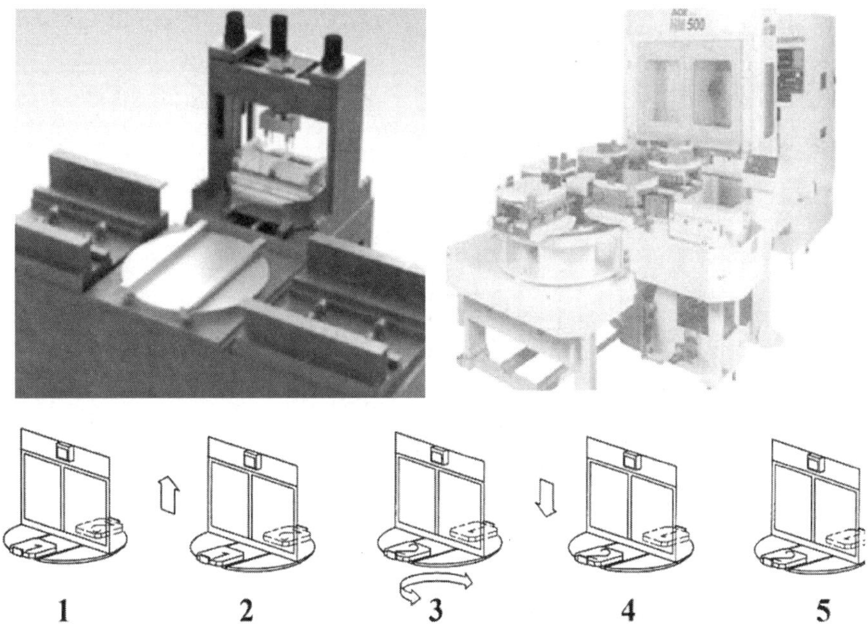


그림 2.19 APC 장치의 외형과 작동 순서

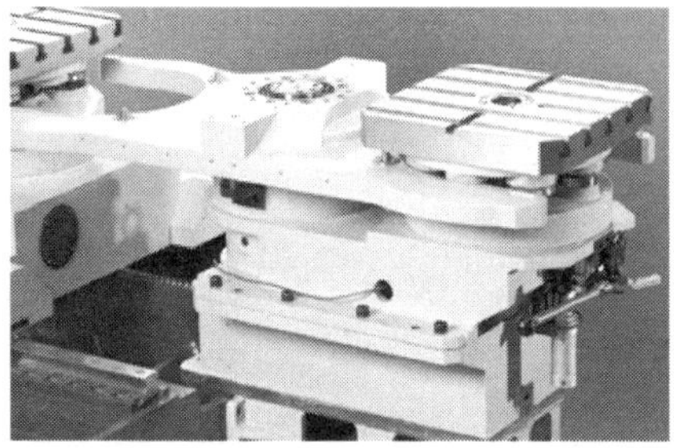

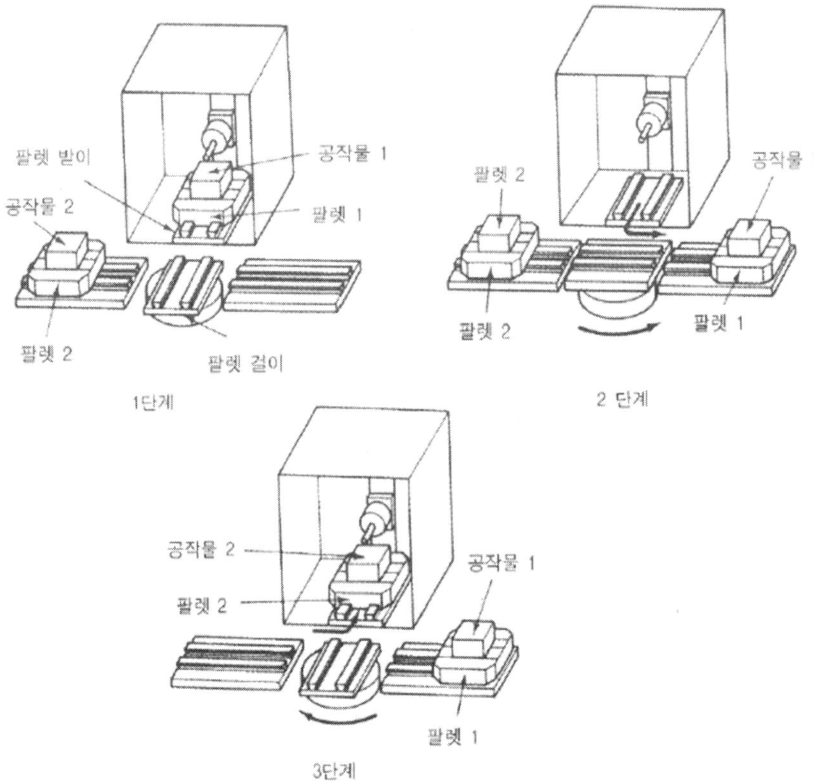


**그림 2.20** APC 장치의 팔렛 교환 운동 순서

## 복습문제

**01.** CNC기계에서 사용하는 feedback 장치 중 광원, 유리판, 감광판을 거쳐서 신호를 얻는 장치는?

㉮ 엔코더(encoder) ㉯ 인덕토신(inductosyn)
㉰ 리졸버(resolver) ㉱ 타코메터(tachometer)

➜ ㉮

**설명** 광학적인 회전량/이동량을 측정하는 장치로서 광원에서 발생하는 광빔이 유리판의 회전(이동)에 따라 주기적으로 통과하여 감광판에 신호를 전달한다.

**02.** 주로 CNC 선반이나 터닝센터, 드릴링마스터 등에서 사용하는 공구교환장치로 공구가 주축위치에 오도록 회전판이 회전하여 공구를 교체하는 유형은?

㉮ 회전목마형 ㉯ 돌개팔형
㉰ 터릿형 ㉱ 툴매거진형

➜ ㉰

**설명** Turret형 ATC 장치는 지시된 공구가 주축위치에 오도록 터릿이 회전하여 공구를 교체하는 장치로 공구 장착수는 제한적이며, CNC 선반류, 터닝센터, 드릴링(태핑)마스터 등에서 주로 사용된다.

03 장

# 머시닝센터의 프로그래밍

머시닝센터의 기초적인 프로그래밍에 대해서 알아보고 기계를 작동시킬 수 있는 명령문의 구조와 형식에 대해서 살펴보기로 한다. 파트 프로그램의 의미와 NC프로그램의 구조 및 형식, 어드레스의 종류에 따른 기능과 구성 형식에 대해서 익히고, G코드의 종류별로 지령하게 될 명령문의 기초 내용에 대해 조사함과 아울러 운동형태의 선언문을 중심으로 한 CNC 프로그램의 기초 작성 기법을 연습한다.

또한 공구 길이 보정과 공구 반경 보정의 명령을 중심으로 윤곽절삭을 완성시킬 수 있는 명령문의 구조와 형식에 대해서, 그리고 각종 구멍뚫기 작업에 관련된 고정 사이클 기능들을 익히고 드릴링, 태핑, 보링 사이클 등의 활용에 관한 실무적인 능력을 키우도록 한다.

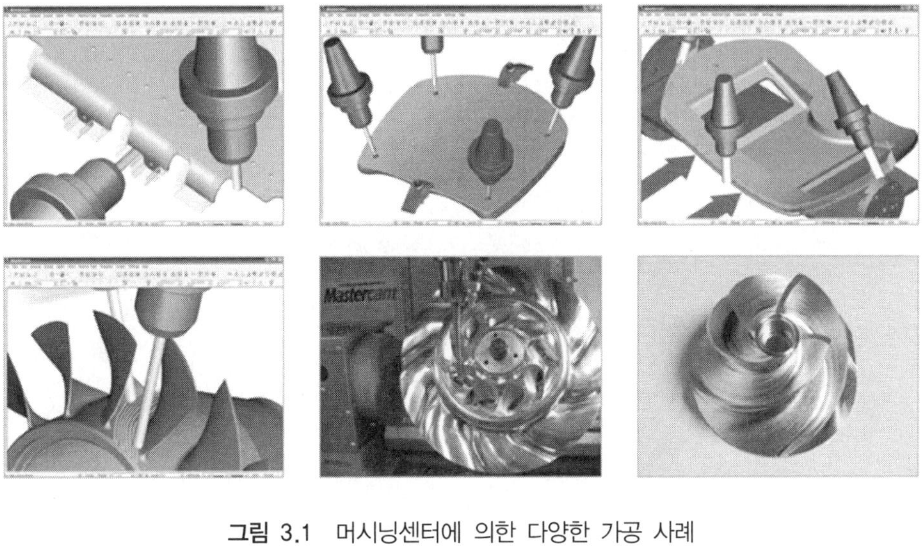


**그림 3.1** 머시닝센터에 의한 다양한 가공 사례

# 3.1 머시닝센터의 개요

공구를 회전시켜 소재를 가공하는 기계로 범용 밀링에 CNC(컴퓨터 수치 제어장치)를 장착한 기계를 CNC밀링이라 하고, CNC밀링에 자동공구교환장치인 ATC(Automatic Tool Change)를 부착하여 여러 가공 공정을 자동으로 공구를 교환하면서 연속적으로 공작물을 가공하는 것이 "머시닝센터"이다. 최근에는 4축, 5축 등과 같은 다축을 지원하여 원통캠, 프로펠러와 같은 복잡한 형상의 공작물도 쉽게 가공할 수 있다.

## (1) 머시닝센터의 종류와 좌표계

머시닝센터는 주축방향에 따라 수평형, 수직형, 만능형으로 분류된다. 수평형 머시닝센터는 일반적으로 4개의 수직면들이 커터에 의하여 접근이 가능한 입방체형 부품을 가공한다. 수직형 머시닝센터는 공구가 윗면을 가공할 수 있는 편평한 부품에 적당하다. 만능형 머시닝센터는 수평축과 수직축의 어떤 각으로도 주축을 선회시킬 수 있다.

머시닝센터에서 기본이 되는 제어축은 그림 3.2와 같이 X, Y, Z의 3축이다. 좌표축은

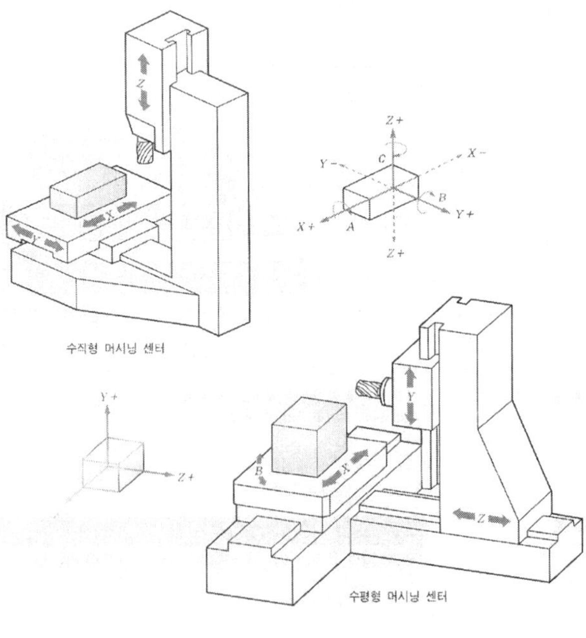


그림 3.2 머시닝센터의 좌표계

**그림 3.3** 머시닝센터의 구조와 각 부 명칭

오른손 직교 좌표계를 기준으로 하여 구성되어 있다. Z축 방향은 주축 방향과 평행하게 정렬되어 있고, X축 방향은 공작물 지지면에 수평하고 평행하다. Y축 방향이 오른손 직교 좌표계를 완성하게 된다. 부가 축은 A, B, C축으로 나누어지고 A축은 X축을, B축은 Y축을, C축은 Z축을 중심으로 회전하는 축이다.

## (2) 좌표계의 종류

머시닝센터에서 프로그램을 작성하기 위해서는 오른손 직교 좌표계에 기인하여 공작물을 고정하고 공구가 이동한다고 생각하여 좌표계를 형성한다. 이동시키는 위치를 지정하기 위하여 머시닝센터에서는 다음과 같은 좌표계를 이용한다.

### (가) 기계 좌표계

기계 좌표계는 기계 원점의 위치를 머시닝센터 고유의 기계 기준점으로 설정한 좌표계를 말한다. 기계 기준점의 위치는 머시닝센터의 종류에 따라 다르지만 수직형 머시닝센터의 경우 그림 3.3과 같이 X, Y, Z 3축의 이송 방향의 끝에 기계 기준점이 설정되어 있다. 수평형 머시닝센터에서는 X축의 기준점이 이송의 중심(즉 테이블 중심)에 설정되어 있는 것이 많다. 기계 기준점은 수동이나 자동으로 기계의 초기화 때에 주축이

항상 일정한 위치로 복귀하는 고정점으로서, 일반적으로 공구가 공작물과 가장 멀리 떨

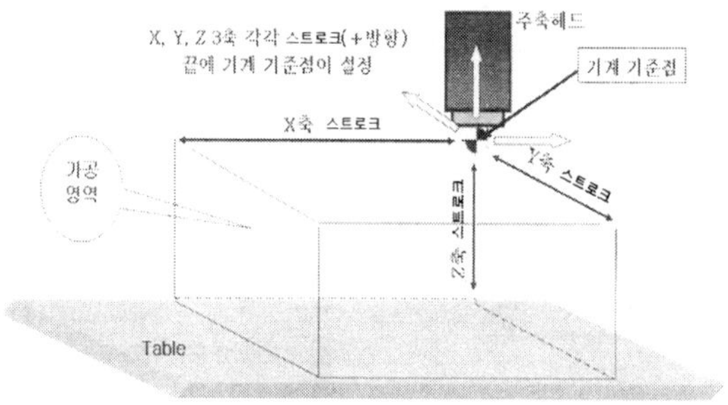


그림 3.4 기계 기준점과 기계 좌표계

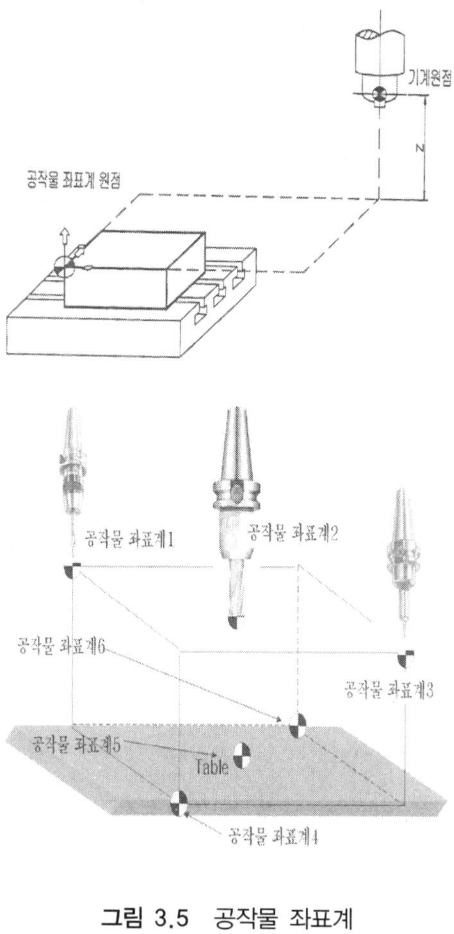


그림 3.5 공작물 좌표계

어지는 위치가 된다. 이 위치에서 기계 좌표 원점이 설정되어, 기계 좌표값은 X0, Y0, Z0이 된다.

기계 좌표계에서 공구 이동을 지령하는 경우는 많지 않고, 공작물 좌표계 설정의 기준을 정하거나 자동 공구 교환 등의 기계 동작을 할 때 기계 고유의 위치를 설정하는 경우에 주로 이용된다.

#### (나) 공작물 좌표계(절대 좌표계)

프로그램 작성자는 프로그램을 쉽게 하기 위하여 임의의 점을 원점으로 지정할 수 있다. 공작물 좌표계는 기계 좌표계 내의 여러 점들 중에서 사용자가 편의상 원점(예를 들어 공작물의 가공 기준점)으로 설정된 좌표계이다. 이렇게 지정된 공작물 좌표계의 원점은 절대 명령의 기준점이 된다.

공작물 좌표계를 이용하면 한 개의 프로그램에서 여러 개의 공작물 좌표계를 활용하여 여러 종류의 공작물을 간편하게 가공할 수 있다.

#### (다) 상대 좌표계

상대 좌표계는 현재 가공 중인 공작물의 어느 특정 부위에 대하여 일시적으로 새로운 좌표값을 설정함으로써 쉽게 가공하기 위하여 사용된다.

#### (라) 잔여 좌표계

자동 실행 중에 표시되고, 현재 실행 중인 블록의 나머지 이동 거리를 표시할 때 사용된다.

## 3.2 CNC 프로그램의 작성 요령

### (1) 작성 순서

CNC 프로그램의 작성은 다음과 같은 순서와 과정을 거치는 것이 원칙이다.

① 도면을 읽어 가공내용을 충분히 이해한다.

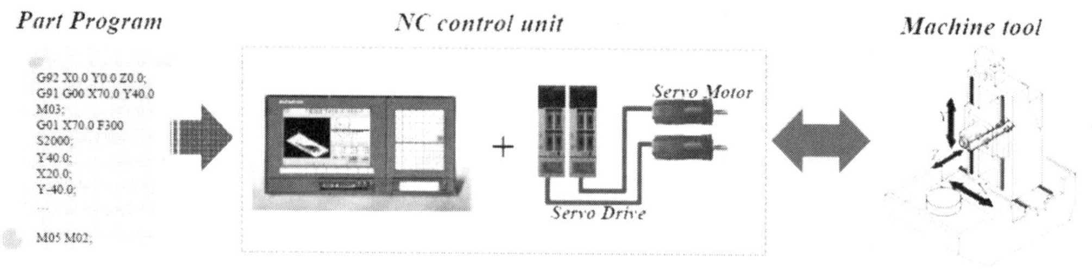


그림 3.6 프로그램의 작성 및 입력

② 가장 알맞은 NC 공작기계를 선택한다.

③ 알맞은 지그 또는 고정구를 선택한다.

④ 알맞은 공구류를 선택한다.

⑤ 작업 표준서를 만든다.

⑥ 툴링 시트를 작성한다.

⑦ 공작물의 재질에 따른 절삭조건을 결정한다.

⑧ 필요한 부분의 좌표를 계산한다.

⑨ 프로세스 시트에 기입한다.

⑩ NC 프로그램의 번호를 부여한다.

⑪ 프로세스 시트에 따라서 프로그램을 작성하고 입력한다.

## (2) NC작업 표준서와 툴링 시트의 작성

NC 공작기계로 작업을 시작하려면(특히 가공 작업자와 프로그래머가 다른 경우) NC 프로그램만으로는 가공순서 또는 작업지침을 작업자에게 충분히 전할 수 없기 때문에 작업표준서와 툴링 시트를 작성한다. 이때 작업 표준서에 들어갈 주요 내용으로는 ① NC 프로그램 번호, ② 부품명세와 부품번호, ③ 재질, ④ 가공 부위, ⑤ NC 공작기계 명세, ⑥ 부속장치의 번호, ⑦ 공작물의 설치상태와 치수, ⑧ 가공 부위의 치수, ⑨ 절삭공구의 툴링 치수와 순서, ⑩ 절삭조건 등이 있다.

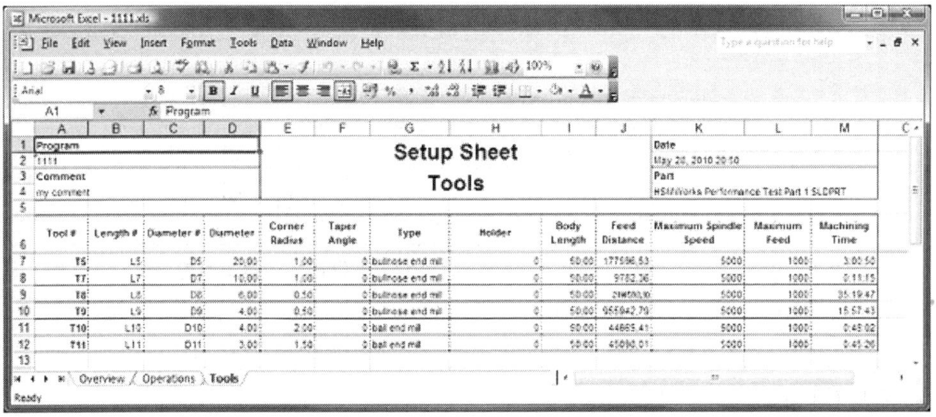

Microsoft Excel - 1111.xls

| | A–D | E–J | K–M |
|---|---|---|---|
| 1 | Program | Setup Sheet | Date |
| 2 | 1111 | | May 20, 2010 20:50 |
| 3 | Comment | Tools | Part |
| 4 | my comment | | HSMWorks Performance Test Part 1 SLDPRT |

| Tool # | Length # | Diameter # | Diameter | Corner Radius | Taper Angle | Type | Holder | Body Length | Feed Distance | Maximum Spindle Speed | Maximum Feed | Machining Time |
|---|---|---|---|---|---|---|---|---|---|---|---|---|
| T5 | L5 | D5 | 20.00 | 1.00 | 0 | bullnose end mill | 0 | 50.00 | 177596.53 | 5000 | 1000 | 3:00:50 |
| T7 | L7 | D7 | 10.00 | 1.00 | 0 | bullnose end mill | 0 | 50.00 | 9782.36 | 5000 | 1000 | 0:11:15 |
| T8 | L8 | D8 | 6.00 | 0.50 | 0 | bullnose end mill | 0 | 50.00 | [illegible] | 5000 | 1000 | 35:19:47 |
| T9 | L9 | D9 | 4.00 | 0.50 | 0 | bullnose end mill | 0 | 50.00 | 955942.79 | 5000 | 1000 | 15:57:43 |
| T10 | L10 | D10 | 4.00 | 2.00 | 0 | ball end mill | 0 | 50.00 | 44665.41 | 5000 | 1000 | 0:45:02 |
| T11 | L11 | D11 | 3.00 | 1.50 | 0 | ball end mill | 0 | 50.00 | 45090.01 | 5000 | 1000 | 0:45:26 |

Overview / Operations / Tools

그림 3.7 툴링 시트의 예시(엑셀 테이블 이용)

## (3) 프로세스 시트의 작성 예시

| 사용공구 | | 외경 황삭용 | | | | | | | | | | 시트 No.1 | |
|---|---|---|---|---|---|---|---|---|---|---|---|---|---|
| N | G | X | Y | Z (B) | I<br>(R) | J<br>(E,P) | K<br>(F) | S<br>H | M<br>T | 현재 위치<br>X | <br>Y | <br>Z | 비고 |
| N001 | G50 | X200.000 | | Z50.000 | | | | | | 200 | | 50 | |
| N002 | G00 | | | | | | | T0101 | | | | | |
| N003 | | | | | | | | S800 | | | | | |
| N004 | | | | | | | | M03 | | | | | |
| N005 | G00 | X110.000 | | Z2.000 | | | | | | 110 | | 2 | |
| N006 | G90 | X100.000 | | Z－100.000 | | | F 35 | | | 100 | | －100 | 절삭사이클 |
| N007 | | X96.000 | | | | | | | | 96 | | | |
| N008 | | X92.000 | | | | | | | | 92 | | | |
| N009 | | X90.000 | | | | | | | | 90 | | | |
| N010 | G00 | X200.000 | | Z50.000 | | | | T 0100 | | 200 | | 50 | |
| | | | | | | | | | | | | | |

## (4) 프로그램 작성 결과의 체크(Check) 샘플

| 프로그램 번호 | | NC 기계명 | |
|---|---|---|---|
| 부 품 번 호 | | 년 월 일 | |
| 명 칭 | | 담 당 자 | |

| A | B | C | 항 목 | 실시는 O표 | 불합리한 곳 | 비 고 |
|---|---|---|---|---|---|---|
| O | O | O | 1. 프로세스 시트 체크 | P | 개소 | |
| O | O | O | 2. 핀치 실수 체크 | P | | |
| O | O | O | 3. TV 체크 | P | | |
| O | O | ▲ | 4. 도면 체크 | P | | |
| O | O | O | 5. 전체적인 체크 | P | | |
| O | O | O | 머신 록 체크 | P O | | |
| O | O | O | 6. Dry run(공구와 일감 없이) | P O | | |
| O | O | O | 7. Dry run(공구 없이) | P O | | |
| O | O | O | 8. Dry run(공구도피) | P O | | |
| O | O | O | 9. 시험 절삭(싱글 블록) | P O | | |
| O | ▲ | ▲ | 시험 절삭(연속 가공) | P O | | |
| O | ▲ | ▲ | 시험 절삭 | P O | | |
| O | O | ▲ | 10. 제품 검사 | | | |
| | O | O | | | | |
| | | | 종합 판정 | 양 | | 부 |

[비고] ABC 구분은 프로그래머가 판단하되 O는 반드시 실시하고 ▲는 필요에 따라 하지 않아도 좋다.

P : Programmer, O : Operator

## 3.3 "파트(Part) 프로그램"과 NC 프로그램의 구조

"파트(Part) 프로그램"은 『가공형상 및 운동의 순서나 형식, 기타의 보조 설명 들을

"Alpha - Numeric" 코드를 써서 작성』하는 의미로 불린다.

**NC Program의 구조**는, 1개의 **Block**(하나의 문장, 즉 명령문)이 여러 개의 **Word**(단어)로 구성되고, 또 하나의 단어는 "**Address**(알파벳문자) + **Data**(수치)"로 구성되어 있어서 『Alpha - Numeric Code』라고 부르게 되었다.

```
[예]     N05      G00      X15.0    Y12.5   S64   M03 ;
          ↓        ↓        ↓                          ↓
        (Word)   (Word)   (Word)                 EOB (End Of Black)
        ______________________________________
                            ▼
                          Black
```

## 3.4 Address의 종류

머시닝센터를 이용하여 가공하기 위해서는 프로그램을 작성하여 머시닝센터에 입력하여야 한다. 머시닝센터의 가공 프로그램에 주로 사용되는 주된 핵심어, 즉 address 기능으로는 준비 기능, 이송 기능, 주축 기능, 공구 기능, 보조 기능 등이 있다.

### (1) 프로그램 번호(Program Number): O________ ;

프로그램의 시작(start)을 의미하며 번호(보통 4자리)로서 구별하고, 경우에 따라서는 프로그램 file명으로의 역할을 갖기도 한다.

### (2) 전개 번호(Sequence number): N________ ;

프로그램의 한 명령, 즉 black의 맨 앞에 붙이는 번호이다. 여러 개의 black을 탐색하거나 정리/지시할 때 사용하며, 정수의 일련 번호 순서로 붙인다. 전개 번호는 꼭 붙여야 되는 것은 아니기 때문에 경우에 따라 생략하기도 한다.

### (3) 준비 기능(Preparatory Function): G□□ (G00에서 G99까지)

준비 기능은 머시닝센터가 동작할 때, 운동의 형태나 성격(Geometric Command)을 나타내기 위한 명령으로 주소 'G'에 이어서 기능을 나타내는 숫자로 구성되어 있어 G 기능이라고도 한다. 이 기능을 CNC 프로그램의 명령(한 개의 block)에서 핵심어(keyword) 역할을 한다.

### (4) 좌표치(Coordinate Word): 단위 mm 기준(정수입력에서는 $\mu$m)

X______ Y______ Z______

I______ J______ K______ R______

U______ V______ W______ (선반의 경우)

A______ B______ C______ (회전축의 경우)

### (5) 이송기능(Feedrate Function): F______ (단위 mm/min 기준(정수로 입력))

이송 기능은 절삭을 하는 경우에 테이블, 새들, 주축 헤드의 이송 속도를 설정하는 기능으로서 주소 'F'에 이어서 이송 속도를 지령한다.

### (6) 주축기능(Spindle Function): S______ (단위 rpm(즉 rev/min))

주축 기능은 주축 회전수를 설정하는 기능으로 회전수(rpm)를 직접 지령한다.

### (7) 공구기능(Tool Function): T______ (보통 2자리로써 공구번호를 지정함)

공구 기능은 공구 호출 지령 기능으로 주소 'T'에 이어서 사용되는 공구의 공구 번호(01～99, 00은 공구 기능 취소)를 지령한다.

### (8) 보조기능(Miscellaneous Function): M□□ (M00에서 M99 사이로 지정)

머시닝센터의 여러 보조적인 기능이나 기술적 기능을 동작하게 하는 모터나 스위치를 ON/OFF하는 제어이며, 주로 시퀀스 제어를 통해 동작하도록 한다.

### (9) 공구 보정번호의 지정(Tool offset or Compensation number designation)

H_____ (길이보정 번호)   D_____ (반경보정 번호)

머시닝센터에서는 사용 공구마다 길이와 반경이 다르기 때문에 해당공구의 보정번호에 실제의 치수는 따로 마련된 공구보정 기억 장소에 저장시켜 놓고 프로그램에서는 보정번호를 호출하여 사용한다.

### (10) 정체(Dwell): 단위 sec

P_____ (정수 입력, 단위는 0.001sec)

X_____ (소수점 입력, 단위는 sec)

### (11) 기타의 Address: P_____ Q_____ R_____ L_____ 등

필요에 따라 알맞은 변수가 사용된다.

### (12) EOB(End Of Block): " ; "

블록의 끝남을 나타낸다.

결국, G기능(준비기능)을 통해서 전체의 여러 종류의 Address에 대한 구체적인 사용 용법과 형식을 이해할 수 있다.

[예] N____ G_____ X_____ Y_____ F_____ S_____ T_____ M_____ ;

전개번호 준비기능 좌표값들 이송기능 주축기능 공구번호 보조기능

**표 3.1** G 코드와 기능

| 코드 | 기 능 | 그룹 | 명령 방법 |
|---|---|---|---|
| G00 | 급속 위치 결정(급속 이송) | 01 | G00 (G90, G91) X_ Y_ Z_ ; |
| G01 | 직선 보간(직선 절삭) | | G01 (G90, G91) X_ Y_ Z_ F_ ; |
| G02 | 시계 방향 원호 보간 | | G02 (G90, G91) X_ Y_ R_ F_ ; |
| G03 | 반시계 방향 원호 보간 | | G03 (G90, G91) X_ Y_ R_ F_ ; |

표 3.1 (계속)

| 코드 | 기 능 | 그룹 | 명령 방법 |
|---|---|---|---|
| G04 | 드웰(dwell) | 00 | G04 (X_, P_) |
| G17 | XY 평면 지정 | 02 | G17 ; |
| G18 | ZX 평면 지정 | | G18 ; |
| G19 | YZ 평면 지정 | | G19 ; |
| G20 | 인치 데이터 입력 | 06 | G20 ; |
| G21 | mm 데이터 입력 | | G21 ; |
| G28 | 기계 원점 복귀 | 00 | G28 (G90, G91) X_ Y_ Z_ ; |
| G30 | 제2 원점 복귀 | | G30 (G90, G91) X_ Y_ Z_ ; |
| G40 | 공구 지름 보정 취소 | 07 | G40 (G00, G01) |
| G41 | 공구 지름 좌측 보정 | | G41 (G00, G01) D_ 이동 명령 |
| G42 | 공구 지름 우측 보정 | | G42 (G00, G01) D_ 이동 명령 |
| G43 | 공구 길이 보정 '+' | 08 | G43 Z_ H_ ; |
| G44 | 공구 길이 보정 '-' | | G44 Z_ H_ ; |
| G49 | 공구 길이 보정 취소 | | G49 Z_ ; |
| G54 | 공작물 좌표계 1번 선택 | 14 | G54 G90 X_ Y_ Z_ ; |
| G55 | 공작물 좌표계 2번 선택 | | G55 G90 X_ Y_ Z_ ; |
| G56 | 공작물 좌표계 3번 선택 | | G56 G90 X_ Y_ Z_ ; |
| G57 | 공작물 좌표계 4번 선택 | | G57 G90 X_ Y_ Z_ ; |
| G73 | 고속 심공 드릴 사이클 | 09 | G73 (G98, G99) X_ Y_ Z_ R_ Q_ F_ K_ ; |
| G74 | 역 태핑 사이클 | | G74 (G98, G99) X_ Y_ Z_ R_ Q_ F_ K_ ; |
| G76 | 정밀 보링 사이클 | | G76 (G98, G99) X_ Y_ Z_ R_ Q_ F_ K_ ; |
| G80 | 고정 사이클 취소 | | G80 ; |
| G81 | 드릴/스폿 드릴링 사이클 | | G81 (G98, G99) X_ Y_ Z_ R_ F_ K_ ; |
| G82 | 드릴/카운터 보링 사이클 | | G82 (G98, G99) X_ Y_ Z_ R_ P_ F_ K_ ; |
| G83 | 심공 드릴 사이클 | | G83 (G98, G99) X_ Y_ Z_ R_ Q_ F_ K_ ; |
| G84 | 태핑 사이클 | | G84 (G98, G99) X_ Y_ Z_ R_ F_ K_ ; |
| G85 | 보링 사이클 | | G85 (G98, G99) X_ Y_ Z_ R_ F_ K_ ; |
| G86 | 보링 사이클 | | G86 (G98, G99) X_ Y_ Z_ R_ F_ K_ ; |
| G87 | 백 보링 사이클 | | G87 (G98, G99) X_ Y_ Z_ Q_ R_ F_ K_ ; |

**표 3.1** (계속)

| 코드 | 기 능 | 그룹 | 명령 방법 |
|---|---|---|---|
| G88 | 보링 사이클 | | G88 (G98, G99) X_ Y_ Z_ P_ R_ F_ K_ ; |
| G89 | 보링 사이클 | | G89 (G98, G99) X_ Y_ Z_ P_ R_ F_ K_ ; |
| G90 | 절대 명령 | 03 | G90 이동 명령 |
| G91 | 증분 명령 | | G91 이동 명령 |
| G92 | 공작물 좌표계 설정 | 00 | G92 G90 X_ Y_ Z_ |
| G94 | 분당 이송 | 05 | G94 절삭 이송 ; |
| G95 | 회전당 이송 | | G95 절삭 이송 ; |
| G98 | 고정 사이클 초기점 복귀 | 10 | 고정 사이클 G98 고정 사이클 데이터 ; |
| G99 | 고정 사이클 R점 복귀 | | 고정 사이클 G99 고정 사이클 데이터 ; |

# 3.5 좌표계와 운동 명령의 지정 프로그래밍

## (1) 좌표계 원점의 설정

공구의 현재 위치를 NC장치에 입력시켜 줌으로써 프로그램 원점(Program Zero Point)이 결정되고 좌표축이 설정되도록 명령한다.

> **형식** G92 X_____Y_____Z_____ ;
>
> 원하는 프로그램 원점에 대한 공구의 현재 위치 좌표값

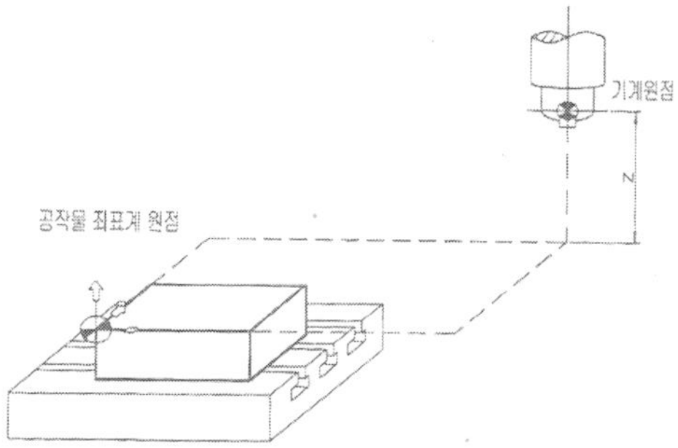

[예] G92 X100.0 Y250.0 Z200.0 ;

공작물이 설치된 상태에서 공구의 기준점(보통 공구의 바닥 중앙점)이 공작물 좌표계에서 다음의 위치에 있음. (x = 100.0, y = 250.0, z = 200.0)

## (2) 공작물 좌표계 설정

1개의 기계에서 연속으로 여러 개의 공작물을 가공할 때, 표 3.2의 오른쪽 그림과 같이 각각의 제품에 대한 공작물 좌표계를 G54~G59를 이용하여 미리 설정하여 두면 간편하게 가공할 수 있다. 각각의 공작물 좌표계 설정은 기계 원점에서의 거리 값을 보정 화면에 입력한다. 여러 종류의 공작물이나 복잡한 형상의 공작물을 가공할 때 각각 공작물이나 부분 프로그램을 별도 작성하여 조합할 수 있어 프로그램 작성 및 수정이 쉽다.

## (3) Absolute/Incremental Input(절대/증분 좌표의 입력)

G90: 절대좌표계 사용의 선언

G91: 증분좌표계 사용의 선언

[형식] 사용하기를 원하는 블록에 삽입

## (4) 운동 형태의 선언

운동명령문은 『끝점의 좌표』와 『운동형태』로서 지령하는데, 일반적으로 머시닝센터에서 지령하는 운동 형태는 다음과 같이 3가지의 유형이 사용된다.

**표 3.2** G54~G59를 이용한 공작물 좌표계 선택

| G 코드 | 내용 |
|---|---|
| G54 | 공작물 좌표계 1번 선택 |
| G55 | 공작물 좌표계 2번 선택 |
| G56 | 공작물 좌표계 3번 선택 |
| G57 | 공작물 좌표계 4번 선택 |
| G58 | 공작물 좌표계 5번 선택 |
| G59 | 공작물 좌표계 6번 선택 |

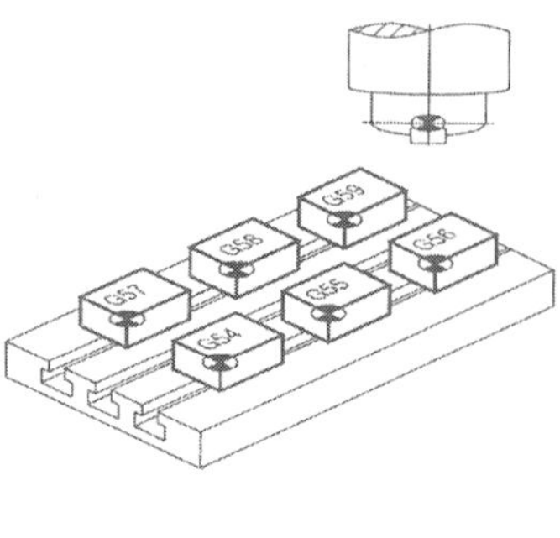

- 위치결정운동(또는 급속이동운동)(Point - to - Point 또는 Positioning 또는 Rapid Traverse motion): 절삭을 행하지 않으면서, 어느 한 점에서 다른 점으로 신속하게 운동하는 형태이다(보통 각 축의 속도는 등속도 운동을 함).
- 직선절삭 운동(Straight cutting control 또는 Liner interpolation): 공구가 절삭을 행하면서 어느 한 점에서 다른 점으로 소정의 작업속도(=feedrate)로써 직선적으로 움직이는 운동이다.
- 윤곽절삭 운동(Contouring control 또는 Xontinuous Path control): 공구가 절삭을 하면서 어느 한 점에서 다른 점으로 소정의 작업속도로써 원호 내지는 정의된 곡선 운동을 하는 것이다.

### 코드 종류

G00: 위치결정 또는 급속이동(Positioning or Rapid Traverse)
G01: 직선보간(Liner interpolation)
G02: 시계 방향의 원호보간 CW(Circular interpolation CW)
G03: 반시계 방향의 원호보간 CCW(Circular interpolation CCW)

## (가) 위치결정(또는 급속이송)

| 형식 G00 $\alpha$____ $\beta$____ ; |
|---|
| 여기서 $\alpha$, $\beta$는 { X, Y, Z } |

[예] ① ⇒ ②

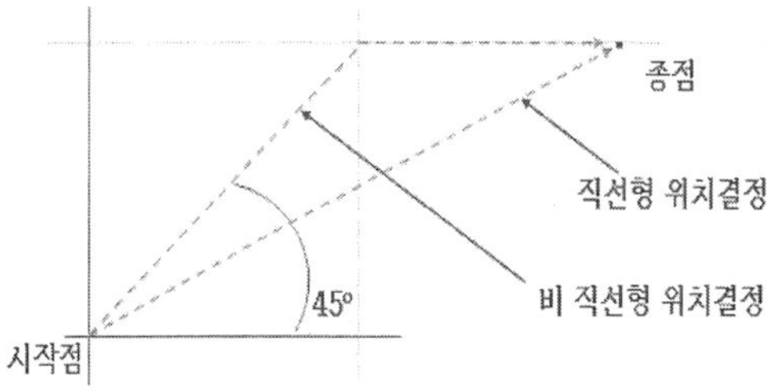


[증분] G91 G00 X190.0 Y110.0 ;
[절대] G90 G00 X200.0 Y120.0 ;

## (나) 직선보간

> **형식** G01 α____ β____ γ____ ;
>
> 여기서 α, β, γ는 { X, Y, Z } 중에서 선택하여 지정
>
> ⇒ 직선적으로 보간되는 운동(속도는 F____ 코드로 지정)

[예]

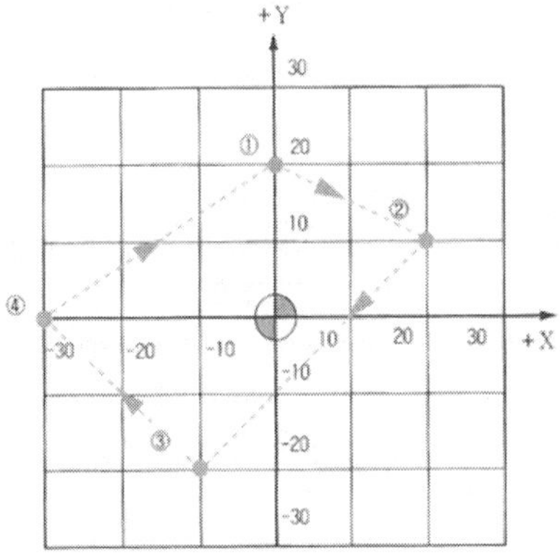


1) 절대 명령

①→②: G90 G01 X20.0 Y10.0 F100 ;

②→③: G90 G01 X-10.0 Y-20.0 F100 ;

③→④: G90 G01 X-30.0 Y0.0 F100 ;

④→①: G90 G01 X0.0 Y20.0 F100 ;

2) 증분 명령

①→②: G91 G01 X20.0 Y-10.0 F100 ;

②→③: G91 G01 X-30.0 Y-30.0 F100 ;

③→④: G91 G01 X-20.0 Y20.0 F100 ;

④→①: G91 G01 X30.0 Y20.0 F100 ;

## (다) 평면의 선택(Plane selection)

G17: X-Y 평면 선택

G18: Z-X 평면 선택

G19: Y-Z 평면 선택

## (라) 원호 보간(Circular interpolation)

- 원호 보간은 평면선택이 선언된 것을 전제로 하여 선언
- <방향> 시계 방향: G02

  반시계 방향: G03

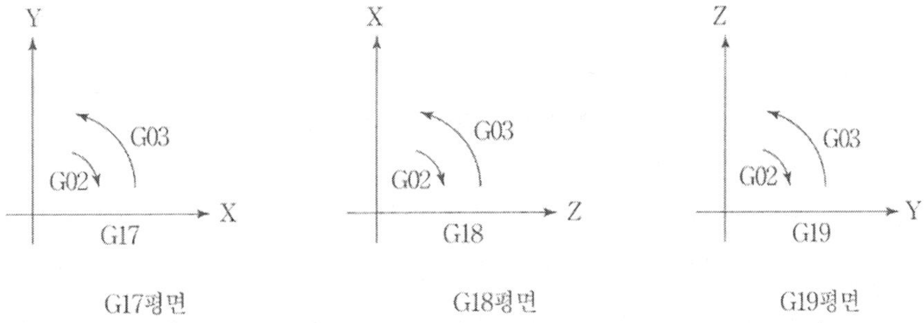


그림 3.8 원호 보간을 위한 평면 선택

### [방법 1] 반경을 사용하는 방법

$\begin{Bmatrix} G17 \\ G18 \\ G19 \end{Bmatrix} \quad \begin{Bmatrix} G02 \\ G03 \end{Bmatrix}$ α_____ β_____ R_____ F_____ ;

끝점의 좌표 원호의반경 이송속도

### [방법 2] 원호의 중심좌표 사용

$\begin{Bmatrix} G17 \\ G18 \\ G19 \end{Bmatrix} \quad \begin{Bmatrix} G02 \\ G03 \end{Bmatrix}$ α_____ β_____ ϕ_____ ψ_____ F_____ ;

끝점의 좌표 중심의 좌표 이송속도

여기서 $\alpha,\ \beta \in \{ X, Y, Z \}$

$\phi,\ \psi \in \{ I, J, K \}$

**형식** XY 평면: G17 (G02, G03) X_ Y_ (I_, J_, R_) F_ ;

ZX 평면: G18 (G02, G03) X_ Z_ (I_, K_, R_) F_ ;

YZ 평면: G19 (G02, G03) Y_ Z_ (J_, K_, R_) F_ ;

**주의** 1. 원호의 중심좌표는 시작점에 대한 중심좌표의 증분량으로써
I_____ J_____ K_____로써 표현

2. R의 부호: 원호각이 180° 이하이면 (+)이고, 180° 이상이면 (-)

[예 1] R 지령의 방법

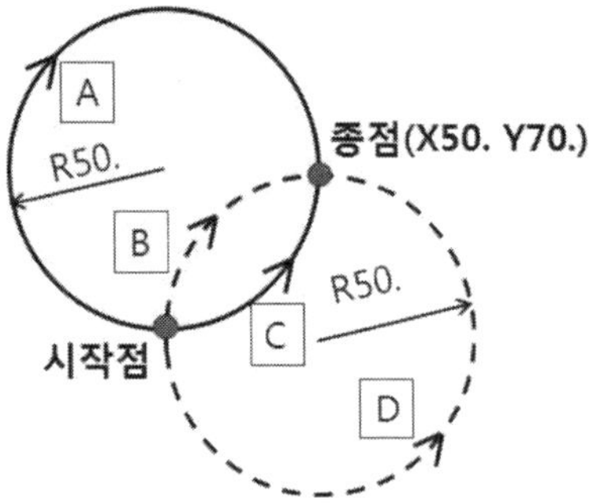


경로 A (중심각이 180° 이상)

G71 G02 X50.0 Y70.0 R-50.0 ;

경로 B (중심각이 180° 이하)

G17 G02 X50.0 Y70.0 R50.0 ;

경로 C (중심각이 180° 이하)

G17 G03 X50.0 Y70.0 R50.0 ;

경로 D (중심각이 180° 이상)

G17 G03 X50.0 Y70.0 R-50.0 ;

[예 2] I, J, K 지령의 방법

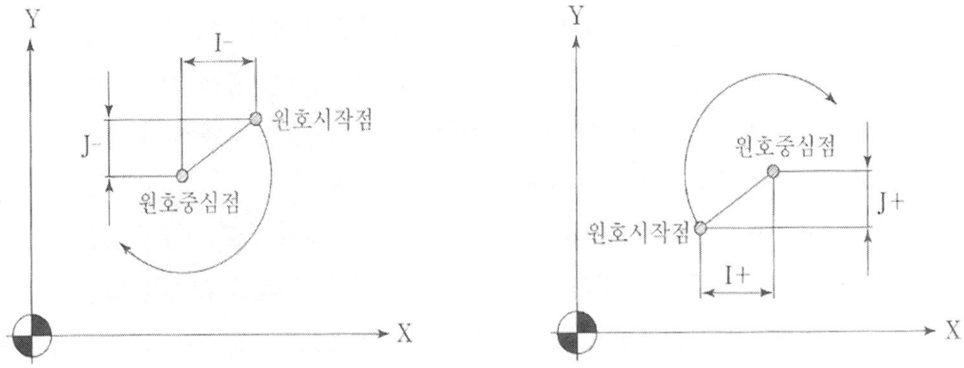


그림 3.9 원호 보간에서 I, J를 지정하는 방법

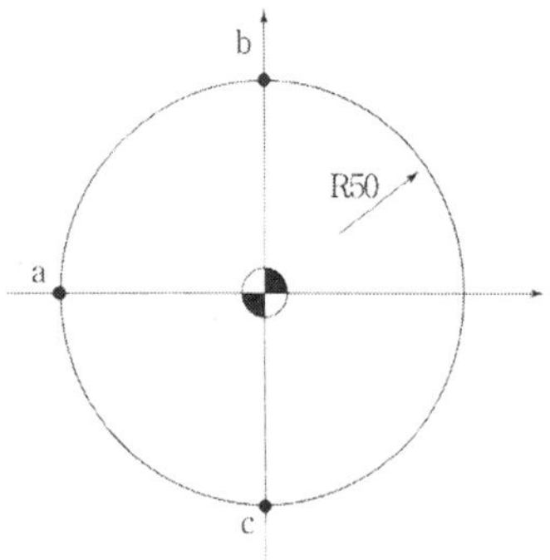


● **절대 지령**

a →b (cw): G90 G02 X0. Y50. I50. F100 ;

b →c (cw): G90 G02 X0. Y - 50. J - 50. F100 ;

c →a (cw): G90 G02 X - 50. Y0. J50. F100 ;

**주의** 완전한 원(원호각이 360 인)을 그리려면 방법 2만이 허용됨.
만약, 방법 1을 사용하면 전혀 움직이지 않을 수 있음.

## (5) Modal codes와 One - Shoot codes의 구분

- Modal codes: 한번 선언되면 같은 group 내의 다른 G code가 선언될 때까지 계속 효력이 유지되는 코드들(00이 아닌 group)
- One - shoot codes: 지령된 블록에서만 효력이 있는 코드들(00 group의 코드들이 여기에 해당

## (6) 머시닝센터의 운동지정 명령 프로그램 연습

### ※ M코드의 기초적인 의미

| | | |
|---|---|---|
| M03 | Spindle 정회전 | 형식 M03 / M04 S_____ ; |
| M04 | Spindle 역회전 | |
| M05 | Spindle 정지 | |
| M08 | 절삭유(Coolant) 공급 | 형식 원하는 블록에 삽입함. |
| M09 | 절삭유 공급 차단 | |
| M02 | Program End | |

**[프로그램 연습 예제] 공구축 중심 경로 프로그램, 단위 mm**

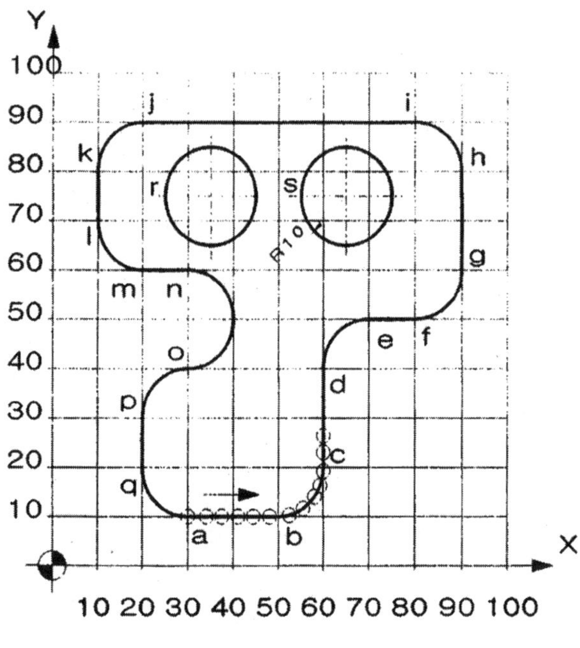

〈프로그램 리스트〉

....................................................................................................

....................................................................................................

....................................................................................................

....................................................................................................

....................................................................................................

....................................................................................................

....................................................................................................

....................................................................................................

....................................................................................................

| (1) 절대좌표계 사용 | (2) 증분좌표계 사용 |
|---|---|
| O1001 ; | O1001 ; |
| G92 X0.0 Y0.0 Z10.0 ; | G92 X0.0 Y0.0 Z10.0 ; |
| **G90** G00 X30.0 Y10.0 S1500 M03 ; | **G91** G00 X30.0 Y10.0 S1500 M03 ; |
| G01 Z-5.0 F50 ; | G01 Z-15.0 F50 ; |
| X50.0 F250 ; | X20.0 F250 ; |
| G03 X60.0 Y20.0 R10.0 ; | G03 X10.0 Y10.0 R10.0 ; |
| G01 Y40.0 ; | G01 Y20.0 ; |
| G02 X70.0 Y50.0 R10.0 ; | G02 X10.0 Y10.0 R10.0 ; |
| G01 X80.0 ; | G01 X10.0 ; |
| G03. X90.0 Y60.0 R10.0 ; | G03. X10.0 Y10.0 R10.0 ; |
| G01 Y80.0 ; | G01 Y20.0 ; |
| G03 X80.0 Y90.0 R10.0 ; | G03 X-10.0 Y10.0 R10.0 ; |
| G01 X20.0 ; | G01 X-60.0 ; |
| G03 X10.0 Y80.0 R10.0 ; | G03 X-10.0 Y-10.0 R10.0 ; |
| G01 Y70.0 ; | G01 Y-10.0 ; |
| G03 X20.0 Y60.0 R10.0 ; | G03 X10.0 Y-10.0 R10.0 ; |
| G01 X30.0 ; | G01 X10.0 ; |
| G02 Y40.0 R10.0 ; | G02 Y-20.0 R10.0 ; |
| G03 X20.0 Y30.0 R10.0 ; | G03 X-10.0 Y-10.0 R10.0 ; |
| G01 Y20.0 ; | G01 Y-10.0 ; |
| G03 X30.0 Y10.0 R10.0 ; | G03 X10.0 Y-10.0 R10.0 ; |
| G00 Z10.0 ; | G00 Z15.0 ; |
| X0.0 Y0.0 ; | X-30.0 Y-10.0 ; |
| M05 ; | M05 ; |
| M02 ; | M02 ; |

## 3.6 공구 길이 보정(Tool Length Compensation)

공구 길이는 프로그램을 작성할 때에는 고려하지 않지만 실제 가공에서는 서로 다른 길이를 갖는 공구를 사용한다. 따라서 이들 공구 길이를 고려하려 프로그램하기 위하여 공구 길이 보정을 이용한다.

아래 그림은 기준 공구 길이에 대한 각각의 공구 길이와의 차이를 공구 길이 보정량으로 설정하여 프로그래밍하는 모습을 보여 주고 있다. 기준 길이에 대하여, 각각의 공구가 얼마만큼 길이의 차이가 있는가를 옵셋 양으로 하여 NC장치의 공구데이터 **저장 파일에 설정**하여 놓고, 그 길이만큼 **번호**를 **지정**하여 보정하게 한다.

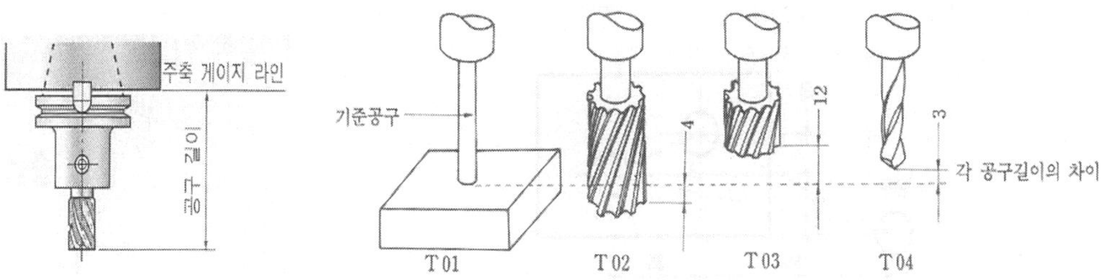


| G 코드 | 기능 | 공구 경로 |
|---|---|---|
| G43 | 공구 길이 보정 '+' | 지정된 공구 보정량을 Z 좌표값에 더한다.<br>(+ 방향으로 이동) |
| G44 | 공구 길이 보정 ' - ' | 지정된 공구 보정량을 Z 좌표값에 뺀다.<br>( - 방향으로 이동) |
| G49 | 공구 길이 보정 취소 | 공구 길이 보정을 취소하고 기준 공구 상태로 된다. |

| 형식 $\left\{\begin{matrix}G00\\G01\end{matrix}\right\}\left\{\begin{matrix}G43\\G44\end{matrix}\right\}$ | Z____ H____ ;<br>(운동명령문과 함께 쓰는 경우) | 보정 모드 생성 |
|---|---|---|
| $\left\{\begin{matrix}G00\\G01\end{matrix}\right\}\left\{\begin{matrix}G43\\G44\end{matrix}\right\}$ | H____ ;<br>(운동명령문이 생략된 경우) | 보정 모드 생성 |
| • 길이보정의 취소<br>....... G49 ...... ; 또는 .......H00 ..... ;<br>(원하는 블록에 삽입하여 두면 취소됨) | | |

| H____ 코드는 보정번호를 지정하는 것이며, 해당 보정번호에 대한 보정값은 offset file 속에 저장되어 있고, 프로그램의 내용과는 독립적으로 변경 | offset file의 내용<br>No. data<br>01 5.000<br>02 -3.000<br>03 13.236<br>. .<br>. .<br>. . |
|---|---|

[예]

G43, G44로 공구길이 보정을 행하는 경우.

* [H01의 옵셋 양 = +40.0]

```
G91 G00 G43 Z-200.0 H01 ;
```

* [H01의 옵셋 양 = −40.0]

```
G91 G00 G44 Z-200.0 H01 ;
```

* 취소하는 경우

```
G91 G00 G49 Z200.0 ;
(또는 G91 G00 Z200.0 H00 ; )
```

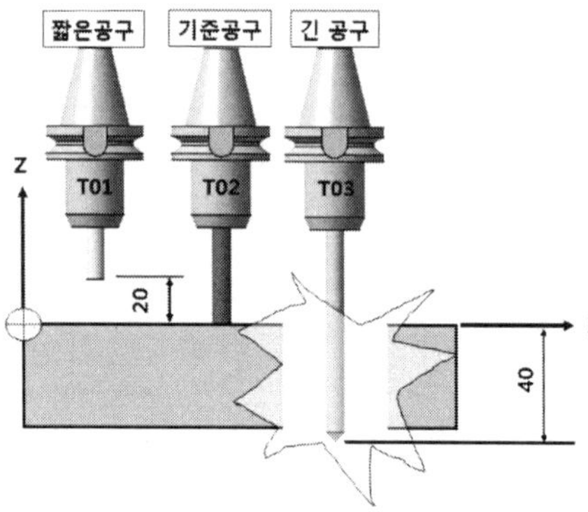


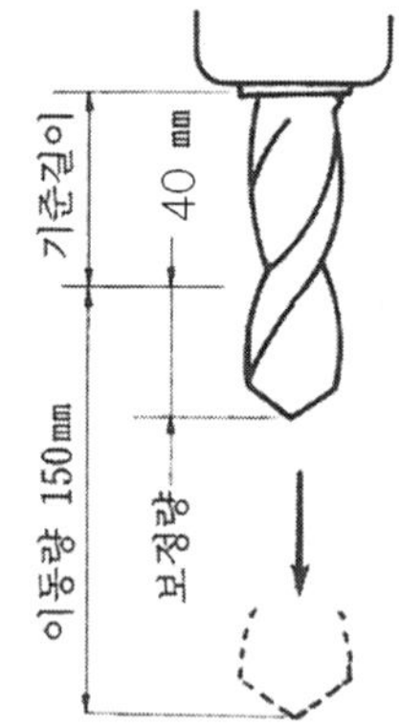


실제 이동량
[ = 200 - 40.0
= 160.0 mm ]

- 이때 움직이는 속도는 앞에서 실행되는 운동 모드에 따름

G00 → rapid traverse(급속이동)로

G01 → 주어진 F ___코드의 속도로 운동

## 3.7 공구 반경 보정(Cutter Compensation)

공구의 측면 날을 이용하여 가공하는 경우에 공구의 지름 때문에 공구 중심의 이동 경로와 실제 절삭이 일어나는 경로는 일치하지 않는다. 아래 그림과 같이 실선 윤곽 A를 가공하는 경우에 공구 반지름이 R라고 하면 점선 윤곽 B를 프로그래밍하는 것은 많은 어려움이 따른다. 따라서 공구 지름 보정을 이용하여, 공작물만의 윤곽 A만을 프로그램에 나타내면 편리할 것이다.

CNC 장치는 공구 반경 값들을 미리 등록해 두고 공구의 이동 방향에 따라 공구 반지름만큼 발생하는 편차를 자동으로 보상한다. 즉, 공구의 제어 기준점을 가공면으로부터 항상 법선방향으로 **보정벡터**만큼 떨어져서 운동하게 하는 지령이다.

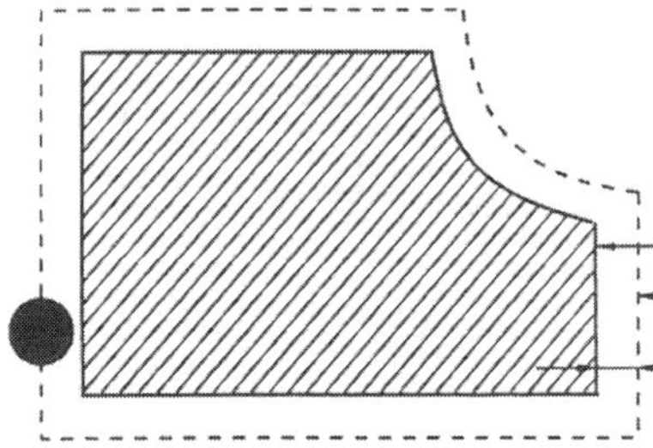


| G 코드 | 기능 | 공구 경로 |
|---|---|---|
| G40 | 공구 반경 보정 취소<br>(Cancel) | 공구 중심과 프로그램 경로가 같다.<br>(그림 3.10(a)) |
| G41 | 공구 반경 좌측 보정<br>(Left Compensation) | 공구 진행 방향으로 볼 때 공구가 공작물 좌측에 있다. (그림 3.10(b)) |
| G42 | 공구 반경 우측 보정<br>(Right Compensation) | 공구 진행 방향으로 볼 때 공구가 공작물 우측에 있다. (그림 3.10(c)) |

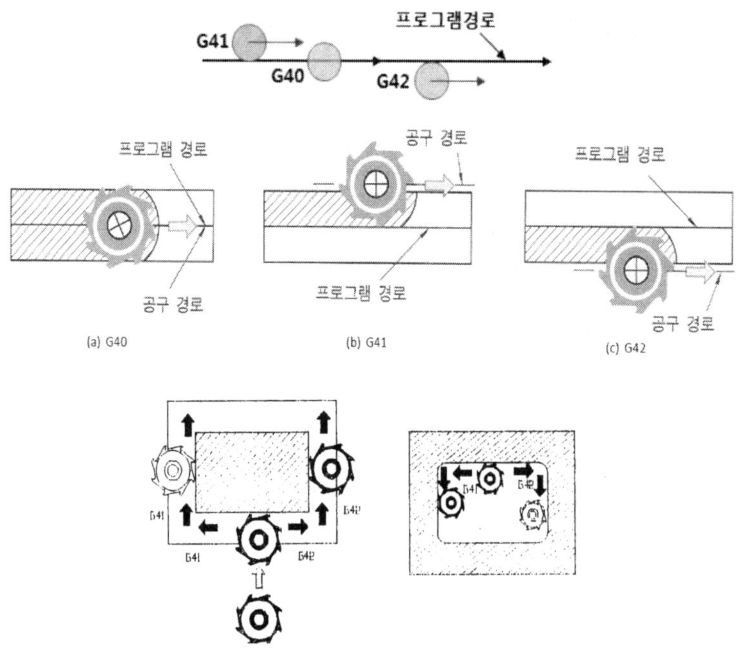


**그림 3.10** 공구 반경 보정에서 보정 방향을 정하는 방법

---

[형식] 1) 평면이 지정되어야 함

2) **G01** 또는 **G00**과 함께 지정하여 선언(G02나 G03으로는 불가)

| |
|---|
| 지령 형식: $\begin{Bmatrix} G41 \\ G42 \end{Bmatrix} \begin{Bmatrix} G00 \\ G01 \end{Bmatrix}$ X____Y____ D____ ; |
| 취소 형식: G40 $\begin{Bmatrix} G00 \\ G01 \end{Bmatrix}$ X____ Y____ ; |

※ 선언된 블록에서는 **보정양이 점차적으로 생김**

3) 보정된 공구경로가 부드럽게 접속되도록 앞의 두 블록을 읽어서 판단

4) 공구 지름 보정의 **취소(Cancel)**는 선언될 때의 **역순으로 동작**

(원하는 블록에 삽입하여 **보정 해제( ..........G 40 .............. ; ))**

---

**예제** $\phi$ 10의 엔드밀 공구로서 다음의 가공도면과 같은 외곽 모양을 절삭하려고 한다. 공구에 대한 보정값들은 offset file에 반경은 D05로서, 공구 길이에 대한 보정값은 H07에 기억시켜 놓았다. 가공조건으로는 이송속도가 100 mm/min. 스핀들 속도가

1200 rpm으로 하고 절삭유도 공급한다. (단, 1회의 윤곽절삭으로 가공이 완료되며, 공작물의 윗면은 가공된 것으로 본다.)

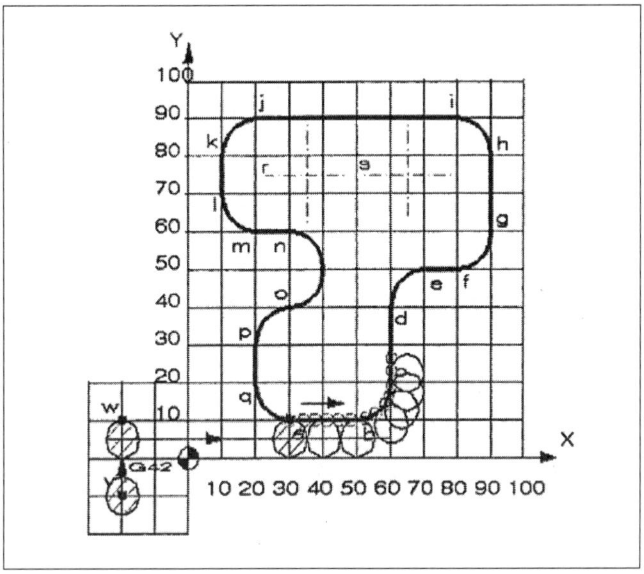


| 프로그램 |
|---|
| O1003 ;<br>M06 T05 ;<br>G92 X0.0 Y0.0 Z10.0 ;<br>G91 G43 G00 Z-100.0 H07 S1500 M03 ;<br>G42 Y50.0 D05 ;<br>G01 X70.0 F200 ;<br>G03 X10.0 Y10.0 R10.0 ;<br>G01 Y20.0 ;<br>G02 X10.0 Y10.0 R10.0 ;<br>G01 X10.0 ;<br>G03. X10.0 Y10.0 R10.0 ;<br>G01 Y20.0 ;<br>G03 X-10.0 Y10.0 R10.0 ;<br>G01 X-60.0 ;<br>G03 X-10.0 Y-10.0 R10.0 ;<br>G01 Y-10.0 ;<br>G03 X10.0 Y-10.0 R10.0 ; |

```
G01 X10.0 ;
G02 Y - 20.0 R10.0 ;
G03 X - 10.0 Y - 10.0 R10.0 ;
G01 Y - 10.0 ;
G03 X10.0 Y - 10.0 R10.0 ;
G41 G00 Y - 50.0 ;
G40 X - 80.0 ;
G49 Z100.0 M05 ;
M02 ;

<다른 방법으로 작성할 수 있는 명령들도 가능한지 검토해 본다.>
```

## 3.8 CNC 장치의 조작반의 사용

### (1) 모드 선택 스위치

모드(mode) 스위치는 그림 3.11과 같이 작업의 종류를 선택하기 위하여 사용하는 스위치이다. 모드 스위치로는 원점 복귀, 핸들 운전, 급속 이송, 반자동, 자동 운전, 편집, DNC 운전 등의 어느 하나를 선택할 수 있다.

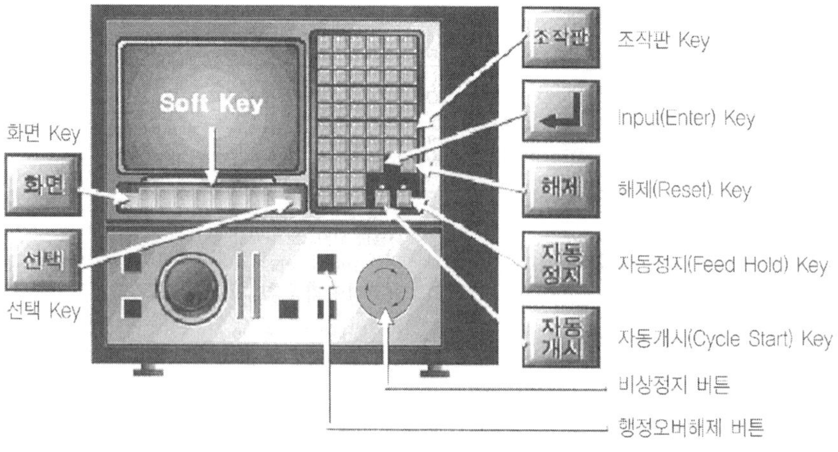


그림 3.11 전형적인 CNC 장치의 조작반 모양

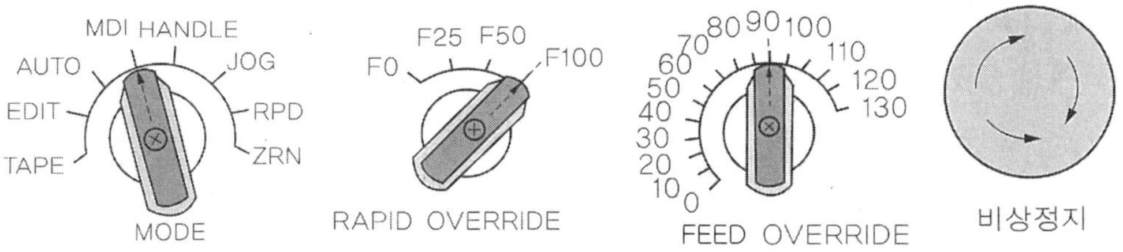


(a) 모드 선택 스위치 (b) 급속이송 조절 (c) 이송속도 조절 (d) 비상정지버튼

**그림 3.12** 조작반의 각종 스위치

### (가) 원점 복귀

원점 복귀(zero return) 모드에서는 각 축을 기계 원점으로 복귀시킨다. 조작판 원점 방향 축 버튼을 누르면 자동으로 기계 원점으로 복귀하고 원점 복귀 완료 램프가 점등한다. 전원을 투입하고 반드시 기계 원점 복귀를 실행시켜야 하는 증분(incremental) 방식과 전원을 차단해도 보존되는 절대(absolute) 방식의 두 가지가 있다.

### (나) 핸들 운전

수동 펄스 발생기(MPG: manual pulse generator) 운전 모드에서는 그림 3.12와 같이 조작판에 있는 핸들을 이용하여 X, Y, Z축을 이동시킬 수 있다. 핸들의 한 눈금당 이동량은 일반적으로 0.001, 0.01, 0.1 mm/펄스(pulse)의 3가지 종류가 있다. 빠른 이동은 0.1 mm, 정밀한 이동은 천천히 이동하는 0.001 mm를 사용한다.

### (다) 급속 이송

급속(rapid) 이송에서는 최대한의 기계 속도로 공구를 이동시킨다. 급속 속도는 2~3단계로 조절이 가능하고, 기계의 종류에 따라 다르며 파라미터에 입력되어 있다.

### (라) 반자동 운전

반자동(MDI: manual data input) 운전에서는 간단한 프로그램을 작성하여 기계를 작동시킬 수 있다. 예를 들면, 공구 회전, 주축 회전, 간단한 절삭 이송 등을 간단히 지령하여 기계를 동작시킬 수 있다.

#### (마) 편집

편집(edit)에서는 프로그램을 신규 작성할 수 있고, 메모리에 등록된 프로그램을 수정 또는 삭제할 수 있다. 프로그램의 신규 작성이나 이미 등록된 프로그램을 수정하기 위해서는 먼저 프로그램 보호 키를 해제시켜야 한다.

### (2) 자동 개시 버튼

자동 개시(cycle start) 버튼은 자동, 반자동, DNC 운전 모드에서 프로그램을 실행한다.

### (3) 이송 정지 버튼

이송 정지(feed hold) 버튼은 자동 개시의 실행으로 진행 중인 프로그램을 정지시킨다. 이송 정지 상태에서 자동 개시 버튼을 누르면 현재 위치에서 재개한다. 주축 정지, 절삭유 등은 이송 정지 직전의 상태로 된다. 다만 나사 절삭(G33, G74, G84) 기능의 실행 중에는 이송 정지 버튼을 작동시켜도 즉시 정지하지 않고 나사 절삭 다음 블록에서 정지한다.

### (4) 이송속도 조절 스위치

이송속도 조절(feed override) 스위치는 자동, 반자동 모드에서 지령된 이송 속도를 외부에서 변화시키는 기능이다. 예를 들면 시제품을 가공할 때 입력된 프로그램의 이송 속도가 맞지 않을 경우, 이송속도 조절 스위치를 이용하여 이송 속도를 증가시키거나 감소시켜 최적의 조건이 되도록 조절하면 된다. 일반적인 이송 속도 변환 범위는 그림 3.12(c)와 같이 0～130 %이다. 프로그램 이송 속도로 가공하려면 100 %를 적용하면 된다.

### (5) 선택적 프로그램 정지(M01) 스위치

프로그램에 지령된 M01(optional program stop)을 선택적으로 실행하게 한다. 조작판의 M01 스위치가 ON일 때는 프로그램에서 M01의 실행으로 프로그램이 정지하고,

OFF일 때는 M01을 실행해도 기능이 없는 것으로 간주하고 다음 블록을 실행한다.

아래 프로그램 예에서 보면 N02 블록에서 조작판의 M01 스위치가 ON되어 있으면 프로그램이 정지하고 OFF되어 있으면 정지하지 않는다.

[프로그램 예]

```
N01 G30 G91 X0. Y0. Z0. ;
N02 M01 ;
N02 G53 G90 G00 X0. Y0. ;
```

### (6) 드라이런 스위치

드라이런(dry run) 스위치가 ON되면 프로그램에 지령된 이송 속도를 무시하고 조작판에서 선택한 속도로 이송한다. 일반적으로 시험 운전이나 이미 가공된 부분을 다시 실행하는 경우, 이 스위치를 작동시켜 빨리 진행하게 할 때 사용한다. 또한 지령된 이송 속도와 실 가공조건 사이의 차이가 클 때에도 사용된다.

### (7) 싱글 블록 스위치

싱글 블록(single block) 스위치가 ON된 상태에서 자동 개시 버튼을 누르면 프로그램이 한 블록씩 실행된다. 자동 개시를 실행시킬 때마다 프로그램이 한 블록 실행하고 정지하는 것을 반복한다. 그러나 싱글 블록 스위치가 OFF된 경우에 자동 개시 버튼을 누르면 프로그램이 연속적으로 실행된다.

### (8) 행정 오버 해제 버튼

기계 행정 영역의 마지막에 설치되어 있는 리밋 스위치(limit switch)까지 기계가 이동하면 행정 오버 알람이 발생한다. 이때 알람을 해제하기 위해서 행정 오버 해제 스위치를 누른 상태에서 행정 오버된 축을 반대로 이동시키면 된다. 이 알람이 발생하면 전원을 다시 투입한 상태가 된다.

## (9) 프로그램 보호 키

프로그램 신규 작성 및 편집(수정, 삽입, 삭제)과 파라미터 데이터의 변경은 프로그램 보호 키를 OFF 시킨 상태에서 실행할 수 있다.

## (10) 자동 공구 교환

자동 공구 교환 장치(automatic tool changer)는 가공 공정이 많은 부품을 가공할 때 매거진(magazine)에 저장된 공구를 프로그램에 의해 선택하여 사용한다.

자동 공구 교환 장치의 공구 교환 방법으로는 시퀀스(sequence) 방식과 랜덤(random) 방식이 있다. 시퀀스 방식은 공구 번호와 매거진 번호가 일치하는 방식이다. 생산 현장에서 많이 사용하는 랜덤 방식은 매거진 번호와 공구 번호가 일치하지 않고 기계에 기억된 공구 번호를 찾아 공구를 교환하는 방식이다.

### ●●● 읽을거리: CNC 공작기계의 역사

최초로 NC를 사용한 사람은 프랑스의 쟈코드(Joseph M. Jacquard)이다. 그는 1807년 펀치 카드 시스템을 발명하여 직물 기계에 활용하였다. 그 후 산업이 발달하고 소비자가 증가하게 되어 제품의 대량 생산과 복잡한 형상을 가공할 필요가 있었는데, 1947년 미국의 파슨즈(John C. Parsons)는 헬리콥터의 날개를 만들 때 기존에 사용하던 범용 기계로는 제작하기가 곤란하다고 생각하여 보다 우수한 성능의 제품을 만들기 위해 연구를 하였다. 마침내 1949년 매사추세츠 주립 공과대학(MIT)과 공동으로 NC 시스템을 개발하였으며, 1952년에는 MIT에서 NC 밀링 머신이라는 신제품을 생산하였다. 이와 같이 만들어진 NC 공작기계는 NC 장치의 발달, 즉 전자분야의 발달과 더불어 급속한 발전을 거듭하게 되었다.

우리나라는 1973년에 한국과학기술원(KIST)에서 연구를 시작하여 1976년에 NC 선반을 선보였고, 1977년에 화천기공사에서 WNCL-300을 생산하여 한국공작기계전시회에 출품하였다. 1978년에는 NC 선반 외 2종을 수출하기 시작하면서 1979년에는 32대를 수출하였다. 1981년에는 통일산업에서 국산 머시닝센터를 제작하여 한국기계전시회에 출품하였다. 이후 터닝 센터와 같이 여러 가지 복합기능을 갖춘 기계들도 개발되었다.

## 3.9 고정 사이클(Canned Cycle) 개요

고정 사이클은 1 block의 명령문으로 일련의 연속된 작업을 실행할 수 있도록 한 것으로, CNC 제어 프로세서 내에 기억된 일련의 작업순서에 지정된 Parameter를 대입함으로써 작업이 실행되도록 하는 것이다. 즉, 여러 개의 블록으로 명령하는 가공 동작들을 하나의 블록으로 명령하여 간단하게 작성할 수 있다. 드릴 가공, 탭 나사 가공, 보링 바에 의한 보링 가공 등 일반적으로 여러 개의 블록으로 프로그래밍해야 하는 가공 동작을 1개의 블록으로 지령할 수 있다.

### (1) 고정 사이클 기본 동작

고정 사이클의 기본 동작은 그림 3.13과 같이 보통 다음의 6개의 동작으로 구성된다. 고정 사이클의 위치 결정은 X, Y 평면상에서, 드릴은 Z축 방향에서 이루어진다.

〈동작 1〉: X, Y축 위치 결정 〈동작 2〉: R점까지 급속 위치 결정
〈동작 3〉: 구멍 절삭 이송 〈동작 4〉: 구멍 바닥에서의 동작
〈동작 5〉: R점으로 복귀(G99) 〈동작 6〉: 초기점으로 복귀(G98)

=> G81 X______ Y______ R____ Z_____ F______;

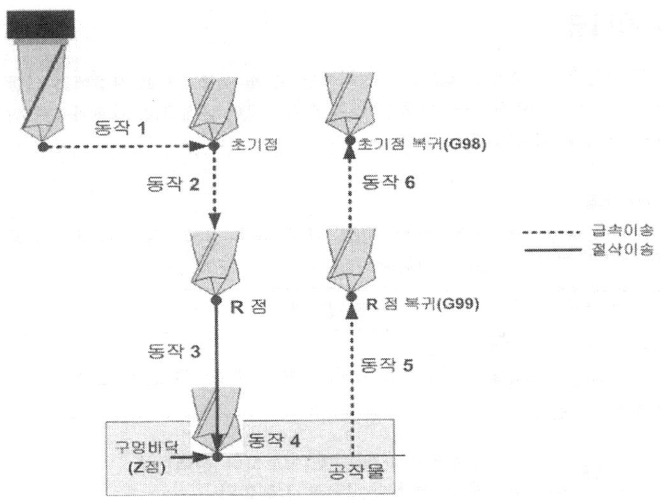


그림 3.13 고정 사이클의 기본 동작 구성

| 형식 | G__ | X___ Y___ | R___ Z___ | P___ | Q___ | F___ | L___; |
|---|---|---|---|---|---|---|---|
| | code 번호 | 작업장소 | 운동 형태가 구분되는 길이 | dwell time | shift 양 | feed - rate | 반복횟수 |

## (2) 복귀 위치의 선언(Returm to initial level)

현재의 구멍 가공이 끝난 후에 Z축이 복귀하는 위치를 결정하는 기능이다.

### (가) 초기점으로의 복귀(Returm to initial point level): G99

구멍 가공이 끝난 후에 Z축이 복귀하는 위치가 초기점까지 급속하게 복귀하는 기능이다.

### (나) R점으로의 복귀(Returm to R-point level): G99

구멍 가공이 끝난 후에 Z축이 복귀하는 위치가 고정 사이클에서 명령한 R점으로 복귀하는 기능이다.

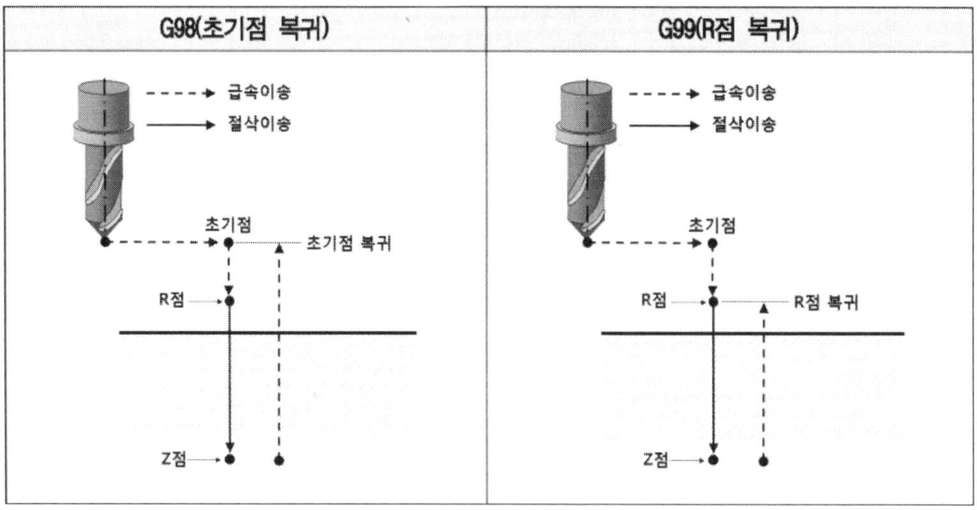


그림 3.14 초기점 복귀와 R점 복귀

| 형식 | $\begin{Bmatrix} G98 \\ G99 \end{Bmatrix}$ | G____ | L __; |
|---|---|---|---|
| | 복귀위치 | canned cycle | 반복횟수 |

### (3) 고정 사이클의 취소(G80)

고정 사이클 기능은 사이클 실행 후 구멍의 위치만 명령하면 구멍 가공을 다시 하게 된다. 따라서 고정 사이클을 취소하기 위해서는 **G80 명령**이 필요하다. 이때 R점과 Z점 및 기타 구멍 가공 데이터도 전부 취소하게 된다.

## 3.10 고정 사이클(Canned Cycle)의 종류

| G코드 | 고정 사이클 | 용도 |
|---|---|---|
| G81 | 드릴/스폿 드릴링 사이클 | 드릴 작업 고정 사이클 |
| G82 | 드릴/카운터 보링 사이클 | 구멍 바닥에서 드웰을 주는 드릴 사이클 |
| G83 | 심공 드릴 사이클 | 깊은 구멍 드릴 작업의 고정 사이클 |
| G73 | 고속 심공 드릴 사이클 | 고속으로 깊은 구멍 가공의 고정 사이클 |
| G84 | 태핑 사이클 | 나사 가공의 고정 사이클 |
| G74 | 역 태핑 사이클 | 역 태핑 고정 사이클 |
| G85 | 보링 사이클 | 왕복 절삭 이송의 고정 사이클 |
| G86 | 보링 사이클 | 보링 작업의 고정 사이클 |
| G76 | 정밀 보링 사이클 | 바닥에서 공구 시프트를 하는 사이클 |
| G87 | 백 보링 사이클 | 뒤쪽 자리 내기 보링 작업 고정 사이클 |
| G88 | 보링 사이클 | 수동 이동이 가능한 보링 작업 사이클 |
| G89 | 보링 사이클 | 구멍 바닥에서 드웰을 주는 보링 사이클 |
| G80 | 고정 사이클 취소 | 고정 사이클 모드를 취소 |

### (1) 드릴 사이클(스폿 드릴링 사이클)(G81)

드릴 사이클은 일반적인 드릴 가공이나 센터 드릴과 같이 칩 배출이 용이하거나 구멍의 깊이가 깊지 않은 구멍 가공에 사용한다. 그림 3.15에서와 같이, 공구가 R점까지 급속 이송으로 접근하여 Z점까지 절삭 이송한 다음에 복귀점까지 급속 이송으로 복귀한다.

| 형식 | G81 $\begin{Bmatrix} G90 \\ G91 \end{Bmatrix} \begin{Bmatrix} G98 \\ G99 \end{Bmatrix}$ X_ Y_ Z_ R_ F_ : |
|---|---|

▸X, Y는 구멍 가공의 위치를 나타내고 Z는 구멍 가공의 깊이를 나타낸다. 또한 R는 R점의 좌표를 지정하는 것이고, F는 이송 속도를 나타낸다.

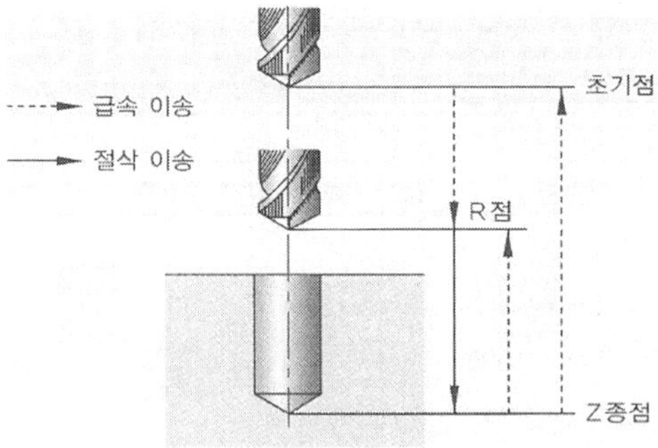


그림 3.15 드릴 사이클 공구 경로

### (2) 고속 심공 드릴 사이클(G73)

드릴 직경에 비하여 깊이가 3배 이상 깊은 드릴 가공의 경우에는 칩이 길고 구멍이 깊기 때문에 칩 배출이 원활하지 않다. 따라서 그림 3.16과 같이 Z 방향으로 간헐 이송을 하면 긴 칩이 발생하지 않도록 하면서 칩의 배출을 원활하게 할 수 있다. 따라서 Q만큼 절입하고 d만큼 후퇴하는 사이클을 반복한다.

| 형식 | G73 $\begin{Bmatrix} G90 \\ G91 \end{Bmatrix} \begin{Bmatrix} G98 \\ G99 \end{Bmatrix}$ X_ Y_ Z_ R_ Q_ F_ : |
|---|---|

▸Q는 매회 절입량을 나타내고, d는 후퇴량을 나타낸다.

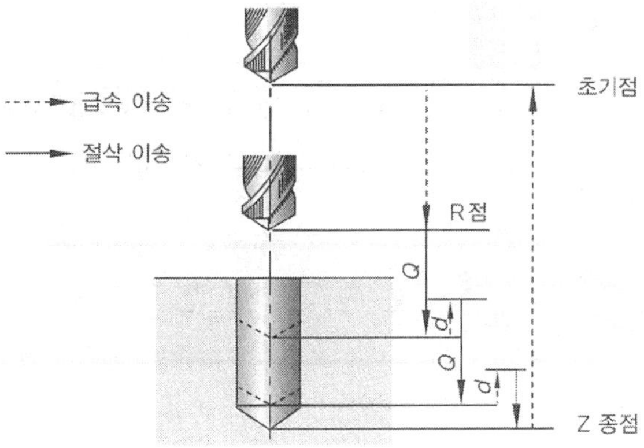


그림 3.16 고속 심공 드릴 사이클 공구 경로

## (3) 심공 드릴 사이클(G83)

지름이 작고 깊은 구멍을 가공할 때에는 칩 배출이 원활하지 않고 공구의 끝까지 절삭유의 공급이 쉽지 않다. 이런 경우에 공구를 공작물 위로 이동시킨 다음에 다시 가공에 들어가게 하는 방법을 이용한다. 그림 3.17과 같이 Q만큼 가공한 후에 항상 R점까지 복귀한다. 그런 다음에 다시 급속 이송하여 가공하는 기능이다.

| **형식** G83 $\begin{Bmatrix} G90 \\ G91 \end{Bmatrix}$ $\begin{Bmatrix} G98 \\ G99 \end{Bmatrix}$ X_ Y_ Z_ R_ Q_ F_ K_ : |
|---|

▸K는 반복 횟수를 나타낸다.

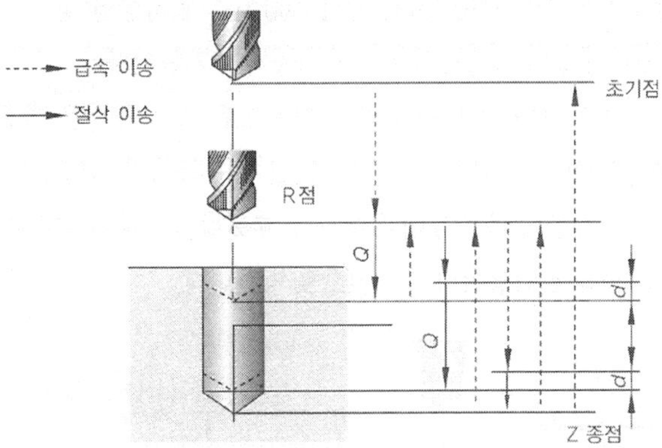


그림 3.17 심공 드릴 사이클 공구 경로

## (4) 카운터 보링 사이클(G82)

그림 3.18과 같은 볼트 자리 등 구멍 바닥 면에 대하여 양호한 표면 거칠기가 요구되는 경우에 공구는 공구 바닥 면에서 일정 시간 휴지한다.

> **형식** G82 $\begin{Bmatrix} G90 \\ G91 \end{Bmatrix}$ $\begin{Bmatrix} G98 \\ G99 \end{Bmatrix}$ X_ Y_ Z_ R_ P_ F_ :

▶P는 일시 정지 시간을 나타낸다.

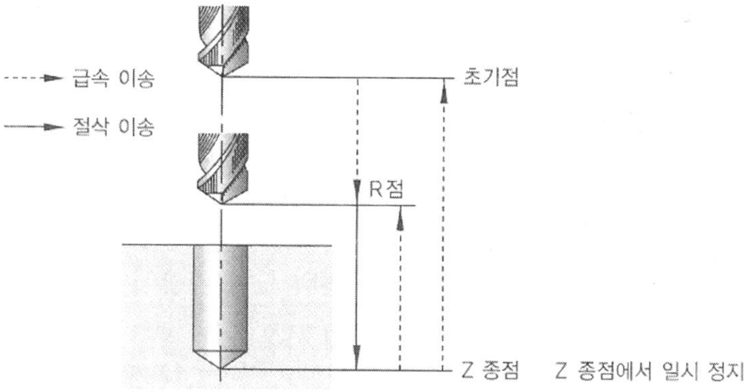


**그림 3.18** 카운터 보링 사이클 공구 경로

## (5) 보링 사이클(G86)

그림 3.19와 같이 일반적인 보링 가공을 위하여 Z점까지 도달한 다음에 주축 정지 후에 급속으로 복귀한다. 거친 보링 작업에 사용한다.

> **형식** G86 $\begin{Bmatrix} G90 \\ G91 \end{Bmatrix}$ $\begin{Bmatrix} G98 \\ G99 \end{Bmatrix}$ X_ Y_ Z_ R_ F_ :

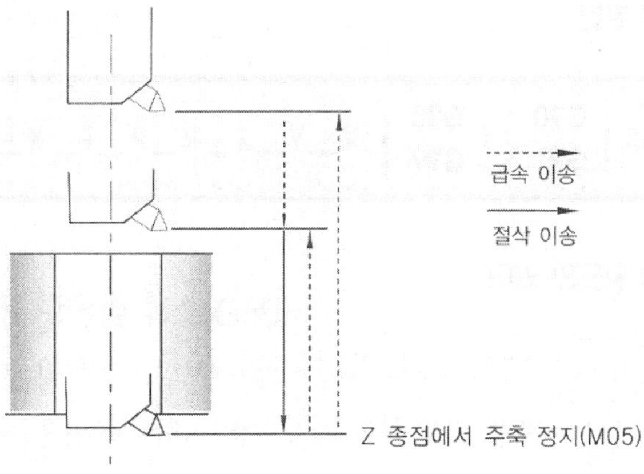


그림 3.19 보링 사이클 공구 경로

## (6) 태핑 사이클(G84)

오른나사용 탭을 사용하여 암나사를 가공하기 위한 고정 사이클이다. 그림 3.20과 같이 먼저 R점까지 급속 이송으로 접근한다. 그런 다음에 주축을 정회전하면서 가공할 나사의 피치에 해당하는 이송 속도로 Z점까지 가공한 다음에 역회전하면서 R점까지 복구한 후에, 다시 주축은 정회전한다.

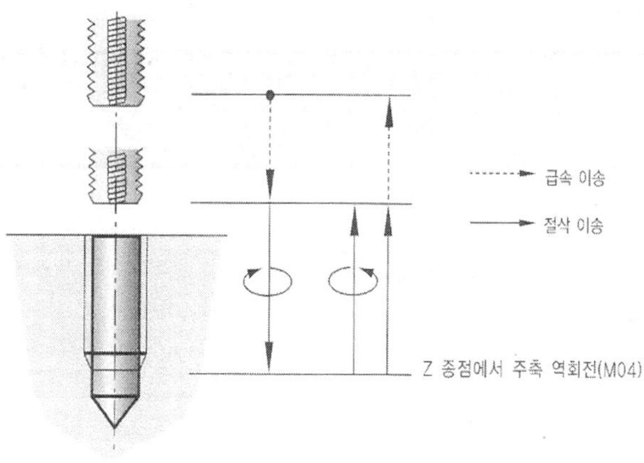


그림 3.20 태핑 사이클 공구 경로

| 형식 | G84 $\begin{Bmatrix} G90 \\ G91 \end{Bmatrix}$ $\begin{Bmatrix} G98 \\ G99 \end{Bmatrix}$ X_ Y_ Z_ R_ F_ : |
|---|---|

▸X, Y는 탭 가공의 위치를 나타내고 Z는 탭 가공의 깊이를 나타낸다.

## (7) 고정 사이클의 취소(G80)

고정 사이클을 취소하여 일반 동작을 하게 한다. R점, Z점 및 기타의 구멍 가공 데이터가 모두 취소된다. 단, 이송 속도 지령만은 취소되지 않는다. 또한 G80 외에도 '01' 그룹의 G코드(G01, G02, G03 등)를 명령해도 취소할 수 있다.

→ 원하는 블록에 G80의 코드를 삽입

**예제** G81의 drilling 사이클

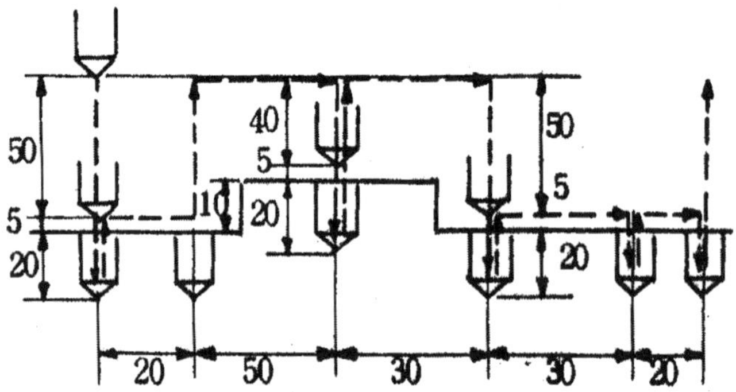


<가공 준비(공구교환, 스핀들회전, 길이보정 등) 완료 후, 증분 좌표계로 작성할 때>
(G81 드릴링사이클 사용)

```
G99 G81 X0 Y0 R-50.0 Z-25.0 F200 ;
G98 X20.0 ;
X50.0 R-40.0 Z-25.0 ;
G99 X30.0 R-50.0 Z-25.0 ;
X30.0 ;
G98 X20.0 ;
G80 X-150.0 ;
```

## 3.11 원점 복귀

- 기계원점(Machine zero point): 기계 자체에 고정되어 있는 참고점
  (보통 이것을 1st Reference point로 설정함)
- 매개점(Intermediate point): 필요에 따라서 매개적으로 중간에 통과하는 점

▶ **코드**

| | |
|---|---|
| G27 | Reference point return check. |
| G28 | Return to reference point. |
| G29 | Return from reference point. |
| G30 | Return to 2nd reference point. |

▶ **사용 용법**

### (1) G27

지정된 양만큼 G00(rapid traverse)에 해당하는 속도로 이동한 후에 종점이 reference point와 일치하는가의 여부를 확인한다.

- 정상적으로 일치할 경우에는 "램프가 켜짐"
- 비정상적일 경우에는 "알람이 생김"(조치가 필요함)

> 형식 G27 $\alpha$____ $\beta$____ $\gamma$____; ($\alpha$, $\beta$, $\gamma$ $\in$ X, Y, Z)
>
> R.P.에의 도달거리.

### (2) G28

매개점을 지령함으로써, 매개점을 거쳐서 R.P.에 가도록 한다.

> 형식 G28 $\alpha$____ $\beta$____ $\gamma$____; ($\alpha$, $\beta$, $\gamma$ $\in$ X, Y, Z)
>
> 매개점의 좌표지정

### (3) G29

G28, G30으로 원점복귀시킨 경우 원점복귀할 때에 지령한 중간 경유점을 경유하여 G29 다음에 지령한 좌표 값으로 위치 결정한다. 이 기능은 공구교환 후 필요한 위치로 이동시킬 때 사용하면 편리하다. 이미 매개점은 앞의 G28 선언으로 기억되어 있기 때문에, 다시 매개점을 거쳐서 원하는 곳(지령된 좌표값)으로 가도록 한다.

| 형식 | G29 $\alpha$____ $\beta$____ $\gamma$____; ($\alpha$, $\beta$, $\gamma$ $\in$ X, Y, Z)<br>다시 돌아오고자 하는 점 지정<br>(증분좌표계에서는 매개점을 기준으로 함) |
|---|---|

### (4) G30

G28의 지령과 동일한 양상이나, 이때에는 매개점을 거쳐서 2nd Reference point로 간다(되돌아오는 것은 G29).

## 3.12 기타 준비 기능

| G10 | Offset value setting by program.(One - shot 코드임) |
|---|---|
| G20 | Inch data input |
| G21 | Metric data input |
| G22 | Safety zone programming. |
| G23 | Programmed crossing through safety zone. |

### (1) G10

Manual data input(MDI) 기능에 의하지 않고, 프로그램상에서 offset value를 setting 할 때 사용함.

| 형식 | G10 P______ X______; |
|---|---|
| | (보정번호) (Setting 값) |

### (2) G20, G21

단위계의 Setting(inch, mm), inch의 경우에는 mm의 경우보다 소숫점 이하 1자리를 더 지령할 수 있다. ([예] 0.001 mm 지령 → 0.0001 inch 지령)

형식 원하는 블록에 삽입함.

### (3) G22, G23

안전영역의 프로그래밍과 해제

| 형식 G22 X____Y____Z____ I____J____K____ ; | |
|---|---|
| 기계원점에 가장 가까운<br>꼭짓점의 좌표값 | 가장 먼 쪽의 꼭짓점의 좌표값<br>〈절댓값으로 지정함〉 |
| 안전영역 | 이때, 안전영역을 이탈하는 경우에<br>기계 동작이 정지하고 "alarm"이 발생됨 |
| G23 ........ ;(안전영역 설정의 취소) | |

## 3.13 기타 보조기능(Miscellaneous Function 또는 M-codes)

보조기능은 CNC 기계의 기능을 보조하는 모터나 전원을 개폐하는 역할을 가지는 것으로 원하는 블록에 삽입하되, 보통 과부하를 고려하여 한 블록에 필요 이상의 많은 기능을 한꺼번에 넣어서 사용하지는 않는다.

앞에서 다루었던 보조기능을 포함하여 보조기능을 종합적으로 정리하면 다음과 같다.

① M03: Splindle start CE(스핀들 정방향 회전 명령)

M04: Splindle start CCW(스핀들 역방향 회전 명령)

M05: Splindle stop(스핀들 정지)

② M07: Mist ON(Burr나 chip 제거용 압축공기 공급)

M08: Coolant ON(절삭유 공급)

M09: Coolant & Mist OFF(절삭유와 압축공기의 공급 차단)

③ M02: End of Program(프로그램의 종료)

M30: End of Program and Memory (or tape) Rewind(프로그램의 종료와 함께 메모리를 reset(초기상태 복원))

M00: Program stop(프로그램의 실행 도중에 작업을 일단 정지시킴)

M01: Optional stop(선택적인 정지: optional stop Switch를 "on"하였을 경우에만 작업이 일시적으로 정지함. "off" 상태에서는 M01의 기능은 무시)

④ M06: Tool Change(공구 교환: ATC(Automatic tool change) 기능에서 공구를 교환함.)

[예] T06 M06 ; 05공구로 교환함

M19: Spindle Orientation(스핀들 방향을 origin으로 위치)

⑤ M21: Mirror image X(+X 방향을 -X 방향으로 변경함.)

M22: Mirror image Y(+Y 방향을 -Y 방향으로 변경함.)

M23: Mirror image OFF(Mirror 기능의 취소)

⑥ M48: Override ON(상황에 따라 override dial로 feedrate를 조정)

M49: Override OFF(override의 취소)

⑦ M98: Subprogram Call(Subprogram 호출, 그림 3.21 참조)

M99: Subprogram End(=Return to Main Program)

| 형식 M 98 P_______ L_______ ; |
|---|

※ 운동지령(Movement command)과 함께 사용될 수 있는 M-codes:
M03, M04, M05, M07, M08, M09, M19, M48, M49 등

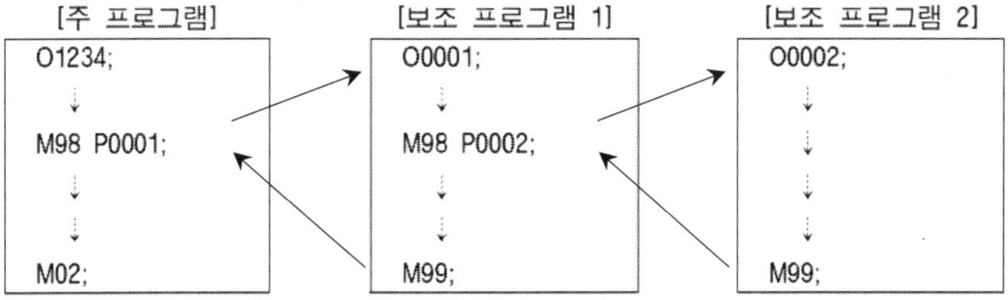


**그림 3.21** 보조 프로그램의 호출

### 프로그램 연습

다음에 제시된 작업도면과 **T09(보정번호 H09)**의 드릴을 교환한 연후에 **G81 Cycle**로 드릴 작업을 실시하려고 한다. 공구는 교환된 후에 Reference point에 위치되어 높이가 기준점에 있다고 보고, 프로그램을 작성하라. (단, 드릴링에서 이송속도는 **150 mm/min**, Spindle 속도는 **1200 rpm**이다.)

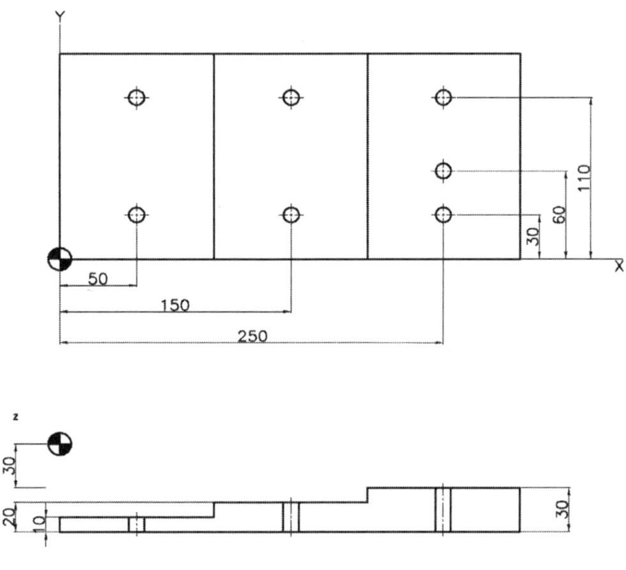


[증분좌표계로 작성하는 경우를 기준으로 프로그래밍]

```
O00103 ;
T09 M06 ;
G91 G43 G00 Z-270.0 S1200 M03 ;
G99 G81 X50.0 Y30.0 R-48.0 Z-17.0 F150.0 ;
G98 Y80.0 ;
```

```
G99 X100.0 R-38.0 Z-27.0 ;
G98 Y-80.0 ;
G99 X100.0 R-28.0 Z-37.0 ;
Y30.0 ;
G99 Y50.0 ;
G80 G00 X-250.0 Y-110.0 ;
G49 Z270.0 M05 ; (또는 G49 G28 Z50.0 M05 ;)
M02 ;
```

### ▶ 종합 프로그램 연습 문제

다음 도면을 보고 머시닝센터의 프로그램을 다음의 **8공정**으로 작성하시오.

[참조 자료]

NCS 학습모듈, 한국산업인력관리공단, 고용노동부
(분류기준: 기계-기계가공-절삭 가공-CAM),
06. CNC밀링(머시닝센터) 가공 프로그래밍(Machine)_pp.82~91]
<http://www.ncs.go.kr/ncs/page.do?sk=P1A2_PG01_002&mk=&uk=>

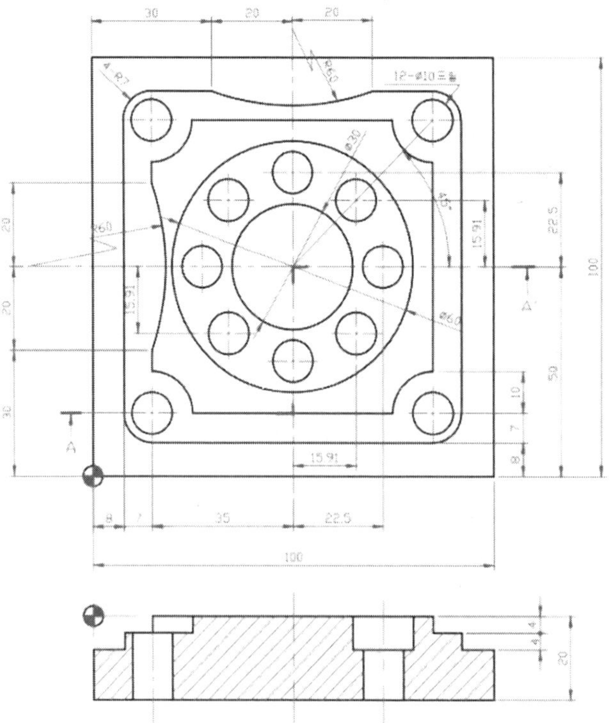

## (1) 작업공정 순서 및 공작물 고정(지그)

| 순번 | 작업 공정 순서 | 공구 번호 |
|---|---|---|
| 1 | 두께 치수를 맞추기 위한 페이스커터 작업 | T01 |
| 2 | 원형 홈 가공을 위한 센터드릴 작업 | T02 |
| 3 | 외곽 거친절삭을 위한 엔드밀작업 | T03 |
| 4 | 포켓 거친절삭을 위한 엔드밀작업 | T04 |
| 5 | 드릴 구멍작업을 위한 센터드릴 작업 | T02 |
| 6 | 드릴작업 | T05 |
| 7 | 외곽 다듬절삭을 위한 엔드밀 작업 | T06 |
| 8 | 포켓 다듬절삭을 위한 엔드밀 작업 | T07 |

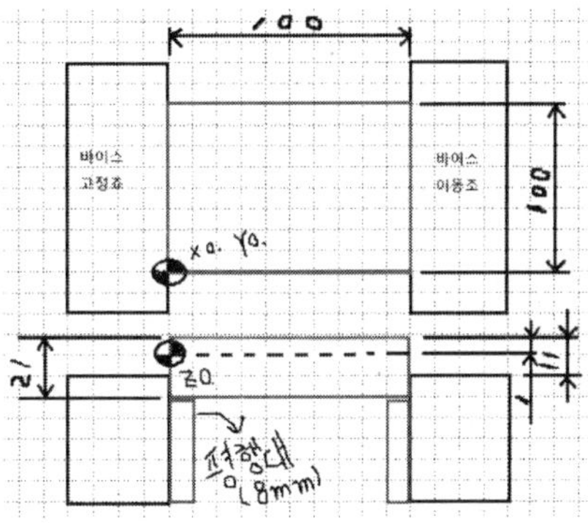


## (2) 사용공구 리스트 및 절삭조건 설정

| 공구 번호 | 공구명 | 크기 (mm) | 절삭속도 (m/min) | 주축회전수 (RPM) | 이송속도 (mm/min) | 절삭유 사용 | 보정 번호 |
|---|---|---|---|---|---|---|---|
| T01 | 페이스 커터 | $\phi$100 | 200 | 637 | 176 | OFF | H01 |
| T02 | 센터드릴 | $\phi$3 | 45 | 1432 | 86 | ON | H02 |
| T03 | 엔드밀(2날) | $\phi$20 | - | 840 | 70 | ON | H03<br>D03 |
| T04 | 엔드밀(2날) | $\phi$12 | - | 1370 | 105 | ON | H04<br>D04 |
| T05 | 드릴 | $\phi$10 | - | 875 | 158 | ON | H05 |
| T06 | 엔드밀(4날) | $\phi$20 | - | 550 | 100 | ON | H06<br>D06 |
| T07 | 엔드밀(4날) | $\phi$10 | - | 1100 | 90 | ON | H07<br>D07 |

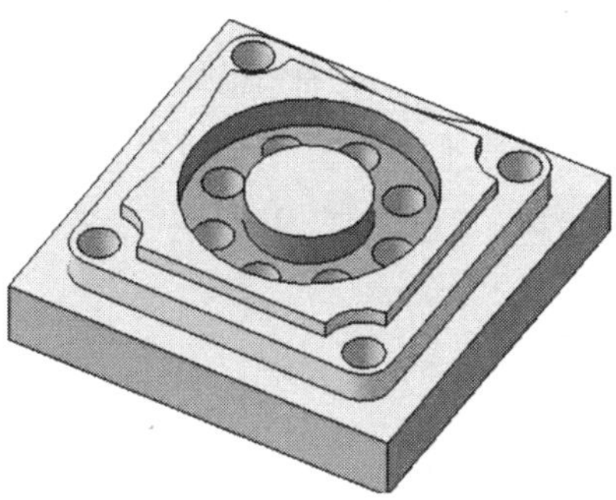

그림 3.22 최종 가공 형상

## 복습문제

**01.** NC프로그램에서 기학학적인 운동의 성격을 나타내 주는 어드레스는 무슨 기능이라고 하는가?

㉮ 공구 기능 ㉯ 이송 기능 ㉰ 준비 기능 ㉱ 보조 기능

➜ ㉰

**설명** 준비 기능은 G00에서 G99 사이의 "Alpha - Numeric" 코드를 써서 프로그램의 기하학적인 운동의 정보를 정의하고 명령해 주는 기능이다.

**02.** NC프로그램에서 공구가 절삭은 행하지는 않으면서 어느 한 점에서 다른 점으로 신속하게 각 축이 등속도 운동을 하면서 이동하는 운동 형태는?

㉮ 급속이송운동(G00) ㉯ 직선보간운동(G01)
㉰ CW원호보간운동(G02) ㉱ CCW원호보간운동(G03)

➜ ㉮

**설명** 위치결정운동은 급속이송운동으로 절삭을 행하지 않으면서 어느 한 점에서 다른 점으로 신속하게 각 축이 등속도 운동을 하면서 이동하는 운동 형태로 G00의 코드를 사용한다.

**03.** 머시닝센터용 NC프로그램에서 공구 길이 보정을 사용할 때의 설명으로 <u>틀린</u> 것은?

㉮ 보정의 선언 명령은 **G00** 운동명령문과 함께 사용할 수 있다.
㉯ **H**코드에는 기준 공구에 대한 길이 차이값을 mm 단위로 기입한다.
㉰ 보정의 취소는 원하는 블록에 **G49**를 삽입하여 명령할 수 있다.
㉱ 보정 선언이 **G01** 모드에서 명령될 때 움직이는 속도는 **F**코드에서 주어진 속도에 따른다.

➜ ㉯

**설명** H코드에는 보정번호를 지정하는 것이며, 해당 보정번호에 대한 보정값(기준 공구에

대한 길이 차이값)은 offset file 속에 저장되어 있고, 프로그램의 내용과는 독립적으로 변경한다.

**04.** 머시닝센터용 NC프로그램에서 공구 반경 보정을 사용할 때의 설명으로 <u>틀린</u> 것은?

㉮ **G17**, **G18**, **G19** 중 하나의 평면이 선택되어 있어야 선언할 수 있다.

㉯ 좌측 보정 **G41**과 우측 보정 **G42** 중 하나를 선언하여 시작한다.

㉰ 보정의 선언 명령은 **G02**나 **G03** 운동명령문과 함께 사용할 수 있다.

㉱ 보정을 취소할 때는 선언할 때와 역순으로 동작한다.

➜ ㉰

**설명** 공구 지름 보정은 운동명령문 **G01** 또는 **G00**과 함께 지정하여 선언하여야 하며, 보정량은 절삭 경로 곡선에 대해 법선 방향으로 점진적으로 이루어지기 때문에 **G02**나 **G03**으로는 개시할 수 없음을 주의하여야 한다.

**05.** 머시닝센터용 NC프로그램에서 왼나사를 가공하기 위한 고정 사이클은 다음 중 어느 것인가?

㉮ G81: 스폿(spot) 드릴링 사이클

㉯ G82: 카운터 보링(counter boring) 사이클

㉰ G84: 태핑(tapping) 사이클

㉱ G74: 역태핑(reverse tapping) 사이클

➜ ㉱

**설명** 나사를 가공하기 위한 고정 사이클은 태필 사이클이며, 오른나사를 가공하는 것은 **G84**의 순방향 태핑(tapping) 사이클이며, **G74**의 역방향 태핑(reverse tapping) 사이클은 왼나사를 가공하는 사이클이다.

**06.** 머시닝센터 프로그램에서 보링용 고정 사이클 중 작업 시 바닥에서 공구 시프트(shift)를 한 후 복귀하는 사이클은 어느 것인가?

㉮ G85: 왕복 절삭이송 보링 사이클

㉯ G76: 정밀 보링 사이클

㉰ G88: 수동이송 가능 보링 사이클

㉱ G89: 구멍바닥 드웰(dwell) 보링 사이클

➜ ㉰

설명 머시닝센터용 고정 사이클에서 **G76**의 정밀 보링 사이클은 원통 가공면의 다듬질 정밀도를 높이기 위하여 바닥까지 가공을 마친 다음에는 바닥에서 공구 회전이 정지된 이후 x축 방향으로 시프트(shift)한 후 빠져 나오는 동작을 거치게 된다.

04 장

# CNC 선반의 프로그래밍

CNC 선반에서의 프로그래밍 작성 요령과 주요 가공상의 주안점을 중심으로 축대칭 공작물을 가공하는 방법에 대해서 알아보기로 한다. CNC 선반은 작업자가 가공 도면을 보고 가공 순서와 사용할 공구를 선정한 후, 공구의 이동과 기계의 작동에 대하여 프로그램을 작성하여 범용 선반에서 가공하기 곤란한 테이퍼 가공과 원호 가공을 쉽게 할 수 있다.

이 단원에서는 수치 제어 선반을 활용하여 바깥지름과 안지름 축을 프로그래밍하여 가공하는 작업 방법을 익히도록 하고, 다양한 고정 사이클의 종류와 사용 용법에 대해 익혀서, 이를 종합적으로 적용한 완성된 프로그래밍의 작성 방법과 활용 기법에 대해서 공부하기로 한다.

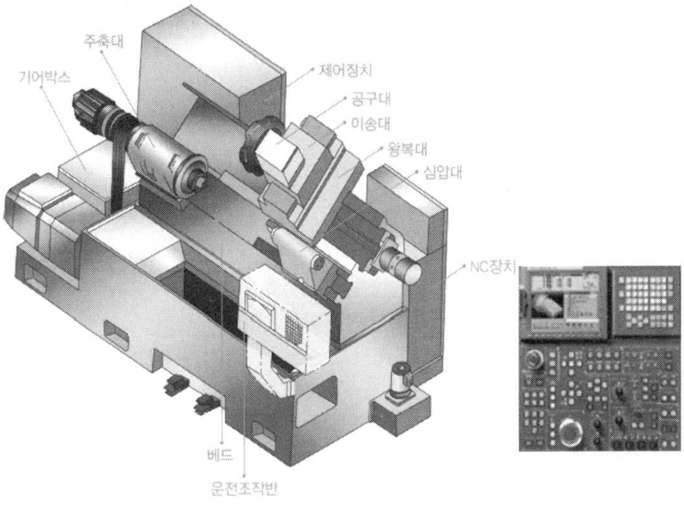


그림 4.1 전형적인 CNC 선반의 구조

## 4.1 CNC 선반의 구조와 좌표계, 제어기준점

프로그래밍을 작성할 때는 먼저 공작물의 기준점을 정해주는 좌표계를 설정해야 한다. CNC 선반의 좌표계는 그림 4.2와 같이 심압대 쪽의 베드와 평행한 축을 **Z축**이라 부르고 직경 방향의 축을 **X축**이라 부른다.

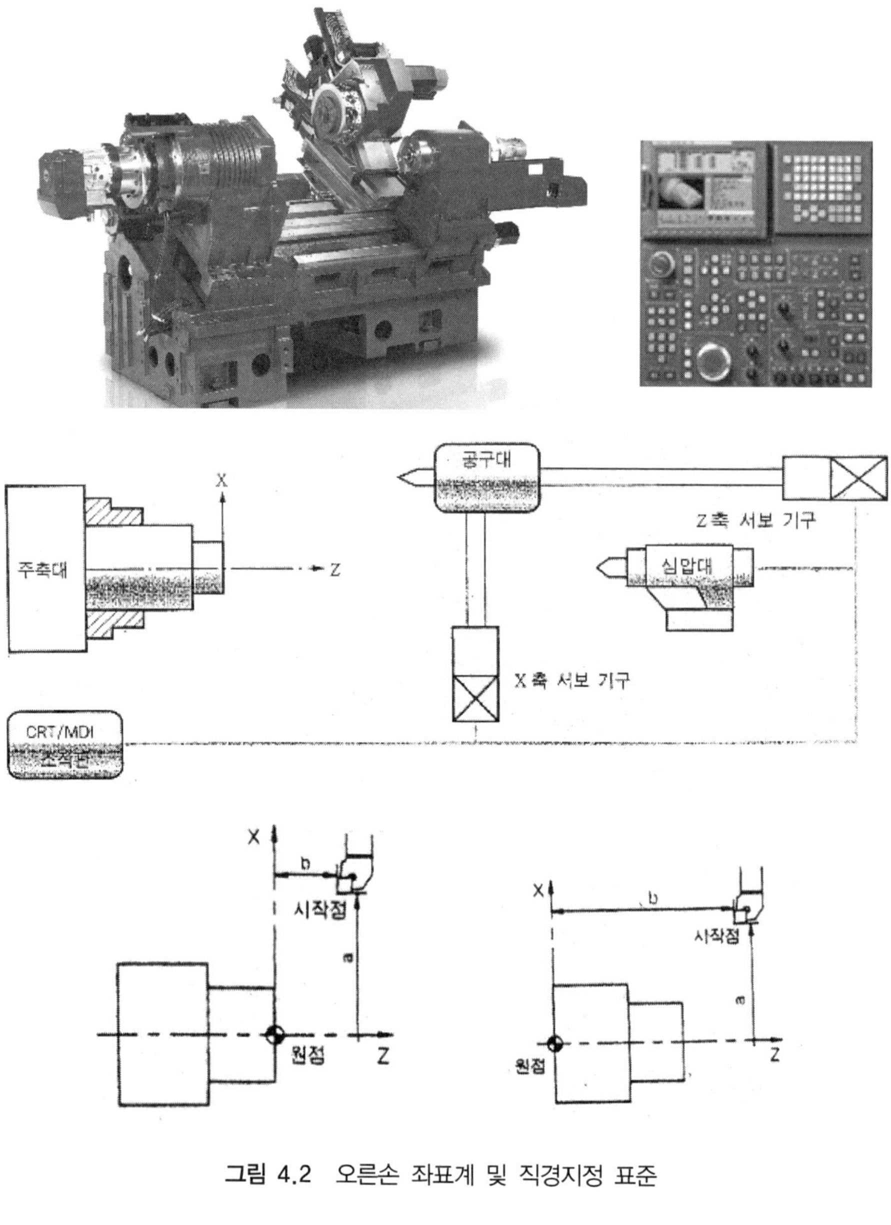


그림 4.2 오른손 좌표계 및 직경지정 표준

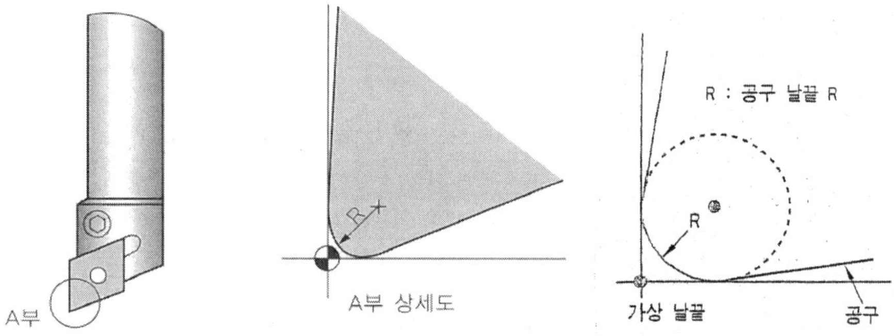


그림 4.3 바이트 가상 날끝의 인선점인 제어기준점

## (1) 좌표계 원점의 설정(오른손 좌표계): G50

프로그램을 작성하기 위해서 반드시 프로그램 원점을 결정하는 좌표계를 설정해야 한다. 프로그램 원점을 기준으로 하여 위치를 명령함으로써 간단하게 프로그램을 작성할 뿐만 아니라 실수를 줄일 수 있다.

프로그램 실행과 함께 공구가 출발하는 지점과 프로그램 원점과의 관계를 CNC 선반 제어 장치에 알려 주어야 하는데 이를 좌표계 설정이라 하며 G50을 사용한다. 좌표계가 설정되면 공구의 출발위치와 공작물 좌표계가 설정되기 때문에 가공을 시작할 때 공구는 좌표계가 설정된 지점에 있어야 하며 이 지점을 시작점이라고도 한다.

형식 G50 Z______X______ ; (절대 원점에 대한 공구의 현재 위치 좌표값)

[예] G50 Z120.0 X150.0 ;

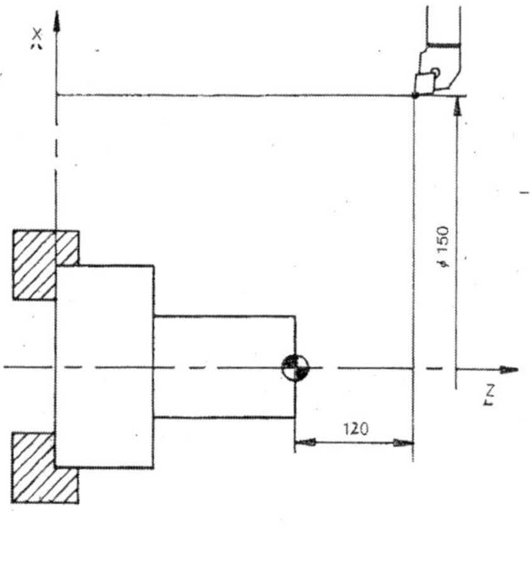

### (2) 절대좌표계와 증분좌표계

- **절대좌표계:** Z____ X_____ ;
  (G50으로 정한 프로그램 원점을 기준으로 하여 위치를 명령)
- **증분좌표계:** W____ U_____ ;
  (현재점에 대한 목표점의 상대적인 증분 양으로 명령)

  ※ 필요에 따라 절대, 증분 혼합방식으로도 명령

[예] A지점에서 B지점으로 이동(직경지점)

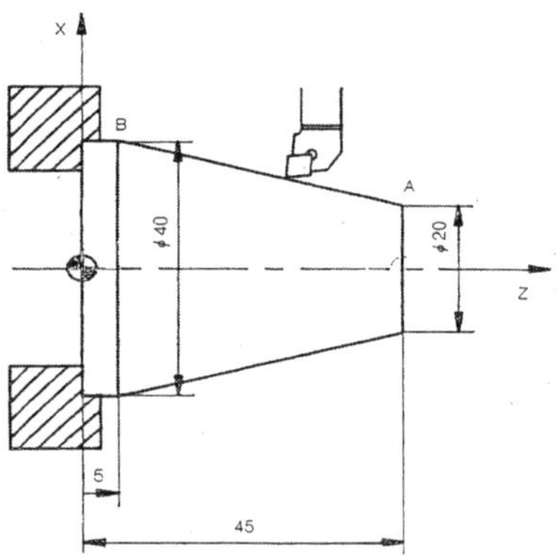


1) 절대 명령 Z5.0 X40.0 ;
2) 증분 명령 W-40.0 U20.0 ;
3) 절대, 증분 혼합 방식 명령

   W-40.0 X40.0 ; 또는 Z5.0 U20.0 ;

### (3) 지름 지정 명령과 반지름 지정명령

- **지름 명령:** X축 방향의 공구 이동 위치를 도면에 표기된 지름값으로 명령하는 방법이다. 일반적으로 지름 명령을 사용한다.
- **반지름 명령:** X축 방향으로 공구를 이동시킬 때 공작물의 반지름 값을 계산하여 명령하는 방식이다. 원호 가공이나 복합 반복 사이클에서의 1회 절삭 깊이를 지정할 때만 주로 사용한다.

## 4.2 기계 원점 복귀

기계 원점(reference point)은 척으로부터 가장 멀리 떨어진 곳에 있으며 기계가 가지는 고정된 지점이다. 전원을 투입하고 최초 한번은 기계 원점 복귀를 해야만 기계 좌표계가 설정된다. 작업을 시작할 때에는 이 기계 원점과 공작물 좌표계의 위치 관계를 구하여 제어 장치에 알려 주어야 한다.

### (1) 수동 원점 복귀

모드(mode) 스위치를 원점 복귀에 위치시키고 조그(jog) 버튼을 이용하여 각축을 기계 원점으로 복귀시킬 수 있다. 비상 스위치를 사용하였을 때는 기계원점 복귀를 해야 한다.

### (2) 자동 원점 복귀(G28)

모드 스위치를 자동 또는 반자동에 위치시키고 G28을 이용하여 각축을 자동으로 기계 원점까지 복귀시킬 수 있다. 명령 방법은 다음과 같다.

```
G28 X(U)__________ Z(W)___________ ;
          (중간 경유 지점의 위치 좌표)
```

```
[예] G28 U0 W0 ;
     G28 U20.0 W10.0 ;
```

앞의 명령에 의해 각축은 중간 지점의 위치 좌표를 거쳐서 급속 이송으로 기계 원점까지 복귀한다. 중간 경유 지점을 거치는 것은 공구와 공작물과의 충돌을 피하기 위한 것이며 증분 좌표계를 주로 사용한다. 그림 4.4는 이 명령의 사용 예이다.

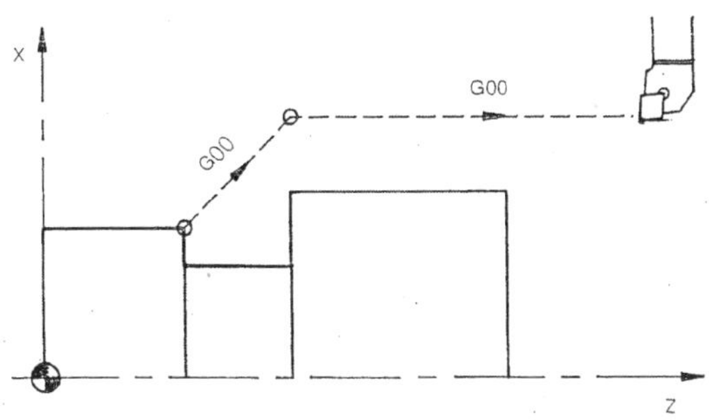


**그림 4.4** 중간 경유점을 통한 자동 원점 복귀

## 4.3 준비 기능(G 기능)

준비 기능은 어드레스 'G'와 두 자리의 숫자로 지정하여 공구의 이동, 좌표계 설정 및 주축의 최고 회전수 등을 제어하도록 준비시키는 기능을 한다.

| 구 분 | 의 미 | 그 룹 |
|---|---|---|
| 1회 유효 G코드 | 지정된 블록에서만 유효한 기능 | 00그룹 |
| 연속 유효 G코드 | 같은 그룹 내의 G코드가 나올 때까지 계속 유효한 기능 | 00 이외의 그룹<br>(01, 02, 04 등) |

표 4.1 CNC선반 프로그램 G코드 일람표

| G코드 | 그룹 | 기능 | 비고 |
|---|---|---|---|
| ★ G00 | 01 | 위치 결정(급속 이송) | 연속 유효 |
| G01 | | 직선 가공(지정된 속도로 이송) | |
| G02 | | 시계 방향으로 원호 가공 | |
| G03 | | 반시계 방향으로 원호 가공 | |
| G04 | 00 | 일시 정지 | 1회 유효 |
| G20 | 06 | 인치 데이터를 입력 | 연소 유효 |
| ★ G21 | | 밀리미터 데이터를 입력 | |
| ★ G22 | 04 | 금지 영역 유효 | |
| G23 | | 금지 영역 무효 | |
| G27 | 00 | 기계 원점으로 복귀 확인 | 1회 유효 |
| G28 | | 자동 원점 복귀 | |
| G29 | | 원점으로부터의 자동 복귀 | |
| G30 | | 제2원점으로 복귀 | |
| G32 | 01 | 나사 가공 | 연속 유효 |
| G40 | 07 | 공구 날끝 반지름 보정 취소 | |
| G41 | | 공구 날끝 좌측 보정 | |
| G42 | | 공구 날끝 우측 보정 | |
| G50 | 00 | 좌표계 설정, 주축 최고 회전수 설정 | 1회 유효 |
| G70 | | 복합 고정 사이클(다듬질 가공 사이클) | |
| G71 | | 복합 고정 사이클(안지름과 바깥지름 막깍기 사이클) | |
| G72 | | 복합 고정 사이클(단면 막깍기 사이클) | |
| G73 | | 복합 고정 사이클(유형 반복 사이클) | |

표 4.1 (계속)

| G코드 | 그룹 | 기능 | 비고 |
|---|---|---|---|
| G74 | | 복합 고정 사이클(Z 방향 드릴링 사이클) | |
| G76 | | 복합 고정 사이클(나사 가공 사이클) | |
| G90 | 01 | 고정 사이클(안지름과 바깥지름 가공 사이클) | 연속 유효 |
| G92 | | 고정 사이클(나사 가공 사이클) | |
| G94 | | 고정 사이클(단면 가공 사이클) | |
| G96 | 02 | 절삭 속도 일정 제어(m/min) | |
| ★ G97 | | 절삭 속도 일정 제어 취소, 회전수(rpm)일정제어 | |
| G98 | 05 | 분당 이송 속도 지정(mm/min) | |
| ★ G99 | | 주축 회전당 이송 속도 지정(mm/rev) | |

〈주〉 ★로 표시된 G코드: 전원을 켰을 때 자동으로 사용(default 코드)

# 4.4 주축 기능(Spindle Function): G96, G97, G50

## (1) 원주 속도 일정 제어(G96)

지름이 변할 때마다 주축 회전수가 변화

```
G96 S________ ;
```

S 단위: 절삭속도(m/min)

[예] G96 S120 ; 절삭 속도가 120 m/min이 유지되도록 공작물의 지름에 따라 주축의 회전수가 가변

## (2) 분당 회전수 제어(G97)

주축 회전수를 일정하게 명령

```
G97 S________ ;
```

S 단위: 주축의 회전수(rpm)

[예] G97 S800 ; 주축 회전수를 800 rpm으로 유지

### (3) 주축 최고 회전수 지정(G50)

G96 기능을 사용하여 단면 가공을 할 때 중심에 가까이에서는 지름이 작아져 회전수가 계속 증가하므로, 주축의 최고 회전수를 고정

```
G50 S______ ;
```

[예] G96 S150 M03 ; 절삭속도 150 m/min이 유지되도록 주축의 회전수 가변
G50 S2100 ; G96에서 2100 rpm보다 높은 경우 2100 rpm으로 제한

## 4.5 공구기능(Tool Function) 및 공구길이보정

CNC 선반은 프로그램에 의해 공구대에 설치된 공구를 선택하여 자동으로 교환할 수 있다. 이 기능을 공구 기능이라 하며 주소 T와 수치 4자리 숫자로 지령한다.

- CNC 선반은 프로그램에 의해 공구대에 설치된 공구를 선택하여 자동으로 교환: **주소 T와 수치 <u>4자리 숫자</u>**로 지령

형식 T ○ ○ △ △
○ ○ : 공구 번호
△ △ : 공구길이보정 번호(offset 파일 속의 보정번호)

- 이때, 공구교환과 동시에 공구 길이보정도 자동으로 실시한다. 프로그램 원점으로부터 기준 공구를 사용하여 가공할 수 있는데, 공구대에 설치한 공구들은 길이와 날끝의 형상이 모두 다르다. 그래서 기준공구를 중심으로 길이의 차이를 측정한 값, 공구 날끝 반지름 및 가상 날끝의 방향 번호를 옵셋 화면에 등록해야 한다. 그러면 가공하기 위하여 공구가 이동할 때 공구번호와 보정번호를 호출하여 값을 사용하므로 공구에 따른 차이 값이 자동으로 보정된다. 가공이 끝나고 돌아갈 때에는 공구 번호 다음에 보정 번호를 00으로 명령하여 보정된 값을 취소함으로써 다음 공구에 영향을 미치지 않도록 한다.

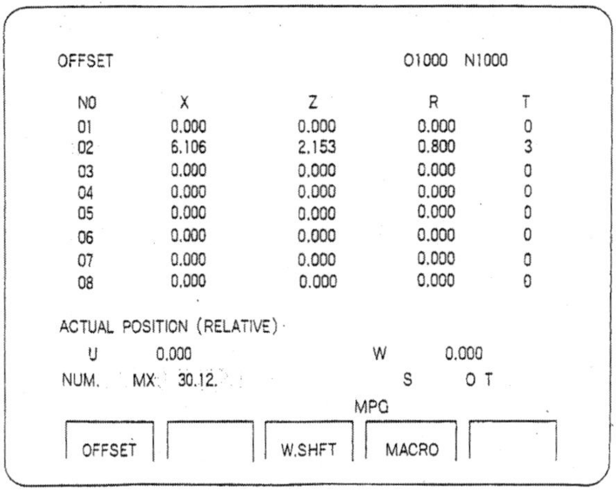

OFFSET O1000 N1000

| NO | X | Z | R | T |
|---|---|---|---|---|
| 01 | 0.000 | 0.000 | 0.000 | 0 |
| 02 | 6.106 | 2.153 | 0.800 | 3 |
| 03 | 0.000 | 0.000 | 0.000 | 0 |
| 04 | 0.000 | 0.000 | 0.000 | 0 |
| 05 | 0.000 | 0.000 | 0.000 | 0 |
| 06 | 0.000 | 0.000 | 0.000 | 0 |
| 07 | 0.000 | 0.000 | 0.000 | 0 |
| 08 | 0.000 | 0.000 | 0.000 | 0 |

ACTUAL POSITION (RELATIVE)
U 0.000 W 0.000
NUM. MX: 30.12. S 0 T
MPG
OFFSET | | W.SHFT | MACRO |

**그림 4.5** 옵셋(공구 보정) 화면

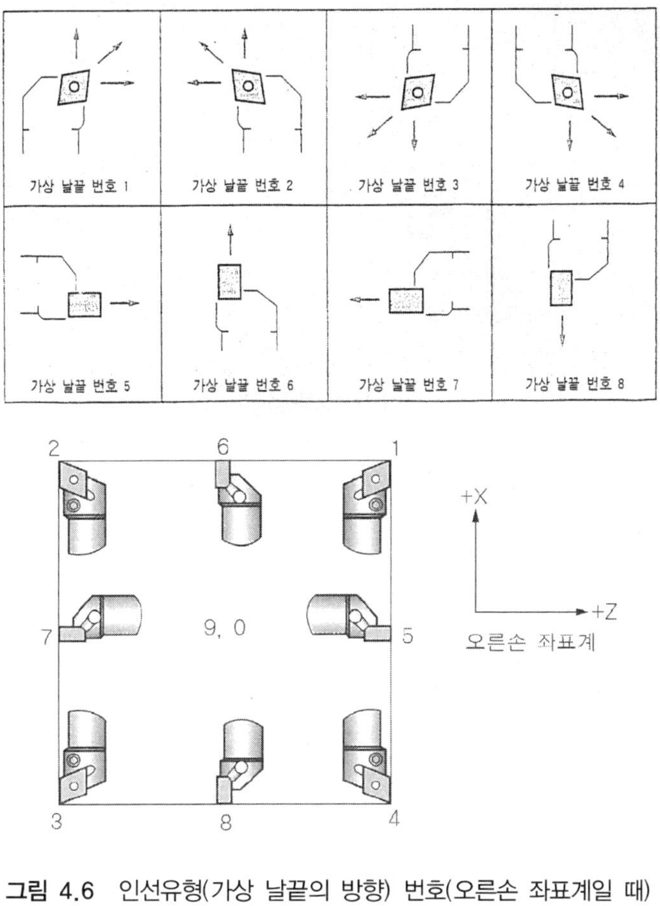


**그림 4.6** 인선유형(가상 날끝의 방향) 번호(오른손 좌표계일 때)

# 4.6 이송기능(Feed Function)

## (1) 급속이송(G00)

각 축이 등속도 운동

G00 Z(W)____ X(U)_____ ;

[예]

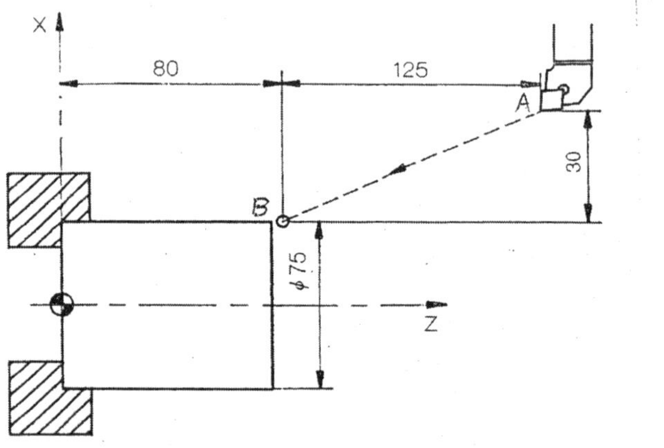


A점에서 B점까지 위치 결정
절대지정: G00 Z80.0 X75.0 ;
상대지정: G00 W-125.0 U-60.0 ;
혼합지정: G00 W-125.0 X75.0 ;
또는 G00 Z80.0 U-60.0 ;

## (2) 직선이송(G01)

G01 Z(W)____ X(U)_____ F____ ;

**※ 이송속도의 구분( F ___ 소수점 입력)**

a) 단위시간당 지정: **G98**(단위 mm/min.)
b) 1회전당 이송량 지정: G99(단위 mm/rev.)

[예] G98 .................. F30.0 ; (30.0 mm/min.)
G99 .................. F0.1 ; (0.1 mm/rev.)

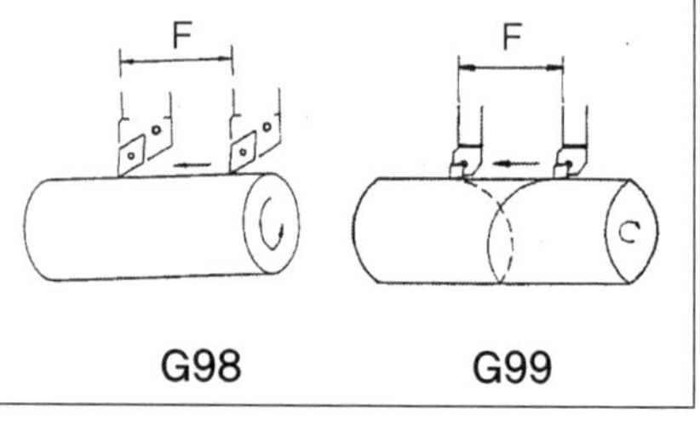

[예]

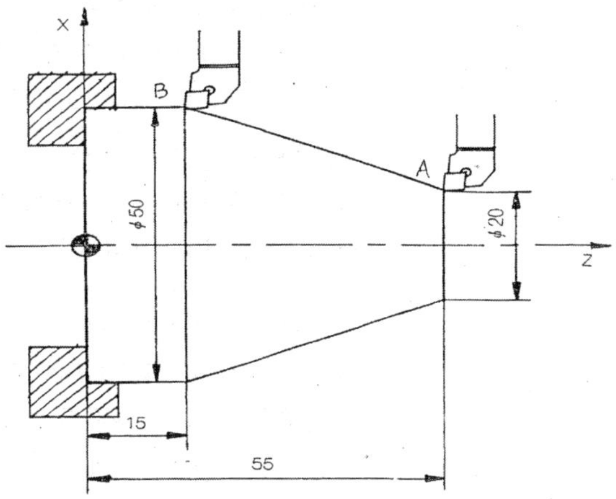


〈G99 모달일 때〉
절대: G01 Z15.0 X50.0 F0.2 ;
상대: G01 W-40.0 U30.0 F0.2 ;
혼합: G01 W-40.0 X50.0 F0.2 ;
or G01 Z15.0 U30.0 F0.2 ;

## (3) 원호 가공(G02, G03)

| G02<br>G03 | Z(W)____ X(U)____ | R____<br>K____ I____ | F____ ; |
|---|---|---|---|

| 조건 | 명령 | 의미 |
|---|---|---|
| 회전 방향 | G02 | 시계 방향(CW) |
| | G03 | 반시계 방향(CCW) |
| 끝점의 위치 | Z, X | 좌표계에서 끝점의 절대좌표위치 |
| 끝점까지의 거리 | W, U | 시작점에서 끝점까지의 상대좌표거리 |
| 시작점에서 중심까지의 거리 | K, I | 원호 중심의 위치(상대좌표값) |
| 원호의 반지름 | R | 원호의 반지름 |
| 이송 속도 | F | 원호에 따라 공구가 이동하는 속도 |

[예] A점이 프로그램 원점

| | | |
|---|---|---|
| 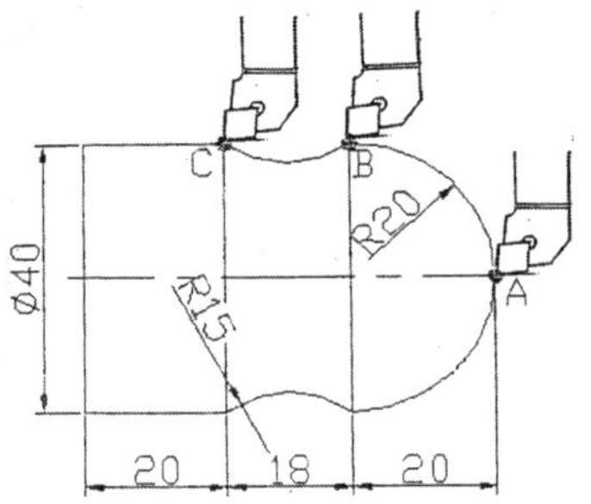<br> | 절대 | 〈A점에서 B점으로 이동〉<br>G03 Z-20.0 X40.0 R20.0 F0.2 ;<br>or G03 Z-20.0 X40.0 K-20.0 F0.2 ;<br>〈B점에서 C점으로 이동〉<br>G02 Z-38.0 X40.0 R15.0 F0.2 ;<br>or G02 Z-38.0 X40.0 K-9.0 I12.0 F0.2 ; |
| | 상대 | 〈A점에서 B점으로 이동〉<br>G03 W-20.0 U40.0 R20.0 F0.2 ;<br>or G03 W-20.0 U40.0 K-20.0 F0.2 ;<br>〈B점에서 C점으로 이동〉<br>G02 W-18.0 U0.0 R15.0 F0.2 ;<br>or G02 W-18.0 U0.0 K-9.0 I12.0 F0.2 ; |

※ 혼합좌표계의 사용 시

〈A점에서 B점으로 이동〉 **G03 W-20.0 X40.0 R20.0 F0.2 ;**

〈B점에서 C점으로 이동〉 **G02 W-18.0 (X40.0) R15.0 F0.2 ;**

## (4) 나사가공(G32)

G32 Z(W)_____ X(U)______ F_____ ;

※ 여기서 F 코드는 자동으로 G99(회전당이송)가 지정되며, 정밀나사의 경우 E_____ 코드(0.0001 mm까지 입력 가능)가 지정되기도 함

## (5) 자동모따기(auto-chamfering) 기능과 자동 코너R 가공 기능

G01 Z(W)_____ X(U)______ F_____ ;

| | |
|---|---|
| 〈지령경로가 Z→X일 때〉 | 〈자동 모따기〉 G01 Z(W)_____ I______ ;<br>〈자동 코너 R〉 G01 Z(W)_____ R_____ ; |
| 〈지령경로가 X→Z일 때〉 | 〈자동 모따기〉 G01 X(U)_____ K______ ;<br>〈자동 코너 R〉 G01 X(U)_____ R_____ ; |

### (6) 자동 기계원점 복귀(G28)

| G28 Z(W) X(U) ;<br>(중간 경유 지점의 위치 좌표) |
|---|

[예]

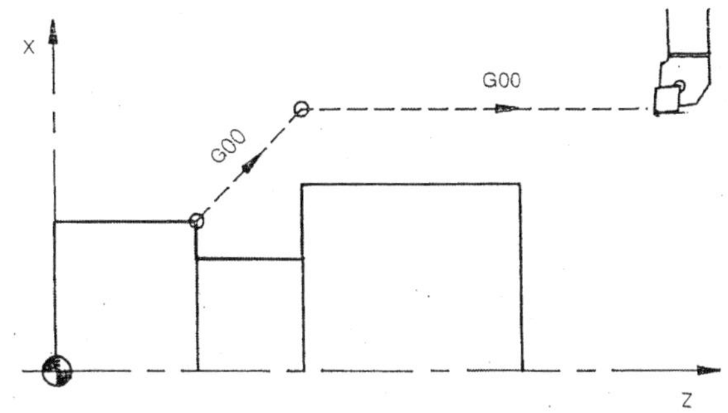


G28 W150.0 U200.0 ;

※ 중간 경유 지점을 거치게 하는 것은 공구와 공작물과의 충돌을 피하기 위한 것이며 증분 좌표계를 주로 사용

## 4.7 공구 노즈 보정(G40, G41, G42)

- CNC 선반에서 사용하는 공구는 반지름을 가지는 원호로 되어 있음.

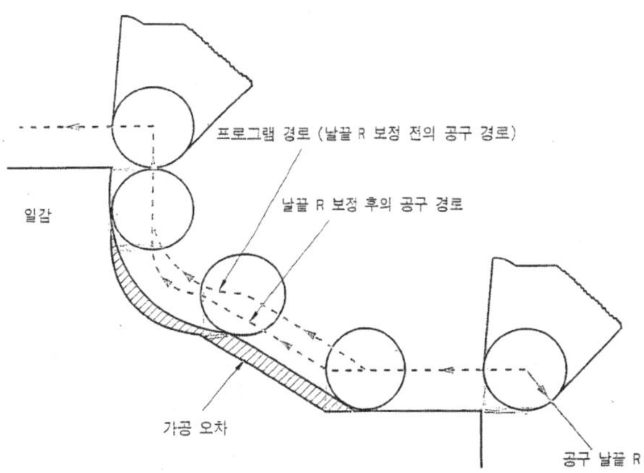

형식

| G41<br>or<br>G42 | G00<br>or<br>G01 | Z(W) X(U) ; |
|---|---|---|
| | ·<br>·<br>·<br>·<br>· | |
| G40 | 〈노즈 보정의 해제〉 | |

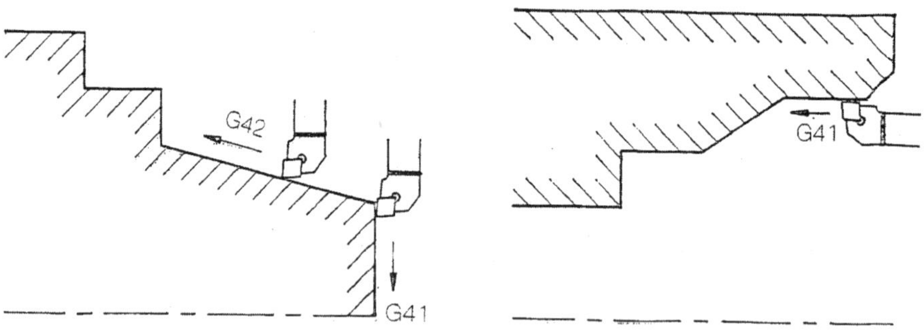


그림 4.7 노즈 보정 경로의 방향

[예] 공구 보정의 시작과 취소

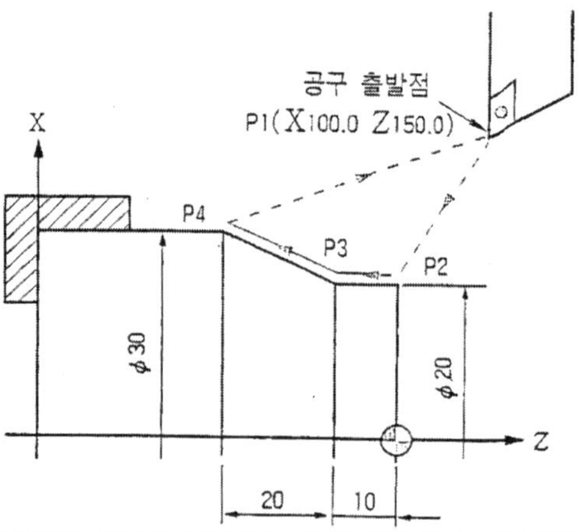


P1 → P2
<u>G42</u> G00 Z5.0 X20.0 ;

P2 → P3
G01 Z-10.0 F0.15 ;

P3 → P4
Z-30.0 X30.0 ;

P4 → P1
<u>G40</u> G00 Z150.0 X100.0 ;

## 4.8 보조 기능(M기능)

| M코드 | 기 능 |
|---|---|
| M00 | 프로그램 정지 |
| M01 | 선택적 프로그램 정지 |
| M02 | 프로그램 종료 |
| M03 | 주축 정회전(주축이 시계 방향으로 회전) |
| M04 | 주축 역회전(주축이 반시계 방향으로 회전) |
| M05 | 주축 정지 |
| M08 | 절삭유 ON |
| M09 | 절삭유 OFF |
| M14 | 심압대 스핀들 전진 |
| M15 | 심압대 스핀들 후진 |
| M30 | 프로그램 종료 후 리셋 |
| M40 | 주축 기어 중립 |
| M41 | 주축 기어 저속 위치 |
| M42 | 주축 기어 중속 위치 |
| M43 | 주축 기어 고속 위치 |
| M98 | 보조 프로그램 호출 |
| M99 | 보조 프로그램 종료 |

**예제** T0408의 바이트를 사용하여 다음 도면의 경로를 따라서 외경면을 다듬질 가공하려고 한다. 가공조건으로 스핀들 속도는 150 m/min으로 원주속도일정제어를 사용하며(단, 최고 3000 rpm으로 제한), 이송속도는 0.05 mm/rev.로 하고 절삭유도 공급한다.(이미 황삭 가공은 되어 있어서, 1회의 외곽절삭으로 가공이 완료되는 것으로 본다.)

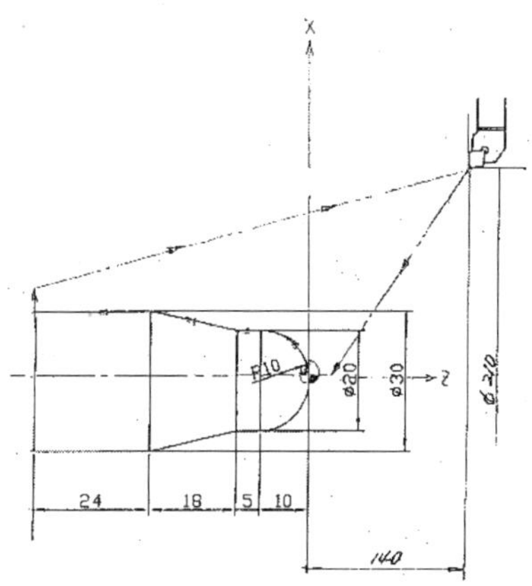

**프로그램 작성 샘플**

```
O112;
T0408 S150 M03 G96;
G50 Z140.0 X210.0 S3000;
G42 G00 Z-5.0 X0 M08;
G01 Z0 F0.05 G99;
G03 W-10.0 X10.0 R10.0;
G01 W-5.0;
W-10.0 X30.0;
W-24.0;
X40.0;
G40 G00 Z140.0 X210.0 M09;
M05;
M02
```

## 4.9 고정 사이클(Canned Cycle) 개요

▶ **고정 사이클의 종류**

| | | | |
|---|---|---|---|
| **단일형** | G90 | 01 group | 안지름과 바깥지름 가공 사이클 |
| | G92 | | 나사 가공 사이클 |
| | G94 | | 단면 가공 사이클 |
| **복합형** | G70 | 00 group (One-shot) | 다듬질 가공 사이클 |
| | G71 | | 안지름과 바깥지름 황삭 사이클 |
| | G72 | | 단면 황삭 사이클 |
| | G73 | | 유형 반복 사이클 |
| | G74 | | Z 방향 groove/구멍 가공 사이클 |
| | G75 | | X 방향 groove 가공 사이클 |
| | G76 | | 나사 가공 사이클 |

## 4.10 단일형 고정 사이클

CNC 선반의 황삭 가공 작업에서 한 번 절삭을 하려면 보통 4개의 블록으로 지령해야 한다. 그러나 단일형 고정 사이클(G90, G94)을 이용하면 1개의 블록으로 바깥지름, 안지름, 테이퍼와 단면을 쉽게 절삭할 수 있다.

모달 지령이므로 한 번 지령하고 다음 블록에서는 해당 축의 좌표만 지령한다.

### (1) 단일형 고정사이클 A(G90)

- 원통부 또는 테이퍼부의 내・외경을 선삭하는 단순 사이클이다.

| [원통부] G90 Z(W)______ X(U)______ F______ ; |
|---|

◦ Z(W)______ X(U)______ : 2(F) 경로의 목표점

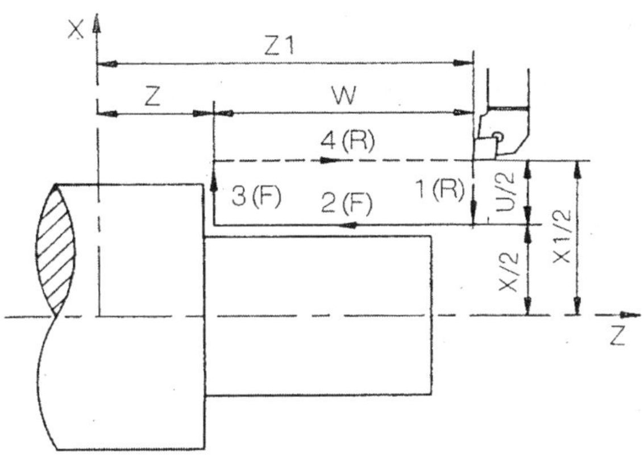


| [테이퍼부] G90 Z(W)______ X(U)______ I______ F______ ; |
|---|

◦ I ______ : 2(F)에 대한 1(R) 목표점의 X방향 상대값

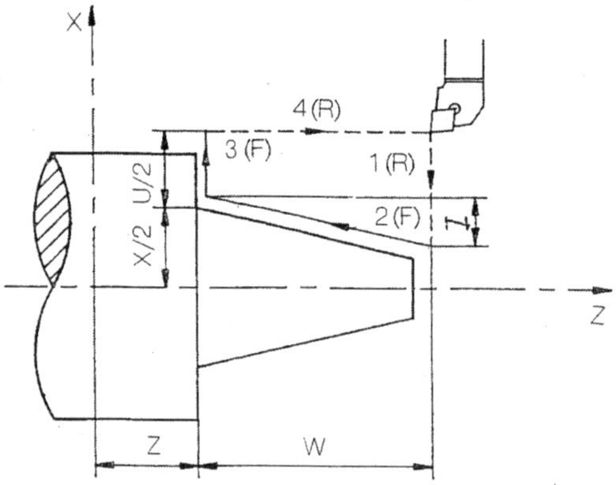


## (2) 단일형 고정사이클 B(G94)

- 단면가공 사이클로서 G90과는 역방향으로 절삭하는 사이클이다.

| [평단면] G94 Z(W)______ X(U)______ K_____ F_____ ; |
|---|

◦Z(W)______ X(U)______ : 2(F) 경로의 목표점
◦K______ : 2(F)에 대한 1(R) 목표점의 X 방향 상대값

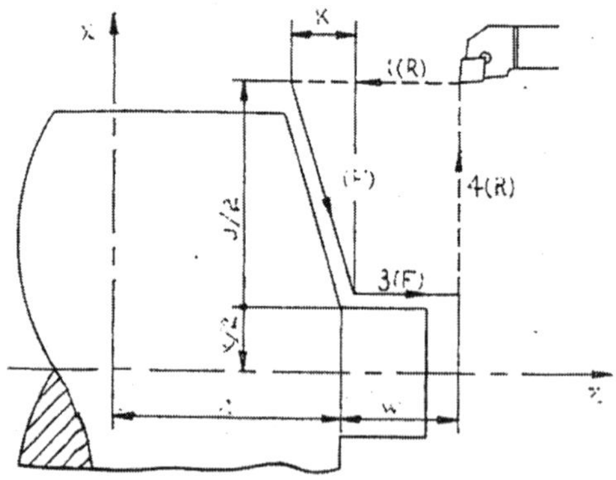

### (3) 단일형 나사절삭 사이클(G92)

- 단일공정으로 나사를 가공하는 사이클이다.

| [원통나사] | G92 Z(W)______ | X(U)______ | F_____ ; | |
|---|---|---|---|---|
| [테이퍼나사] | G92 Z(W)______ | X(U)______ | I _____ | F_____ ; |

◦ Z(W)________ X(U)______ : 2(F) 경로의 목표점
◦ K_______ : 2(F)에 대한 1(R) 목표점의 X 방향 상대값

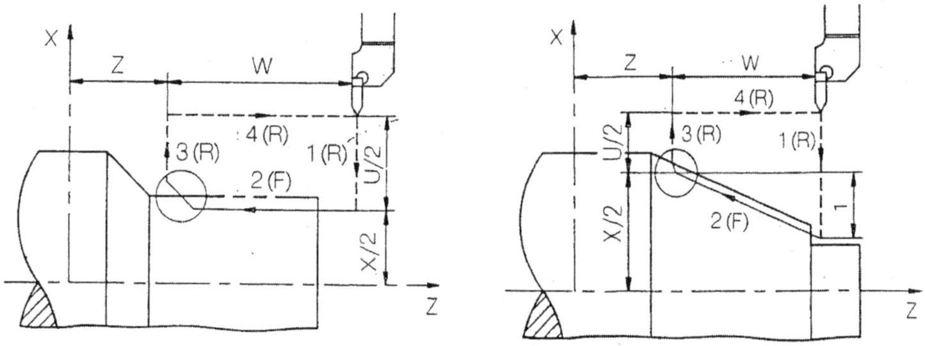


[원통 평나사] [테이퍼 나사]

## 4.11 복합형 내외경 황삭 및 정삭 사이클

복합형 고정 사이클은 바깥지름이나 안지름의 황삭 가공 사이클로서 최종 형상의 도면 치수와 절입량 등을 입력하면 자동적으로 황삭 가공을 위한 공구 경로가 결정되어 가공을 하게 된다. 명령 형식은 다음과 같다.

### (1) 복합형 내외경 황삭 사이클(G71)

- p~q 사이의 공정으로 제한된 다듬질 경로에 대해, 다듬질 여유만 남기고 황삭을 한 후, 사이클의 시작점으로 복귀

```
G71 U__a__ R__r__ ;
G71 P__p__ Q__q__ U__u__ W__w__ F____ ;
 (또는 G71 P__p__ Q__q__ U__u__ W__w__ D__a__ F____ ;)
N__p__ G00 X____ ;  ┐
        :           │  〈다듬질 공정, 즉 B → C 사이의 경로〉
        :           │
N__q__   .........  ;  ┘
```

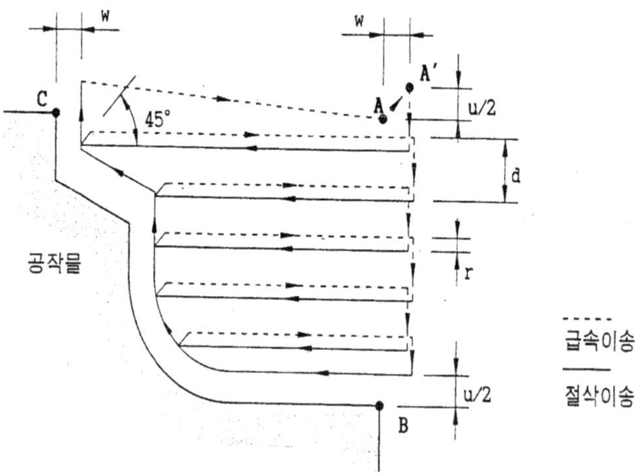


a: X축 방향의 1회 절입량으로 부호 없이 반지름 값으로 지정
r: X축 방향의 후퇴량
p: 고정 사이클을 시작하는 최초 블록의 전개번호
q: 고정 사이클을 종료하는 최종 블록의 전개번호
w: Z축 방향의 다듬질 여유값
u: X축 방향의 다듬질 여유값이며 지름값으로 지정

**예제** T0303(황삭바이트)를 사용하여 다음 도면의 음영 부분을 황삭 가공한 다음 T0404(정삭바이트)로 다듬질 가공하려고 한다. 가공조건으로는 스핀들 속도는 황삭 150 m/min, 정삭 180 m/min으로 원주속도 일정제어를 사용하며(단, 최고 5000 rpm으로 제한), 이송속도는 황삭의 경우 0.1 mm/rev., 정삭의 경우 0.02 mm/rev로 하며, 다듬질 여유는 축방향(단면방향)과 반경방향 모두 0.25 mm로 하며, 황삭 시 절삭 깊이는 1.5 mm로 한다.

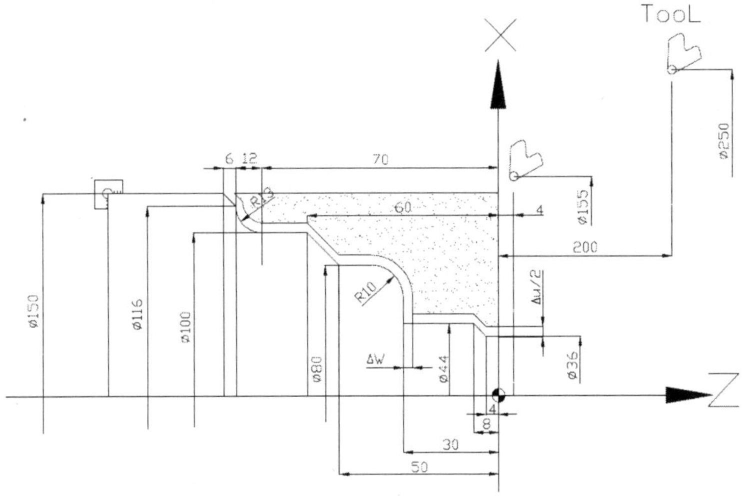


**프로그램 작성 샘플**

```
O115;                                        N200 W-4.0 X44.0;
T0303 S150 M03;                              N250 Z-30.0;
G00 W-500.0 X250.0 M08;                      N300 X80.0 R-10.0;
G50 Z200.0 X250.0 S5000;                     N350 Z-50.0;
G00 Z4.0 X155.0;                             N360 Z-60.0 X100.0;
//황삭 사이클//                               N370 Z-70.0;
G71 P100 Q500 U0.5 W0.25 D1.5 F0.5 G99;      N380 W-12.0 X116.0 R13.0;
G29 X500.0 M09;                              N400 W-6.0 X150.0;
T0404 S180;                                  N450 G00 X155.0;
G00 W-500.0 X120.0 M08;                      N500 G40 Z4.0 M08;
Z4.0 X155.0;                                 //다듬질 가공_한번 더 실시//
//다듬질 가공 과정//                          G70 P100 Q500;
N100 G42 X360.0;                             G28 X500.0 M05;
N150 G01 W-8.0;                              M02; //프로그램 종료//
```

## (2) 복합형 단면 황삭사이클(G72)

- G71 사이클 명령과 동일하나, 절삭 방향이 단면을 가공하는 방향으로 가공

```
G72 U__a__ R__r__ ;
G72 P__p__ Q__q__ U__u__ W__w__ F____ ;
 (또는 G73 P__p__ Q__q__ U__u__ W__w__ D__a__ F____ ;)
N__p__ G00 X____ ;  ┐
        :           │ 〈다듬질 공정 경로〉
        :           │
N__q__   .........  ;  ┘
```

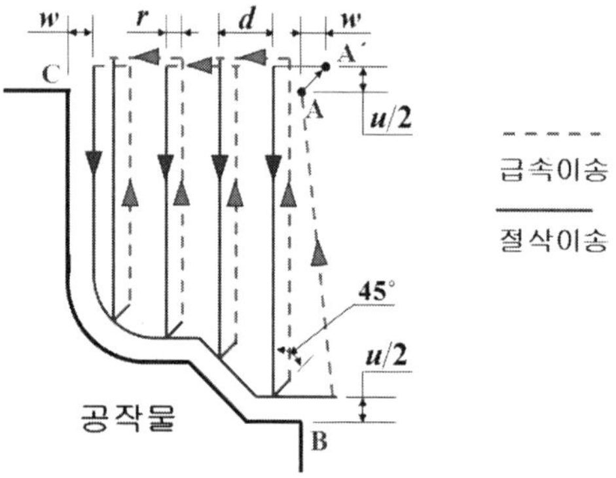


## (3) 복합형 다듬질 가공 사이클(G70)

- 앞의 G71 사이클 기능으로 거친 가공을 한 다음 G70 기능으로 다듬질 가공을 해야 하는 경우 사용(다듬질을 한 번 더 할 경우 사용)

```
G70 P__p__ Q__q__ F__f__ ;
```

p: 고정 사이클을 시작하는 최초 블록의 전개번호
q: 고정 사이클을 종료하는 최종 블록의 전개번호
f: 다듬질 가공의 이송 속도

## (4) 복합형 유형반복(pattern repeating) 가공 사이클(G73)

- 단조품 또는 주조품과 같이 가공두께가 비슷한 경우, 정삭경로 유형을 일정 깊이를 주면서 반복하여 가공해 들어가는 사이클

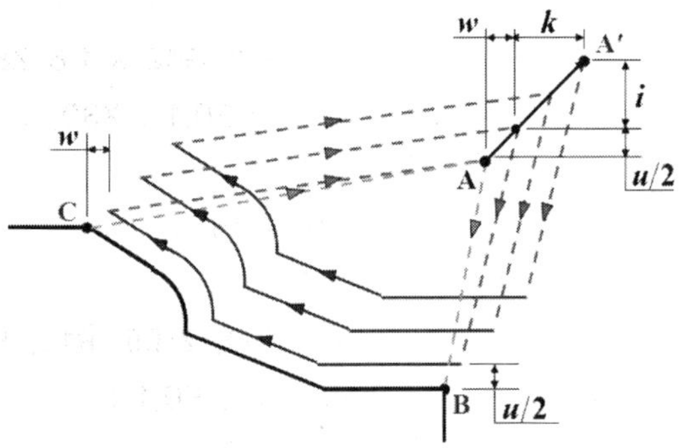


```
G73 P__p__ Q__q__ K__k__ I__i__ U__u__ W__w__ D__a__ F____ ;)
N__p__ G00 X____ ;  ⎫
         :          ⎪
         :          ⎬  〈A' -〉 B의 다듬질 공정 경로〉
N__q__   .........; ⎭
```

k: z 방향의 반복 여유

i: x 방향의 반복 여유

a: 사이클의 반복 회수(자동으로 분할하여 가공)

**예제**

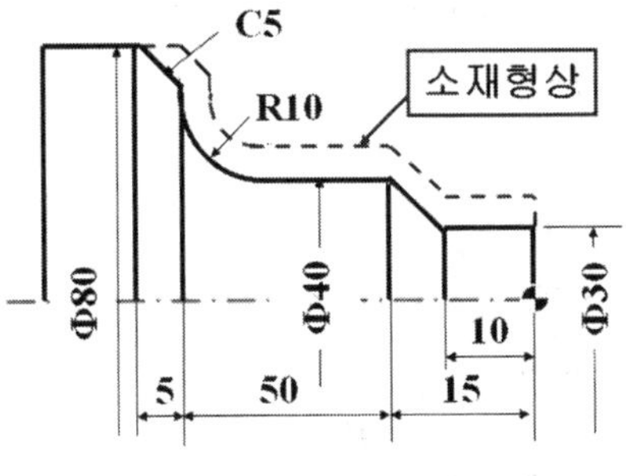


```
T0100 ;
G50 S1300 ;
G96 S130 M03 ;
G00 X85. Z10. T0101 M08 ;
G73 P10 Q20 I10. K10. U0.4 W0.2
D3 F0.2 ;
```

```
N10 G00 G42 X-1.6 Z8. ;
G01 Z0 F0.1 ; X30. ;
Z-10. ;
X40. Z-15. ;
Z-55. ;
G02 X60. Z-65. R10. F0.07 ;
G01 X70. F0.1 ;
X80. Z-70.
N20 U5.
G00 G40 X150. Z150. T0100 M09 ;
M05 ;
M00 ;
```

## 4.12 복합형 단차 및 홈과 나사 가공 사이클

### (1) Z 방향 groove 구멍 가공 사이클(G74)

```
G74 Z(W)__z__ (X(U)__x__ ) K__k__ ( I__i__ ) F_____ ;
```

z: 구멍 또는 홈의 깊이 z 값, x: 마지막 홈의 x 좌표값

k: z 방향의 pecking 양, i: 홈 사이의 간격

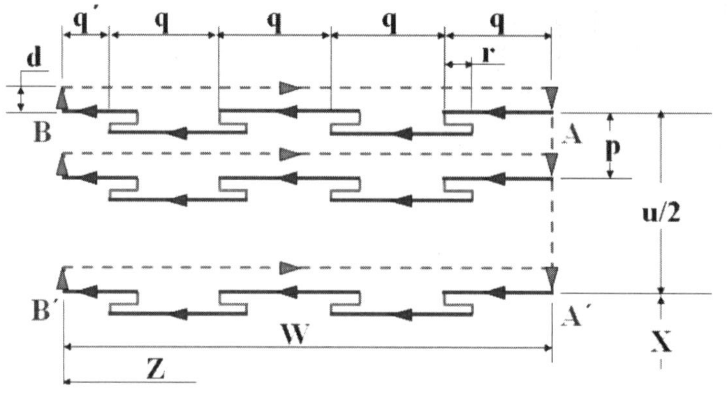

[예] G74를 이용하여 그림의 도면을 프로그래밍(프로그램 번호 생략)

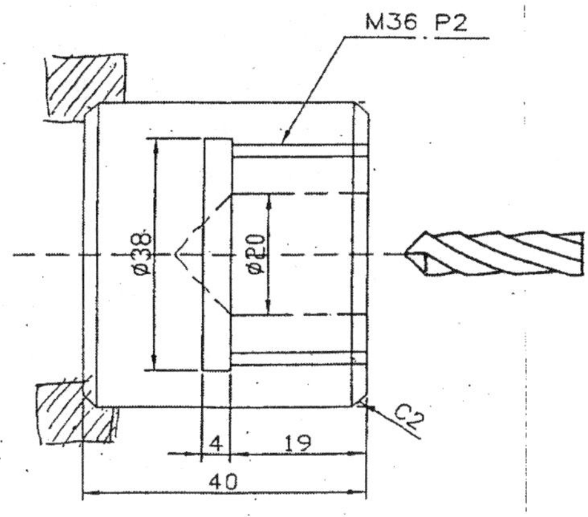


| 프로그램 | 풀이 |
|---|---|
| G50 X100.0 Z120.0 T0200 M41 ; | 드릴 공작물 좌표계 설정, 주축저단 |
| G97 S450 M03 ; | 주축 450 rpm으로 정회전 |
| G00 X0 Z15.0 T0202 M08 ; | 공구 보정하여 공작물로 급속 이송 |
| Z5.0 ; | 공작물 가까이 접근 |
| **G74** R0.5 ; | 드릴 진행하다가 0.5 mm씩 후퇴 |
| **G74** Z−28.77 Q5.0 F0.15 ; | 깊이 28.77 mm까지 5 mm씩 전진 |
| G00 X100.0 Z120.0 T0200 M09 ; | 시작점으로 이동하면서 공구보정 취소 |
| M05 ; | 주축 정지 |
| M02 ; | 프로그램 종료 |

## (2) X 방향 groove 가공 사이클(G75)

```
G75 Z(W)__z__ (X(U)__x__ ) K__k__ ( I__i__ ) F______ ;
```

z: 마지막 홈의 z 좌표값

x: 홈의 깊이 x 값

k: 홈 사이의 간격

I : x 방향의 pecking 양

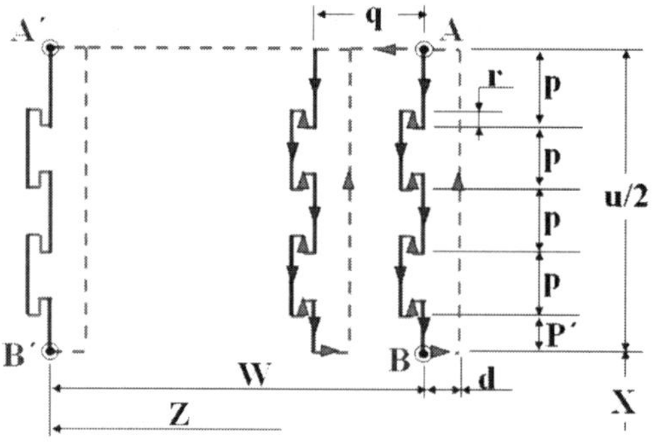


예제

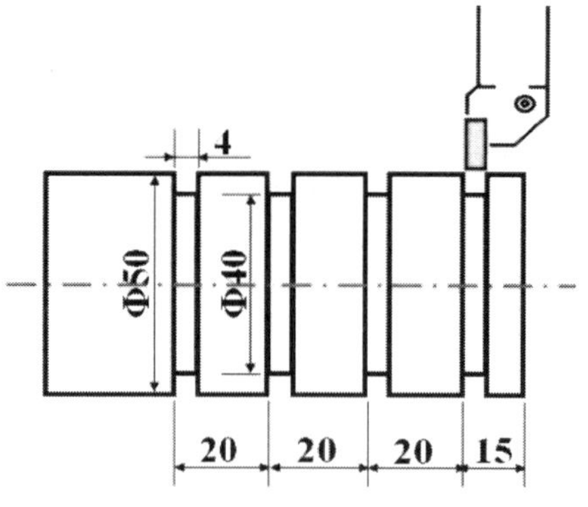


```
T0500 ;
G97 S400 M03 ;
G00 X52. Z-15. T0505 M08 ;
G75 X40. Z-75. I3. K20. F0.05 ;
G00 X150. Z150. T0500 M09 ;
M05 ;
M02 ;
```

## (3) 다공정 나사 가공 사이클(G76)

```
G76 Z(W)_z_ X(U)_x_ K_k_ (I_i_) D_d_ F_f_ A_a_;
```

z, x: 나사 끝점(D점)의 위치 좌표값

k: 나사산 높이

i: 테이퍼 나사의 경우 D점에 대한 C점의 증분량

d: 첫 번째 공정의 절삭 깊이

a: 나사각(60도 55도 등)

f: 나사의 리드(피치)

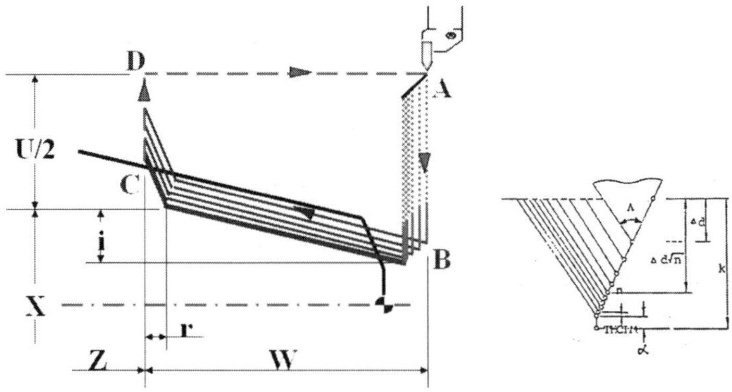


[예] 다음 도면의 안지름 나사 가공 프로그램(프로그램 번호 생략)

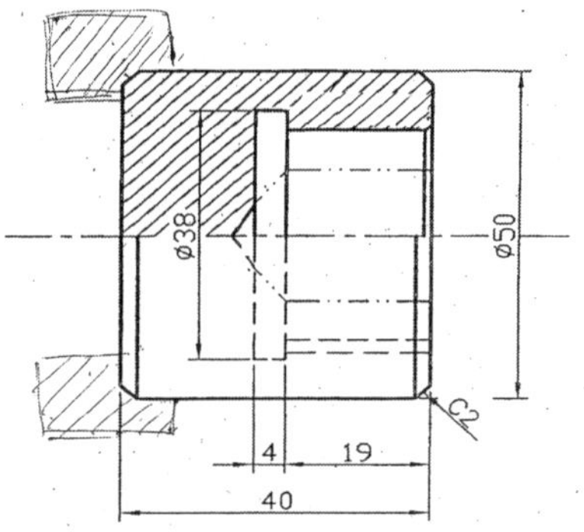


| 프로그램 | 풀이 |
|---|---|
| G50 X130.0 Z140.0 T0800 M42 ; | 공작물 좌표계 설정, 주축 기어 저속 |
| G97 S300 M03 ; | 공작물 회전수 300 rpm으로 정회전 |
| G00 X30.0 Z2.0 T0808 M08 ; | 공구 보정, 급속이송, 절삭유 ON |
| G76 P011160 Q0.05 R0.05 ; | 복합형 고정 사이클로 나사 가공 |
| G76 X36.0 Z-21.0 P1.19 Q0.35 F2.0 ; | 나사 가공 위치, 절입 깊이, 이송 속도 지정 |
| G00 X130.0 Z140.0 T0800 M09 ; | 시작점 복귀, 보정 취소, 절삭유 OFF |
| M05 ; | 주축 정지 |
| M02 ; | 프로그램 끝. |

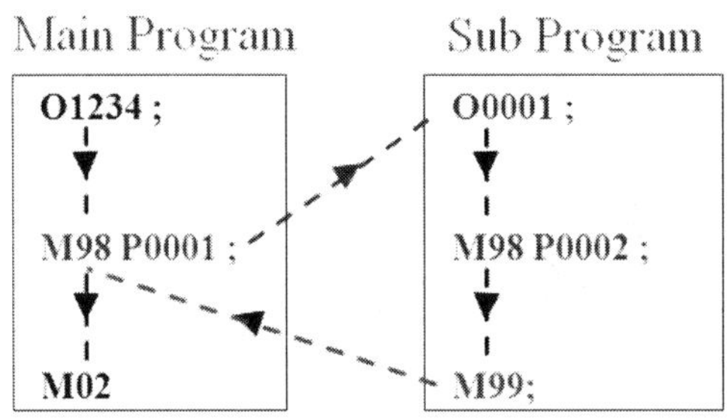


### ▶ 프로그램 종합연습

다음 그림의 가공물을 절삭하고자 한다.

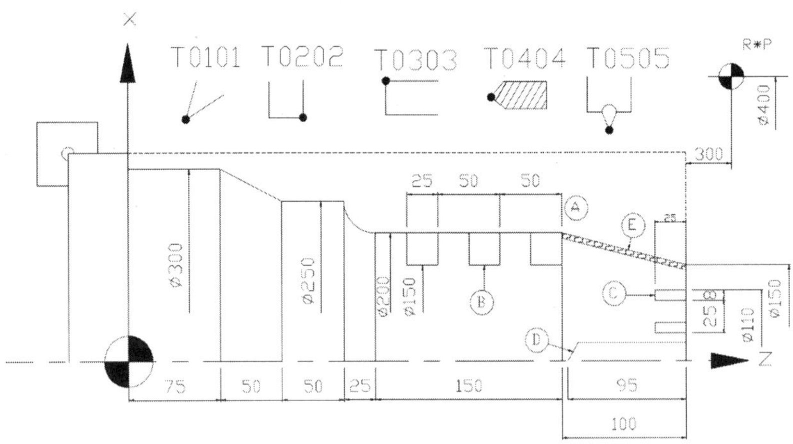


① 바이트 T0101을 이용하여 A 부분을 황삭한 후, 그 공구로서 다듬질까지 가공하라.

[절삭조건] 황삭 f = 10 mm/min, s = 100 m/min, 절삭 깊이 1.5 mm

다듬질 f = 0.02 mm/rev., s = 180 m/min

다듬질 여유 x 방향 1 mm, z 방향 1 mm

② T0202 공구로서 B 부분의 groove를 가공하라. 단, pecking 양은 3 mm이고, f = 0.1 mm/rev, s = 100 m/min으로 한다.

③ T0303 공구로서 C 부분의 groove를 가공하라. 단, 절삭조건은 (2)의 경우와 같다.

④ T0404의 드릴을 사용하여 D 부분의 구멍을 가공하라. 단, pecking 양은 5 mm이고, f = 10 mm/min., s = 800 rpm으로 한다.

⑤ T0505의 나사바이트로 E 부분의 나사를 다공정 나사 사이클로 가공하라. 단, 나

사 높이 2.1 mm, 리드 2 mm, 첫 공정 절삭 깊이는 0.6 mm로 하며, 나사각은 60°, 스핀들 속도는 300 rpm으로 한다.

**프로그램 작성 샘플**

```
O116;
T0101 S100 G96 M03;
G00 W-395.0 X350.0;
G50 Z455.0 x350.0 S3000;

//황삭 가공 사이클//
G71 P100 Q200 U2.0 W1.0 D1.5 F10.0 G98;

//정삭 가공 과정//
N100 G42 G00 X150.0 F0.02 G99 M09;
N110 G01 W-5.0;
N120 W-100.0 X200.0;
N130 W-175.0 R25.0;
N140 W-50.0;
N150 W-50.0 X300.0;
N160 W-75.0;
N170 X350.0;
N200 G40 G00 Z455.0;
G28 X300.0 M09;

//외경 홈 가공//
T0202 S100.0;
G00 Z350.0 X210.0 M08;

(→ 우측으로 계속)

G75 W-100.0 X150.0 I3.0 K50.0 F0.1;
G28 X300.0 M09;

//단면 홈가공 사이클//
T0303;
G00 W-296.0 X60.0 M08;
G74 W-25.0 X110.0 K3.0 I25.0;
G28 X300.0 M09;

//중앙 구멍 보링가공//
T0404 S800 G97;
G00 Z455.0 X0 M08;
G74 W-100.0 K5.0 F10.0 G98;
G28 W200.0 M09;

//나사 가공 사이클_
        스스로 해 본다/
T0505 ..........................................
..................................................
..................................................
..................................................
G28 .......................................
..................................................
M02; //프로그램 종료//
```

## 복습문제

**01.** CNC 선반에서 사용하는 좌표계와 종방향 좌표값의 지정 방법으로 가장 널리 사용하는 것은?

㉮ 왼손 좌표계 - 반경 지정　　㉯ 오른손 좌표계 - 반경 지정
㉰ 왼손 좌표계 - 직경 지정　　㉱ 오른손 좌표계 - 직경 지정

➜ ㉱

**설명** CNC 선반에서는 스핀들 축을 Z축으로 하면서 오른손 좌표계를 일반적으로 사용하며, X축 방향의 종방향 좌표값을 지정하는 방식도 도면의 내용을 그대로 표현할 수 있도록 직경 지정을 주로 사용한다.

**02.** CNC 선반에서 사용하는 공구의 날끝은 아무리 뾰족한 모양이라고 해도 이를 확대해 보면 반지름을 가진 원호 모양이라 할 수 있다. 공작물의 테이퍼진 부분을 공구 노즈 보정 기능을 실시하지 않고 가공하였을 때 가공 후의 치수는 어떤 현상을 보이게 되는가?

㉮ 더 작은 치수로 가공된다.　　㉯ 더 큰 치수로 가공된다.
㉰ 표면 거칠기가 나쁘게 가공된다.　　㉱ 테이퍼 각이 작게 가공된다.

➜ ㉯

**설명** 테이퍼진 공작물을 가공할 때, 공구 노즈 보정을 실시하지 않게 되면, 기계의 제어 기준점인 가상 인선점이 가공물의 테이퍼진 치수선을 따라 이동하기 때문에 실제의 절삭날은 이보다 뒤에서 가공하므로 실제의 치수보다 더 크게 가공된다.

**03.** CNC 선반에서 사용하는 고정 사이클 중 복합형 내외경 황삭 가공 사이클(G71 기능)에서 지정하여야 할 파라미터로 볼 수 없는 것은?

㉮ 정삭 경로에 대한 시작 및 끝 전개번호
㉯ Z축 방향의 공구 옵셋 값
㉰ X축 방향의 1회당 절삭 깊이
㉱ Z축과 X축 방향의 다듬질 여유

➜ ㉯

설명 복합형 내외경 황삭 사이클은 G71 P____Q____U____W____D____F____; 등으로 정삭 경로에 대한 시작 및 끝 전개번호(P____와 Q____), Z축과 X축 방향의 다듬질 여유(U____와 W____)와 X축 방향의 1회당 절삭 깊이(D____)와 이송 및 스핀들 속도 등의 파라미터를 지정한다.

**04.** CNC 선반의 다공정 나사 가공 사이클(G76 기능)을 이용하여 정밀 나사를 가공하려고 한다. 이때 필수적으로 지정되어야 할 파라미터는?

㉮ 나사 바이트의 노즈 반경 ㉯ 가공해야 할 다공정 횟수
㉰ 나사각과 나사산 높이 ㉱ X축 방향의 다듬질 여유

➜ ㉰

설명 다공정 나사 가공 사이클은 G76 Z(W)___X(U)___K___I___D___A___F___; 의 형식으로 나사산 높이(K___)와 나사각(A___), 첫 번째 공정의 절삭 깊이(D___)와 나사의 리드(피치)(F___) 등의 파라미터를 지정한다.

05 장

# CAM 시스템 작업단계와 형상 모델링

CAM(Computer - aided manufacturing)은 좁은 의미로 생각할 때, 일반적으로 어느 부품을 제조하기 위한 CNC 공작기계를 작동하는 세부 명령을 작성하기 위한 것으로 CNC 소프트웨어 애플리케이션을 이용하는 것을 의미한다. 다양한 산업 부문의 제조업체들은 다양한 CAM 기능들을 활용하여 곡면을 포함하는 다양한 부품을 제조하는 데에 유용하게 사용하고 있다.

이 단원에서는 CAM 시스템의 작업 단계와 형상 모델링 후 거쳐야 하는 가공 패턴의 종류와 유형에 대해서 알아본다. CAM 시스템에서 기본적으로 활용되는 기능들을 작업 순서에 따라 익히며, 가공물과 공작물의 형상 정보를 입력하는 방법, 공구를 정의하고 공정과 가공 내용을 정해 주는 방법, 자동 산출된 가공 경로를 CNC 프로그램으로 변환하는 과정 등에 대해서 소개하며, 「PowerMILL」이라는 전형적인 CAM 시스템의 구성 요소에 대하여 살펴보기로 한다.

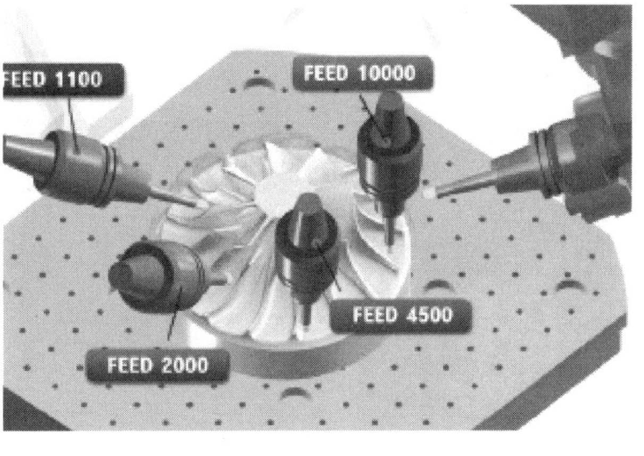


**그림 5.1** CAM 시스템에 의한 작업 장면

## 5.1 CAM 시스템 개요

CAM을 활용한 작업공정 가공 데이터 생성 작업은 <모델링 불러오기> → <작업 좌표계 설정> → <모델 살펴보기> → <가공소재 정의> → <공구 정의> → <안전 높이와 시작 높이 정의> → <가공경로 생성> → <가공경로 편집> → <시뮬레이션> → <NC데이터 생성> → <CAM 데이터 저장> 등의 단계를 거친다.

시스템의 종류에 따라서는 그 과정은 다소 차이가 있기도 한데, 크게 그림 5.2와 같은 3가지 단계를 거쳐서 완성된다.

- 가공물과 공작물의 형상 정보를 입력하는 단계
- 공구를 정의하고 공정과 가공 내용을 정해 주는 단계
- 자동 산출된 가공 경로의 CNC 프로그램 변환 단계

**CAM 시스템 작업 화면**의 기능은 자동으로 CNC 프로그램을 생성하기 위한 일련의 작업 기능들을 수행하기 위해 구성되어 있다. CAM 소프트웨어를 실행하면 윈도우 화면은 CAM 작업의 종류와 기능에 따라 다양한 메뉴와 창, 도구 모음 등으로 구성되는데, 이때 사용되는 여러 팝업 창 및 활성 창의 종류는 다음과 같다.

그림 5.2 CAM 시스템의 일반적인 작업 단계

## (1) 메인 메뉴(main menu)

메인 메뉴는 그림 5.3과 같이 윈도우 창의 맨 위에 주된 항목들을 이용할 수 있도록 펼쳐진다. 파일, 편집, 보기, 변경, 공정, 솔리드, 마법사 등의 메뉴 항목들을 사용할 수 있도록 펼쳐진다.

## (2) 명령어 입력창과 작업 기록창

명령어나 수치를 입력할 때에는 명령어 입력창을 통하여 입력하고, 처리 내용, 좌표, 거리 등은 작업 기록창에 자동으로 기록된다.

## (3) 팔레트(palette)

그림 5.4와 같이 아이콘이나 버튼의 그룹을 사용자의 편리에 따라 구성한 것을 팔레트라고 한다. 작업 목적에 따라 도형 생성, 가공, 보기 조정, 렌더링, 시뮬레이션 등 다양한 팔레트가 사용된다.

## (4) 디스플레이 창

도형의 처리 과정, 가공되는 모양 등을 표현해 주는 영역이다. 보기 조정 팔레트를 통하여 3차원 뷰(view)로 다양한 표현이 가능하다.

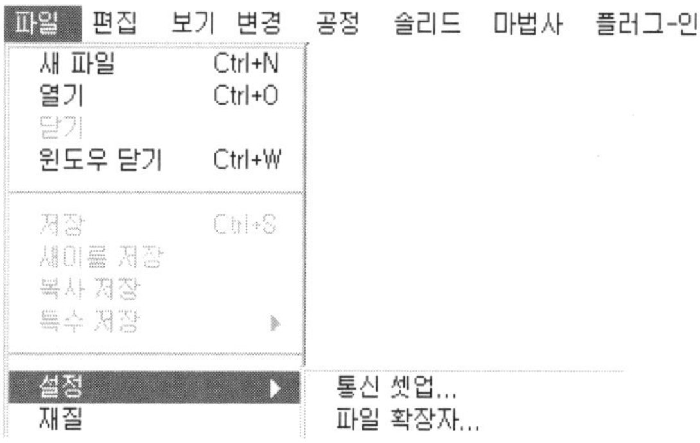


그림 5.3 메인 메뉴

그림 5.4 팔레트

### (5) 작업 지침 대화창

그림 5.5와 같이 각 작업 중에는 작업의 상황 설명이나 작업자가 지정해야 할 내용들을 안내해 주는 대화창이 제공된다.

### (6) 좌표계 창

그림 5.6과 같이 현재 커서가 위치한 좌표를 나타내 주거나 지정된 도형 요소의 위치를 알려주는 창이다.

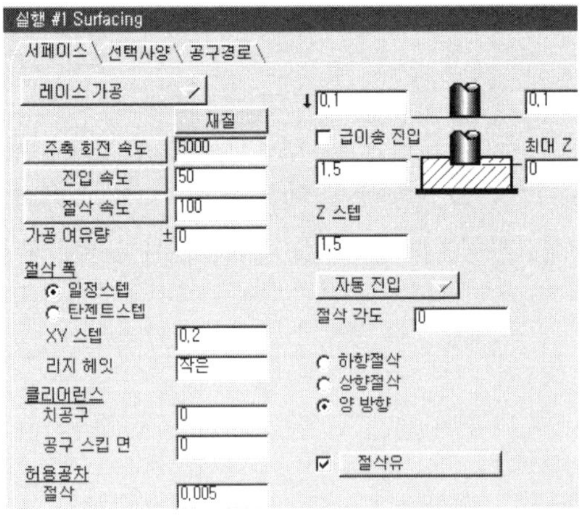


그림 5.5 작업 지침 대화창

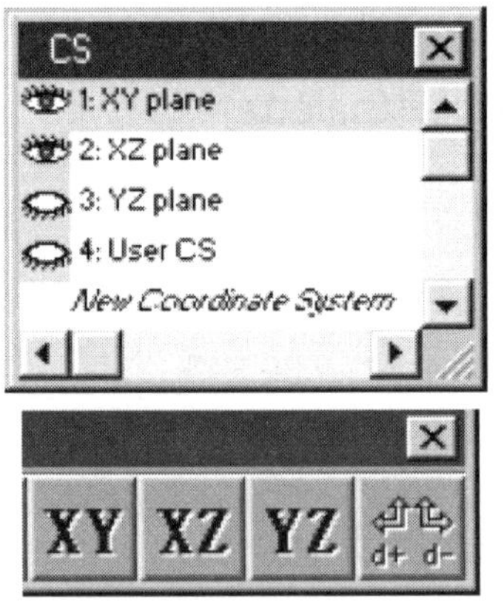


그림 5.6 좌표계 창

## 5.2 시스템의 작업 단계

CAM 시스템의 작업은 앞에서 보았던 것과 같이 가공물 모델과 공작물 블록을 입력하는 단계, 사용 공구를 정의하는 단계, 황삭 및 다듬질 가공 방법을 지정하는 단계, 산출된 가공 경로를 시뮬레이션하는 단계, **포스트 프로세싱**하여 기계 제어반에 공급하는 DNC 단계를 거친다.(CAM 시스템에서 자동으로 산출된 가공 프로그램을 사용하는 CNC 공작 기계의 형식에 맞추어 CNC 프로그램 파일로 변환하는 작업을 "포스트 프로세싱(post processing)"이라 한다.)

### (1) 가공물 모델 생성

가공물 모델을 생성시키는 방법은 2가지가 사용된다. 이미 CAD 시스템에서 모델링하여 놓은 파일을 불러오기 하여 작업 공간에 준비시키는 방법이 그 하나이다. 다른 하나는 CAM 시스템에서 자체적으로 모델링하는 것이다. CAM 시스템에서 모델링하는 경우에는 도형 생성 팔레트 도구를 이용하며, 기본 도형, 곡선, 곡면, 솔리드 모델링 기능의 아이콘 도구를 이용하여 순차적으로 정의하여 작업한다.

### (2) 공작물 블록의 정의

공작물 블록 작업 아이콘을 이용하여 그림 5.7과 같이 대화창을 열고 여기에 공작물 블록 치수와 재질, 안전 여유 등을 정의한다.

### (3) 사용 공구 정의

공구 생성 아이콘을 이용하여 대화창을 열고 여기에 사용 공구의 필요 치수를 입력하여 정의한다. 사용 공구는 황삭용(황삭), 중간 다듬질(중삭) 또는 끝 다듬질(정삭)용, 잔삭(구석부 다듬질)용, 구멍 가공용 등을 선택하여 정의한다. 그림 5.8은 구배각 5°를 갖는 테이퍼 공구를 정의한 경우이다.

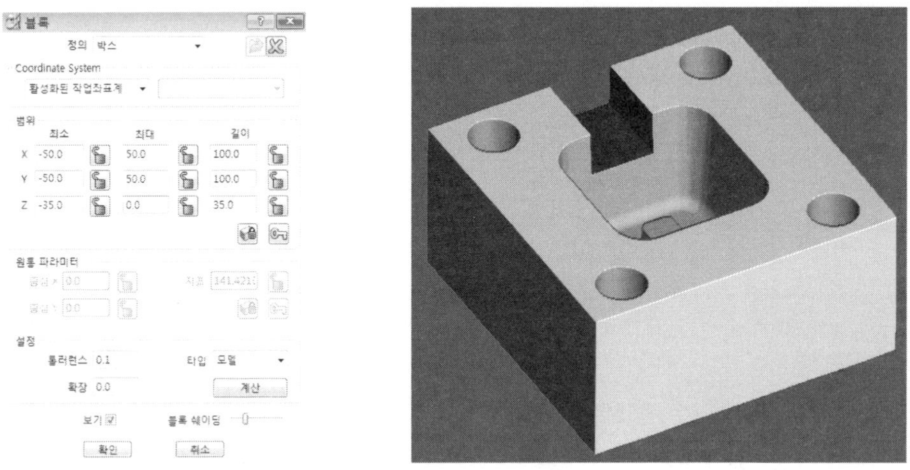


그림 5.7 공작물 블록의 정의 대화창과 가공물 모델의 합성

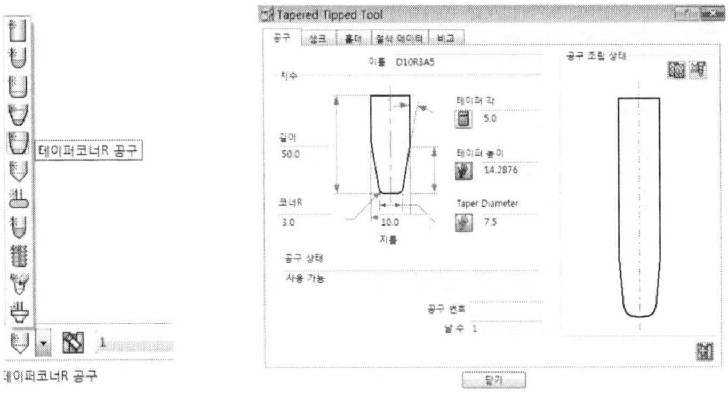


(a) 공구 생성 아이콘　　(b) 공구 정의 대화창

**그림 5.8** 공구 생성 아이콘과 대화창

## (4) 황삭 가공 방법의 지정

중앙 포켓 가공에 대한 옵셋 황삭 가공 메뉴를 선택하면 그림 5.9(a)와 같은 대화창이 열린다. 여기에 황삭 가공 조건을 지정하면 그림 5.9(b)와 같이 가공 경로가 자동으로 산출된다.(※ 황삭 가공은 중간 또는 끝 다듬질 가공을 하기 전에 공작물로부터 많은 양을 한꺼번에 제거하는 작업이다. 2차원 황삭 가공으로는 폐곡선 윤곽을 여러 번 옵셋하여 산출한 경로를 따라 가공하는 **옵셋 황삭 가공**이 많이 사용된다. 3차원 황삭 가공의 경우에는 바닥 곡면과 등고선 평면과의 교차 곡선을 따라 가공하는 **등고선 황삭 가공**이 많이 사용된다.)

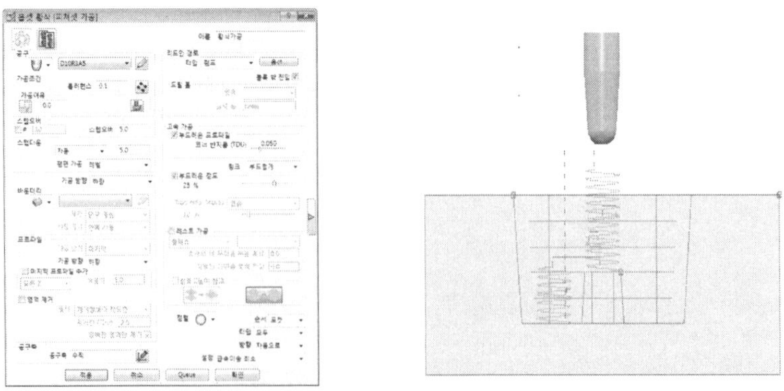

(a) 황삭 가공 조건 대화창　　(b) 황삭 가공 공구 경로

**그림 5.9** 황삭 가공 조건의 지정과 공구 경로 산출

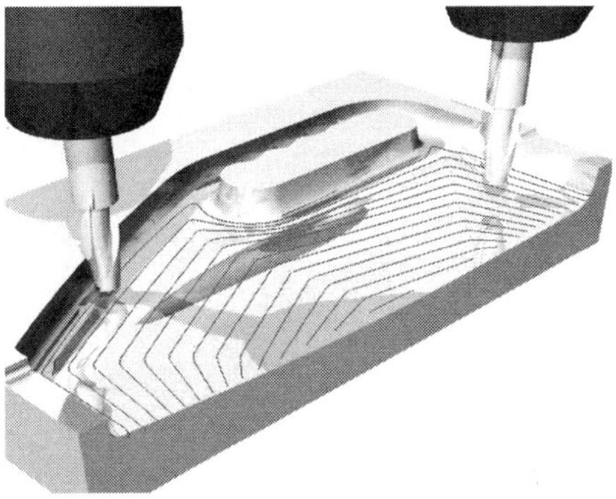

그림 5.10 옵셋 황삭 가공 방법

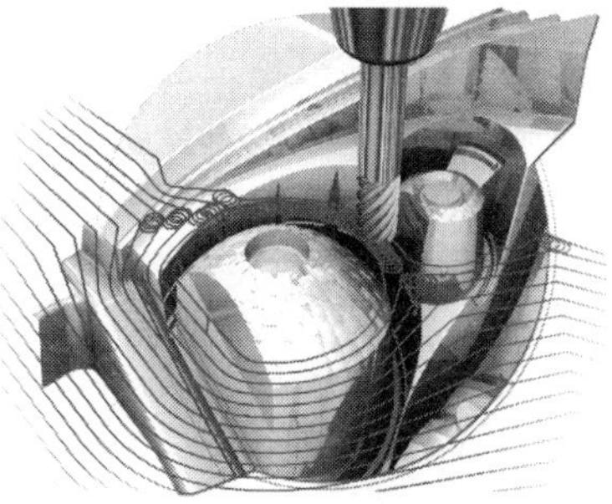

그림 5.11 등고선 황삭 가공 방법

### (5) 다듬질 가공 방법의 지정

다듬질 가공 메뉴를 지정하여 대화창을 열고 여기에 다듬질 가공 파라미터들을 넣어 실행한다. 다듬질 가공은 황삭 가공 후 일정하게 남은 가공 여유를 다듬질 공구를 사용하여 가공면의 표면 정밀도를 완성하는 가공이다. 옵셋 다듬질 가공과 스캔 다듬질 가공 방법이 많이 사용된다.

### (6) 구멍 가공 방법의 지정

구멍 가공은 드릴링, 보링, 태핑 등을 가공하는 것이다. 구멍 가공 메뉴를 지정하여 대화창을 열고 파라미터들을 넣어 실행한다.(그림 5.12는 네 곳의 구멍에 대해 자리파기 드릴로 안내 구멍을 파고, 드릴로 구멍 가공을 완성한 가공이다.)

### (7) 가공 시뮬레이션

가공 과정에서 생길 수 있는 충돌, 과절삭(over - cut), 미절삭(un - cut) 등을 검사하기 위하여 그래픽 시뮬레이션으로 검증하는 단계이다. 가공물 형상에 가공 경로를 복합적으로 표현하여 점검하기도 하고, 가공이 진행되면서 점차적으로 제거되는 체적을 동영상으로 보면서 점검하기도 한다.

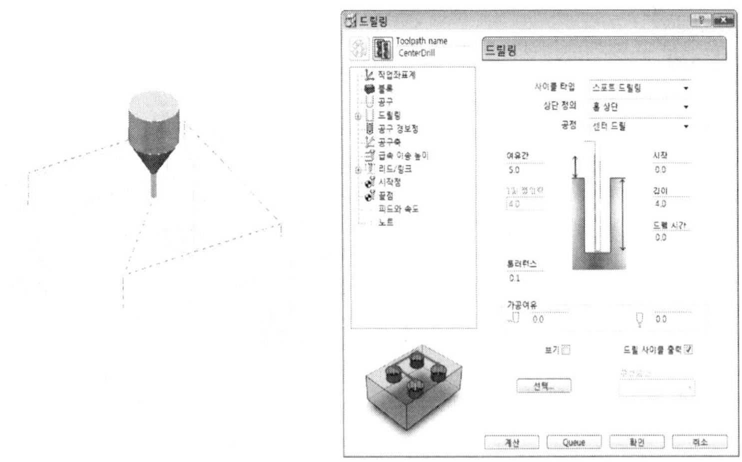


그림 5.12 자리파기 가공 대화창

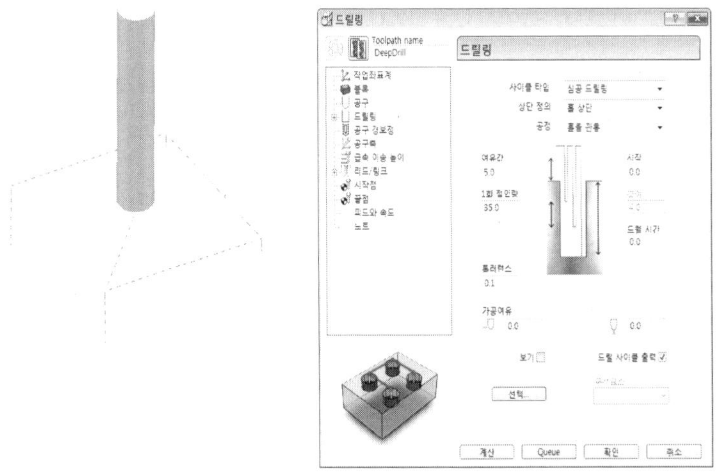


그림 5.13 구멍 가공 대화창

## (8) 포스트 프로세싱

포스트 프로세싱 도구 아이콘을 이용하여 대화창을 열고, 여기에 CNC기계의 사양이나 기준, 워크 좌표계, 공작물 장착 및 기술적 부가기능, 안전 영역 등을 설정하여 CNC 프로그램 출력을 실행한다.

# 5.3 PowerMILL 작업 환경과 화면 구성

PowerMILL은 모델을 불러들여서 안전한 툴패스(toolpath)를 신속하게 만들 수 있는 독립된 가공 패키지(machining package)이다. 이때 모델은 여러 다른 프로그램들에서 만들어진 IGES files, STL files, Triangle files, OLE modle 등이 될 수 있으며 PowerSHAPE에서 만든 솔리드(solid)나 서피스(Surface)가 될 수도 있다.

PowerMILL 시스템에서 주 아이콘을 더블 클릭하면 그림 5.15와 같이 파워밀 메인 화면이 나온다.

그림 5.14 PowerMILL 소개창

그림 5.15 PowerMILL 메인 화면

PowerMILL 화면은 크게 다음과 같은 메인 영역으로 구성된다.

### (1) 주 메뉴 바(Main menu)

파워밀의 최상단에 가로로 주 메뉴가 놓여 있다. 마우스를 위에 두고 왼쪽 버튼을 클릭해서 하위메뉴를 부를 수 있다. 추가 메뉴는 화살표 방향대로 오른쪽으로 커서를 움직이면 불러낼 수 있다.

### (2) 메인 툴바(Main Toolbar)

메인 툴바를 이용하면 파워밀 명령 메뉴를 빠르게 실행할 수 있다. 각각의 아이콘은 고유한 기능을 가지며, 마우스 포인트를 아이콘 위에 놓으면 언제나 풍선 도움말(Tool Tips)을 참조할 수 있다.

### (3) 탐색기 영역(Explorer)

그래픽 영역 왼쪽에 있는 창을 "파워밀 탐색기"라고 한다. 이 창은 파워밀로 작업을 생성하는 동안의 과정을 제어하고 다양한 조건과 방법을 사용할 수 있도록 해 주는 영역이다.

맨 위의 "파워밀 마크"가 기본적으로 선택되어 있고, 그 밑에는 "NC 프로그램, 툴패스, 패턴, 피처셋, 작업좌표계, 그룹, 매크로" 등의 여러 가지 항목이 있다. 두 번째 창은 도움말이나 HTML 파일을 보기 위해 이용되는 HTML 브라우저이다. 그리고 세 번째 창은 파워밀에서 삭제한 것을 저장해 놓은 곳으로, 원하는 것을 선택하여 복원시킬 수도 있다.

### (4) 그래픽 영역(Graphics Window)

그래픽 영역은 탐색기 오른쪽에 위치한 큰 작업 창으로, 작업 과정을 시각적으로 보여 주는 곳이다.

### (5) 정보 툴바(Information Toolbar)

파워밀의 정보 툴바에서는 작업좌표계 생성, 커서의 좌표값, 큐 실행 리스트 창, 단위계, 가공공차, 가공여유, 공구의 지름 등을 확인할 수 있다.

### (6) 상태 툴바(Status Toolbar)

상태 툴바는 파워밀 창의 가장 아래쪽에 있다. 이것은 파워밀의 계산 정도의 진행 사항에 대한 정보를 보여 주는 툴바이다. 계산 상황에 대한 정보값을 줄 뿐만 아니라 아이콘에 마우스 포인터를 가져다 댔을 때 뜨는 풍선말보다 더욱더 세부적인 도움말을 준다.

### (7) 뷰 툴바(View Toolbar)

화면의 오른쪽에는 뷰 툴바가 있다. 이는 모델을 보는 방향에 따라서 변경하는 데에 사용된다. 그리고 세로로 있는 뷰 아이콘들을 선택하여 방향, 위치, 배율 등을 바꿀 수 있다.

### (8) 마우스 사용법

파워밀은 작업할 때, 세 가지의 마우스 버튼을 모두 사용하여 신속한 작업이 이루어지도록 하고 있다.

- **왼쪽 마우스 버튼: 선택**
  아이콘을 클릭하거나 대상을 선택하는 데에 사용된다.
- **가운데 마우스 버튼: 뷰(View)**
  확대와 축소, 모델의 이동, 박스 확대, 회전 모드 등으로 그림 5.16과 같이 사용된다.
- **오른쪽 마우스 버튼: 특별한 메뉴**
  클릭하면 하위메뉴가 나타난다. 이때 메뉴는 어떤 대상 위에서 클릭하였는가에 따라 달라진다. 만약 아무것도 없는 곳에서 클릭하게 되면 뷰에 관한 메뉴가 나온다.

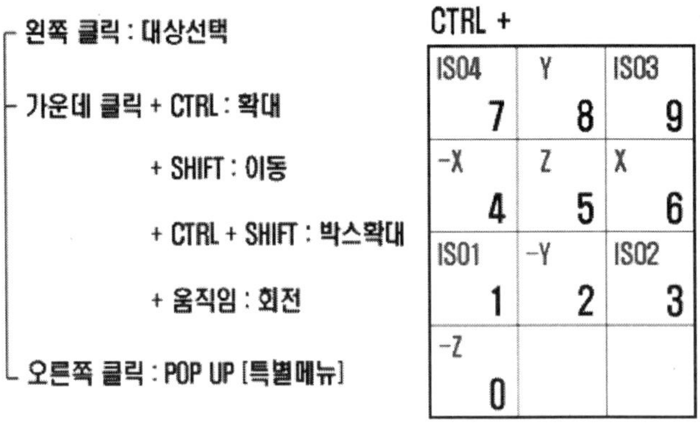


그림 5.16 마우스의 기능과 조작법

- 스핀 뷰(View Spinning)

  가운데 마우스 버튼을 누른 상태에서 드래그하다가 놓으면 모델을 계속해서 회전하게 할 수 있다. 마우스를 빨리 움직이면 움직일수록 더 빨리 회전하게 된다. 초기 설정에서는 사용할 수 없는 상태로 되어 있다.

## 5.4 PowerMILL 메인 작업 소개

### (1) 모델 불러오기

파워밀에서 작업을 하는 첫 단계로는 모델을 불러서 띄우는 것이다. 이는 그림 5.17과 같은 창을 통해서 ....₩PowerLILL_data₩Model의 경로에서 모델 파일을 불러들일 수 있다. 경우에 따라서는 "모델 불러오기" 아이콘을 클릭하여 파일을 선택하고 열기를 클릭하여 불러들이기도 한다.

### (2) 뷰 보기

뷰 툴바를 이용하여 해당 아이템을 클릭하여 모델의 형상을 화면의 원하는 곳에 원하는 방향으로 볼 수 있도록 지정해 줄 수 있다. 뷰 툴바는 기본적으로 파워밀 우측에 있지만 파워밀 창 어디든지 원하는 곳에 위치시킬 수 있다.

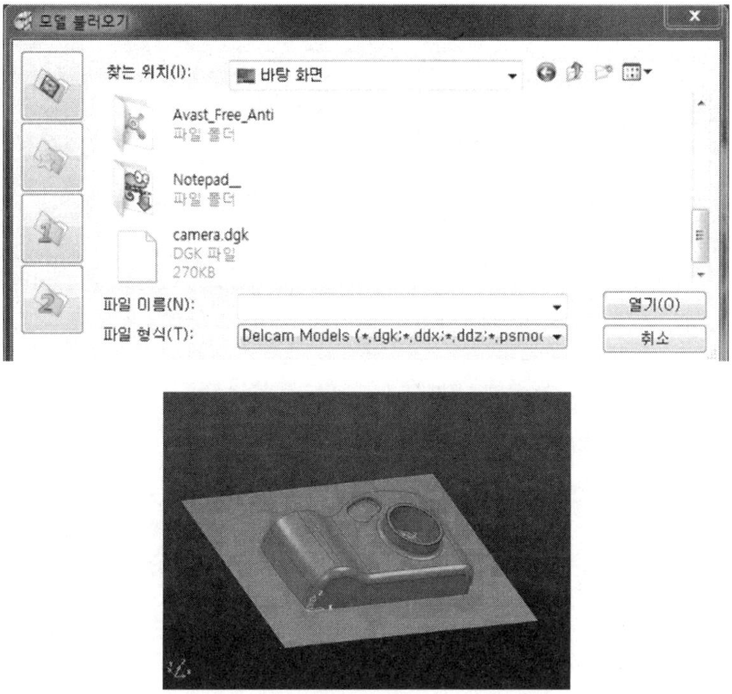


**그림 5.17** 모델 불러오기 화면 예시

뷰 관련 기능으로는 축 방향 보기, ISO 방향 보기, 화면 맞춤/확대/축소 보기, 박스 영역 확대 보기, 마지막 뷰 상태 보기, 보기 상태 새로 고침, 블록 보기, 그리고 그림 5.18과 같이 다양한 쉐이딩 상태 보기 등이 있다.

## (3) 가공 패턴 소개

앞으로 사용하게 될 파워밀의 주요 가공패턴은 해당 아이콘을 클릭하여 그림 5.18(a)와 같은 창을 열어서 지정할 수 있다.

그리고 이와 같은 팝업 창에서 해당된 가공 패턴을 선택하게 되면 그림 5.19와 같은 작업 창이 띄워지게 되어서 작업에 필요한 파라미터들을 지정할 수 있다.

따라서 다음 장에서는 이와 같은 가공들에 대해서 그 가공 단계별로 작업에 관련된 공정 내용을 지정하는 방법에 대해서 공부하기도 한다.

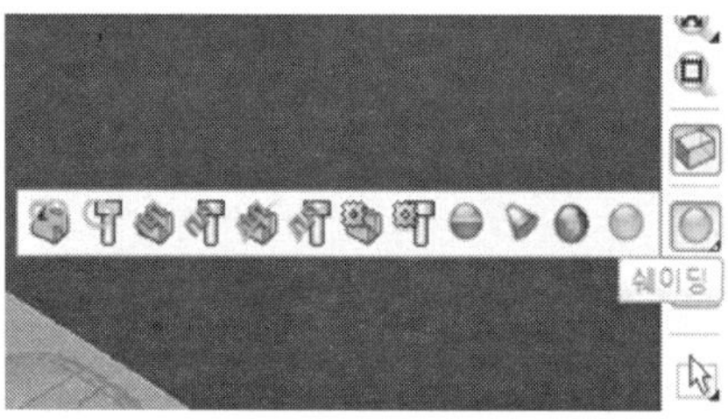


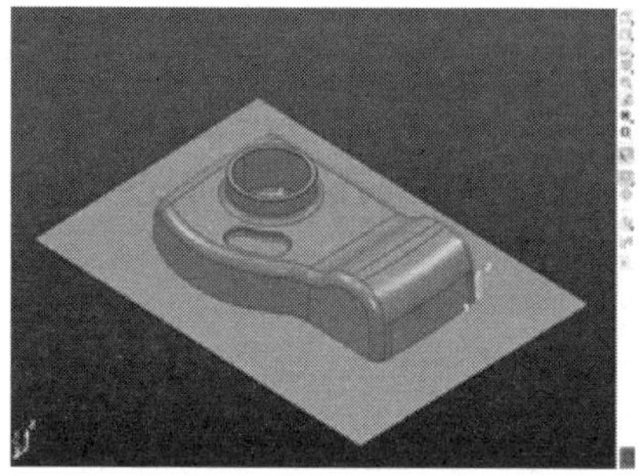

(a) Plain Shade

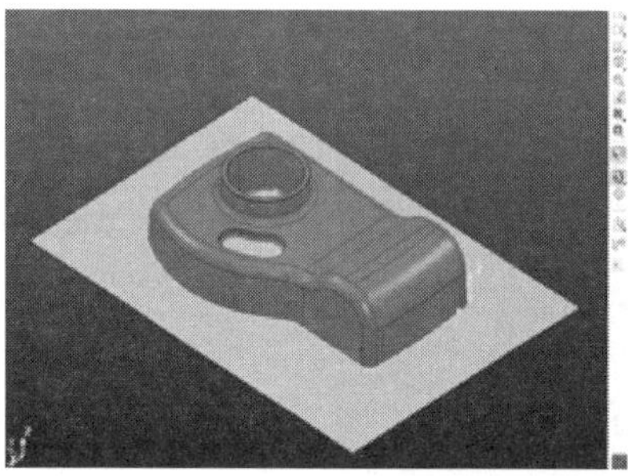

(b) 멀티 컬러 쉐이딩

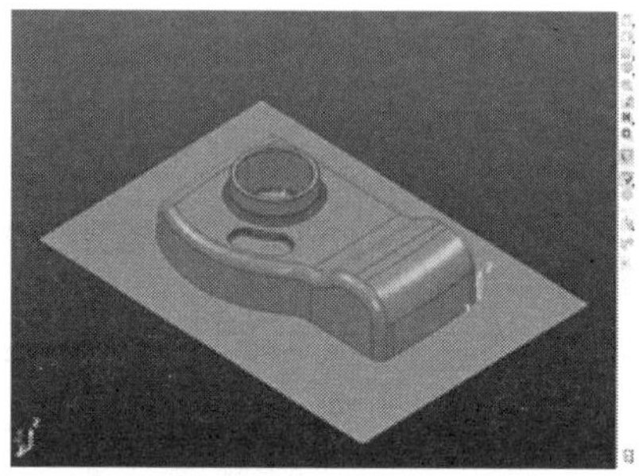

(c) 최소 R값 쉐이딩

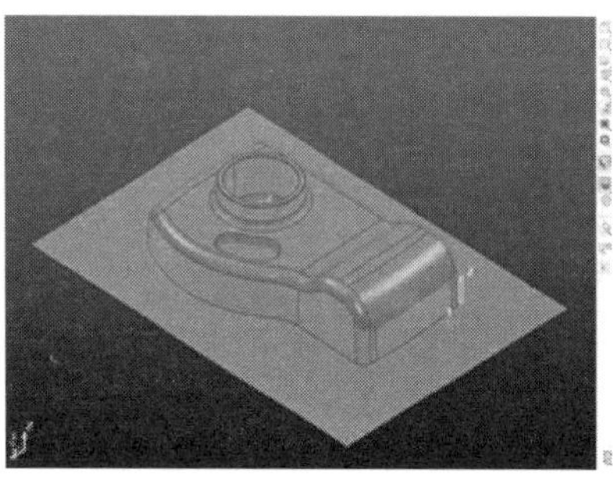

(d) 구배각 쉐이딩

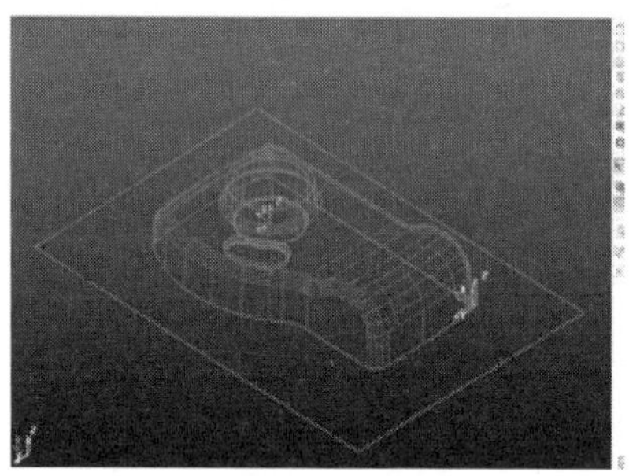

(e) 와이어 프레임

**그림 5.18** 여러 가지의 뷰(View) 보기의 예시

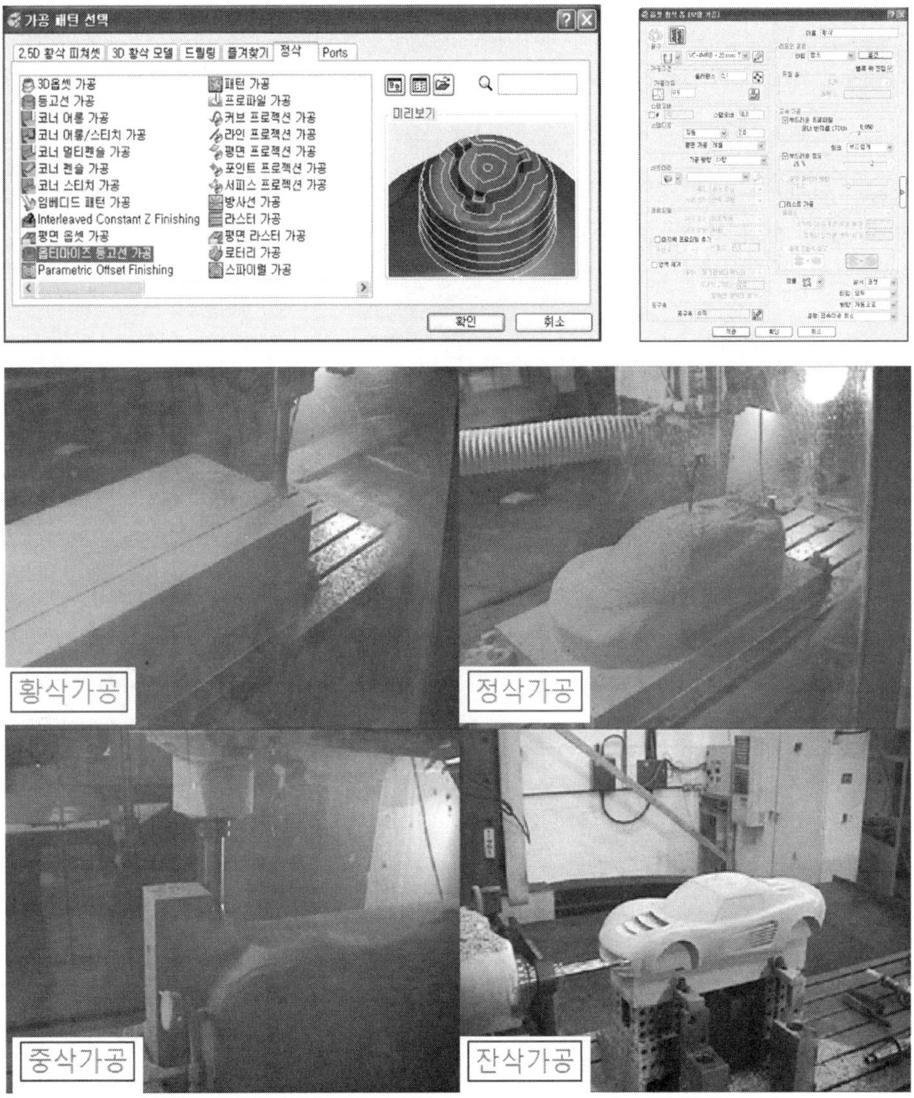


그림 5.19 가공 패턴의 지정 활성창과 실제의 여러 가공 장면

## 복습문제

**01.** 다음의 CAM 시스템 작업화면 중 작업의 상황 설명이나 작업자가 지정해야 할 내용들을 안내해 주는 활성창을 무엇이라 하는가?

㉮ 작업 기록 창 ㉯ 디스플레이 창
㉰ 작업지침 대화창 ㉱ 좌표계 창

➜ ㉰

**설명** CAM 시스템에서는 다양한 작업 창이 사용되는데, 작업의 상황을 설명해 주면서 작업자가 대화 형식으로 작업 지침을 지정할 수 있도록 안내해 주는 활성창으로 작업 지침 대화창이 사용된다.

**02.** CAM 시스템에서 모델 불러오기 작업과 사용 공구 정의 작업을 행한 다음 뷰(view) 보기의 유형을 설정하려고 한다. 이때 옵션에서 지정한 공구로 가공 가능한 영역만을 다른 색채로 나타내 주려면 어떤 쉐이딩(Shading) 종류를 선택하여야 하는가?

㉮ 플레인(Plain) 쉐이딩 ㉯ 멀티 컬러(Multi - color) 쉐이딩
㉰ 최소 R값 쉐이딩 ㉱ 구배각 쉐이딩

➜ ㉰

**설명** CAM 시스템에서 최소 R값 쉐이딩은 정의하여 지정된 사용 공구의 R값을 기준으로 절삭이 어려운 미절삭 체적 부위를 더 어두운 색채로 구별될 수 있게 쉐이딩해 주는 방법이다.

06 장

# CAM 시스템 가공 파라미터의 설정

CAM 시스템의 작업 준비 단계로서 절삭공구 지정하기, 블록 설정하기, 안전 높이, 시작 높이 설정, 공구 시작과 끝 포인트의 설정 시 올바른 가공 파라미터들을 지정하는 방법들에 대해서 살펴보기로 한다.

이를 우선 CAM 작업의 준비 단계에서 절삭 공구의 치수와 형태, 그리고 절삭 조건 등을 어떻게 잘 지정하여 설정하는가에 대한 방법론을 알아보고, 가공물 형상, 정삭 가공 및 황삭 가공을 위한 여유와 공차 등을 고려하여 소재 블록을 어떤 크기와 범위까지 설정하는지를 적용해 본다.

그리고 절삭 경로를 연결하는 과정에서 충돌이나 과절삭이 없도록 부드럽고 안전하게 올라가야 할 높이를 설정하는 방법에 대해 파악해 본다. 아울러 작업의 효율성과 연

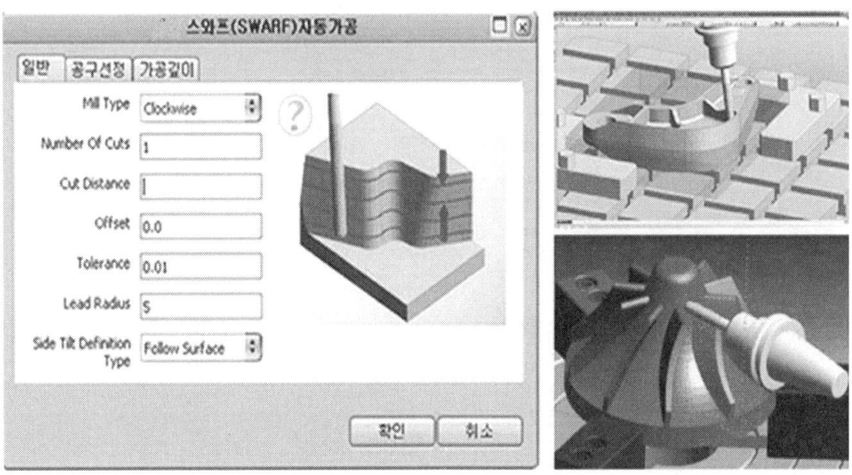


**그림 6.1** 가공 파라미터 설정 예시

결성을 고려하여 작업을 시작할 때 적합한 시작 포인트와 끝날 때의 포인트의 설정 방법에 대해서도 알아보기로 한다.

## 6.1 절삭 공구 지정하기

파워밀에서 제공되는 기본 공구로는 그림 6.2에서 볼 수 있는 바와 같이, 평엔드밀 공구, 볼엔드밀 공구, 코너R엔드밀 공구(팁 공구), 테이퍼 코너R 공구, 테이퍼 슈페리컬 공구, 드릴 공구, 팁디스크 공구, 편심 코너R공구. 탭 공구, 사용자 정의 공구 등이 있으며 경우에 따라서는 카탈로그에서 공구를 선택할 수도 있다.

파워밀에서 공구를 생성하는 방법은 우선 파워밀 탐색기의 공구에서 오른쪽 마우스를 클릭하여 <**툴바**>를 선택하면 화면 아래쪽에 <**공구 툴바**>가 나타나는데, 이를 이용하여 공구를 정의할 수 있다. 경우에 따라서는 그림 6.3과 같은 팝업 창에서 공구 메뉴를 눌러서 환경이나 옵션을 지정할 수 있다.

**그림 6.2** PowerMILL 기본 공구의 종류

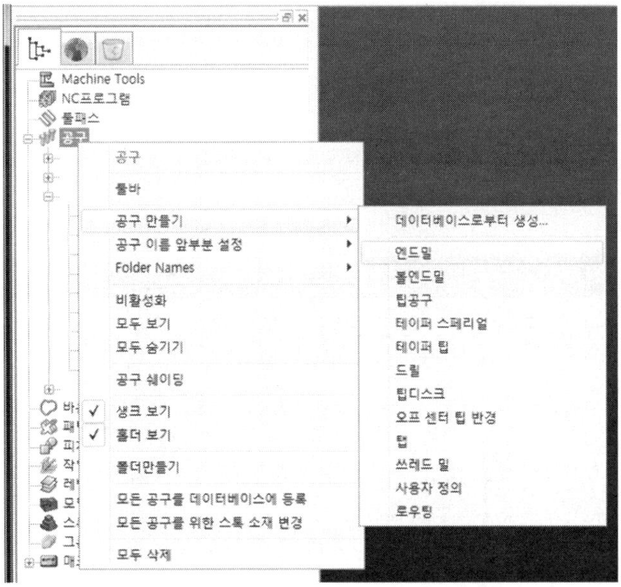


- 엔드밀 : 평면 가공에 용이
- 볼엔드밀 : 곡면 가공이나 측면 가공에 용이
- 팁공구 : 엔드밀과 볼 엔드밀의 장점을 가짐

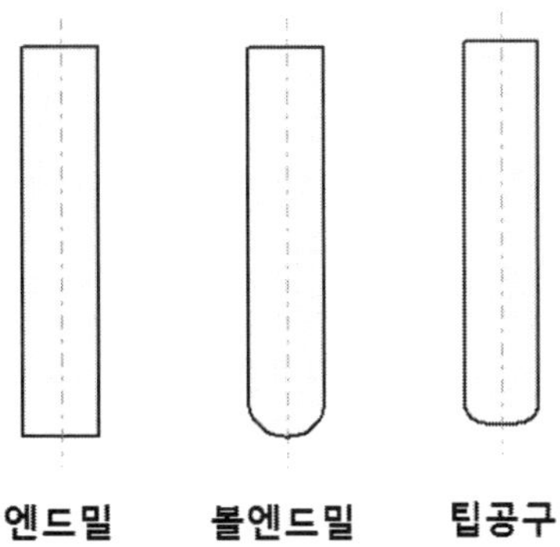


그림 6.3 공구 정의 작업창

## (1) 공구 정의

왼쪽 툴바에서 **공구 오른쪽 클릭하여 → 공구 만들기**에서 적합공구 선택하면 그림 6.4와 같은 화면이 나타난다. 여기서 길이는 자동으로 생성되기도 한다.

- 이름: 공구를 구분하기 위한 이름을 넣는다.
- 지름: 공구의 지름을 정의한다.

- 코너R: 코너R를 정의한다.
- 길이: 공구의 길이를 정의한다.
- 공구 번호: 나중에 NC공작기계의 공구 번호로 매칭되는 번호를 넣는다.
- 날 수: 공구의 날 수를 정의한다.

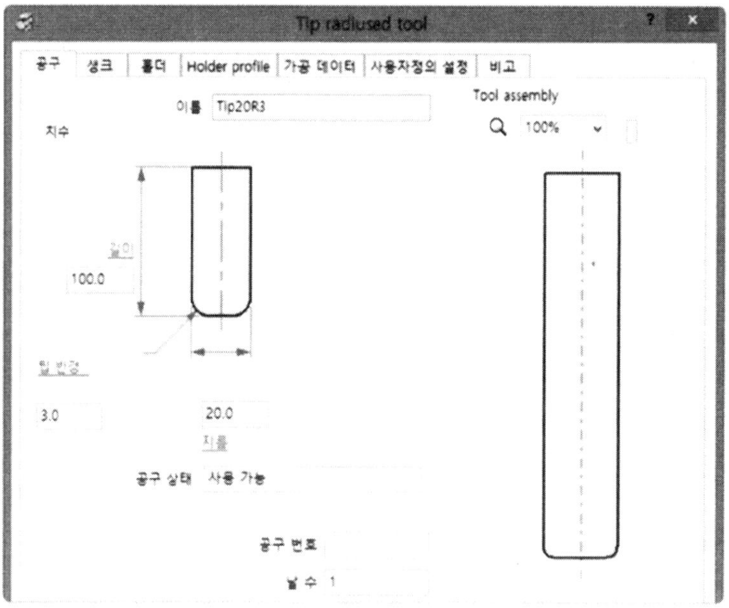


그림 6.4 공구 정의 파라미터의 지정

## (2) 생크 정의

- 생크 구성요소 추가: 생크를 추가한다. 아이콘을 반복하여 클릭할 때마다 생크를 추가할 수 있다.
- 생크 구성요소 삭제: 추가한 생크를 삭제한다. 삭제할 생크를 그림에서 마우스를 클릭하여 삭제할 수 있다.
- 생크 삭제: 모든 생크를 삭제한다.
- 생크 불러오기: 저장된 생크를 불러온다.
- 생크 저장: 만든 생크를 저장한 후, 필요시에 언제든지 불러올 수 있다.

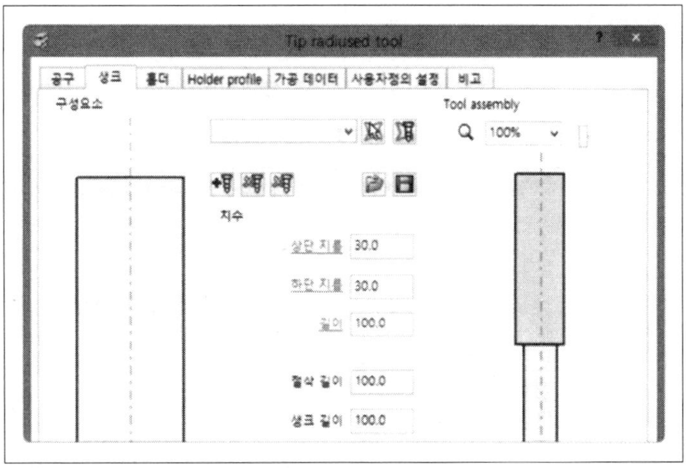


그림 6.5 생크 크기의 지정

## (3) 홀더 정의

홀더의 폼은 생크의 폼과 동일하다. 홀더 또한 원하는 대로 여러 단의 홀더를 만들어서 사용할 수 있다.

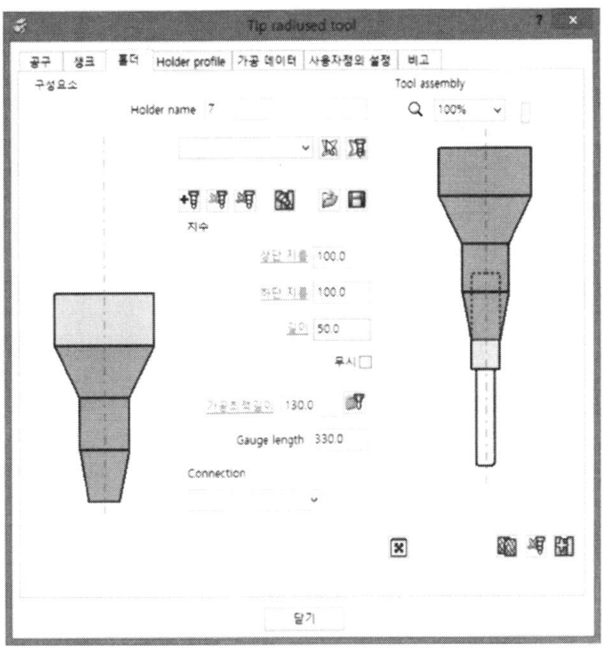


그림 6.6 홀더 정의 작업창

## 6.2 블록 설정하기

• 메인 툴바에서 블록 아이콘 설정 후 박스 메뉴에서 계산한다.

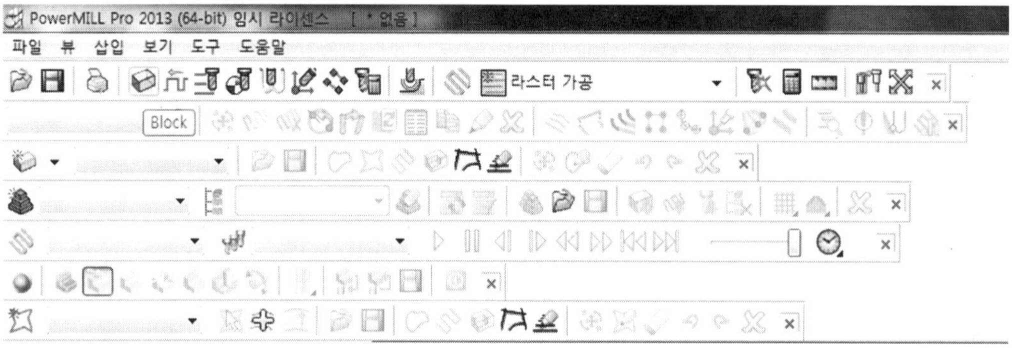


• 메인 툴바에서 블록 아이콘 선택 → 정의에서 박스 설정 → 계산 버튼을 누르면 자동으로 박스가 설정된다.

※ 형상에 따라 블록 모형을 바꾸거나 크기 조절이 가능하다.

그림 6.7 블록 설정창

### (1) 박스(Box)

블록을 직육면체로 만들 때 사용한다. X, Y, Z point의 최소, 최대에 의해 블록이 생성된다.

### (2) 덕트 픽쳐(Duct Picture)

소재를 2D 윤곽으로 정의할 수 있는 형태로, 이미 형태가 만들어져 있을 때 사용한다.

### (3) 트라이앵글(Triangle)

블록을 복잡한 3D 형상으로 정의할 때 사용한다. 이때 블록은 트라이앵글 형태로 저장한다.

### (4) 바운더리(Boundary)

활성화된 바운더리를 이용하여 블록을 설정한다.

그림 6.8 바운더리를 이용한 블록 설정창

### (5) 원통(Cylinder)

블록을 원통으로 지정할 때 사용한다. 지름으로 입력하거나 중심 좌표값에 의해 블록을 생성한다.

## 6.3 작업 좌표계 생성과 적용

작업좌표계는 각각의 요소 모델을 이동시킬 필요 없이 적합한 가공 데이텀에 정렬할 수 있는 방법을 제공한다. 한 번에 하나의 작업 평면을 활성화시킬 수 있고, 활성화된 작업 평면이 없다면 원래의 글로벌 데이텀에 의해 변환된다.

### (1) 작업좌표계 생성과 적용 방법 1(선택개체 상단에 생성)

【1단계】 메인 메뉴에서 <파일> <모델 불러오기>

【2단계】 탐색기의 <작업좌표계>에서 오른쪽 마우스 버튼을 클릭하고, 메뉴에서 <작업좌표계 생성 및 설정> <선택개체 상단에 작업좌표계 생성>을 선택한다. 이때 작업좌표계는 선택된 모델 상단 중심에 생성한다. 파워밀 탐색기에 새로운 <작업좌표계 1(Work - plane 1)>을 등록한다.

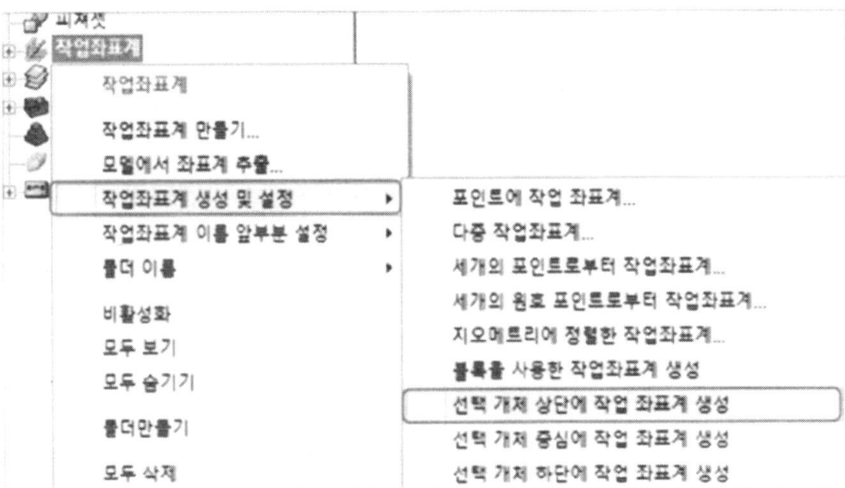


그림 6.9 작업 좌표계 생성 및 설정

【3단계】 작업좌표계 1(Work - plane 1)에서 오른쪽 마우스 버튼을 클릭하여 메뉴에서 <활성화>를 선택한다. 다음 단계에서는 활성화된 <작업좌표계 1>을 모델의 긴 방향으로 X축을 따라 방향을 회전한다.

→ 작업좌표계 생성과 적용 방법 1(선택개체 상단에 생성)

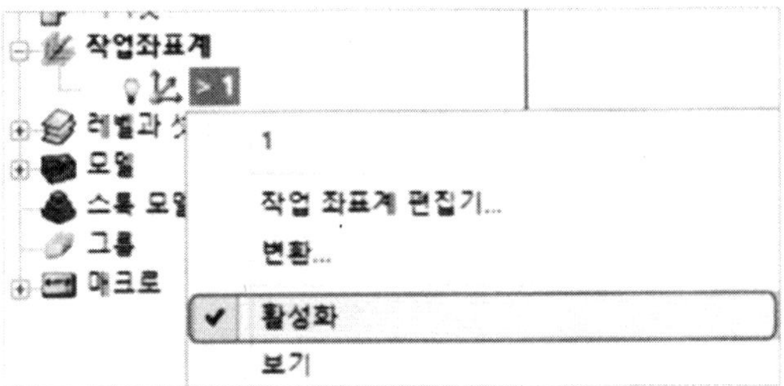


그림 6.10 작업좌표계 1의 활성화

【4단계】 <작업좌표계 1>에 오른쪽 마우스 버튼을 누르고 메뉴에서 <작업좌표계 편집기>를 선택하면 <작업좌표계 편집 툴바>가 나타난다.

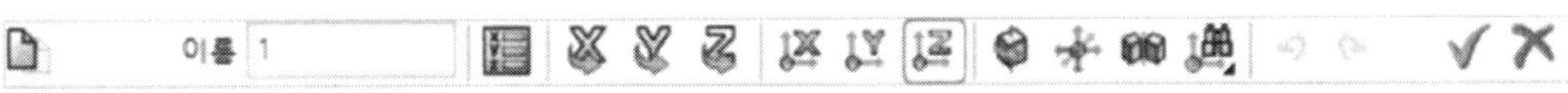


【5단계】 <Z축 기준 회전> 버튼을 클릭하면 회전 대화창이 나타난다.

【6단계】 <각도>에 270을 입력하고 <확인> 버튼을 누른다.

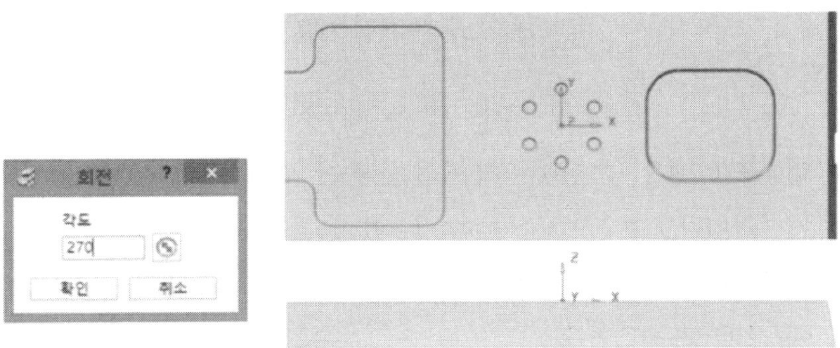


그림 6.11 작업좌표계의 설정

【7단계】 작업좌표계 편집 툴과 오른쪽 끝의 <녹색 체크> 버튼을 누르면 위에서 변경한 회전각도가 적용된다.

【8단계】 뷰를 Z+ 방향으로 선택하면 적절한 가공위치로 회전된 것을 확인할 수 있다.

### (2) 작업좌표계 생성과 적용 방법 2(블록을 사용하여 위치 결정)

【1단계】 메인 툴바에서 <블록> 아이콘을 선택하여 <활성화된 작업좌표계> <계산> → <확인>을 누른다.

그림 6.12 블록의 지정

【2단계】 탐색기의 <작업좌표계>에서 오른쪽 마우스 버튼을 클릭하고, 메뉴에서 <작업좌표계 생성 및 설정> <블록을 사용한 작업좌표계 생성>을 선택한다. 이때 <작업좌표계 2(Work - plane 2)>를 등록한다.

【3단계】 작업좌표계 2(Work - plane 2)에서 오른쪽 마우스 버튼을 클릭하여 메뉴에서 <활성화>를 선택한다.

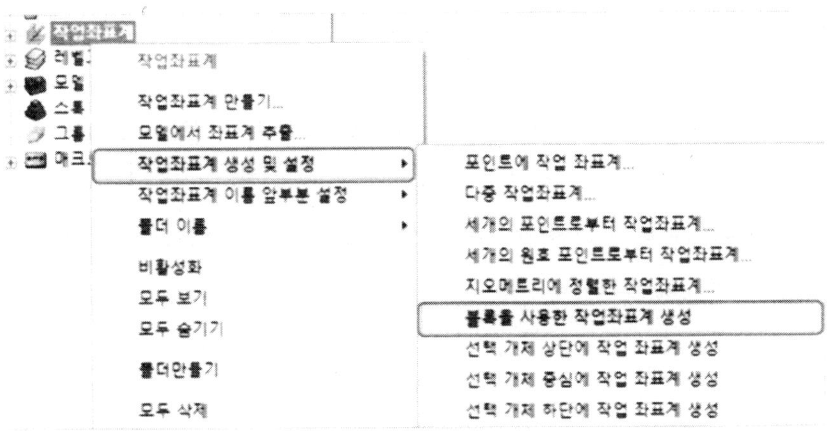


그림 6.13 작업좌표계 2의 등록

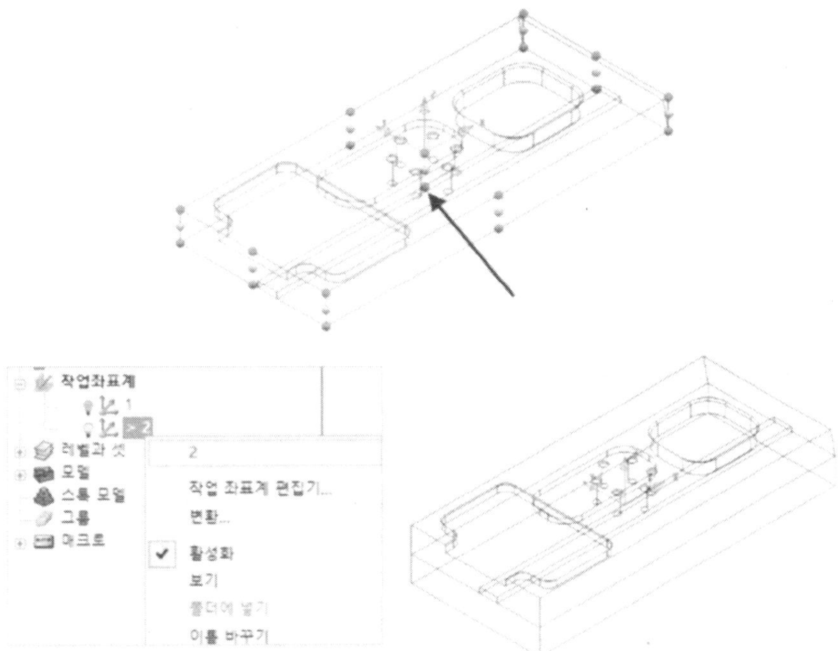


그림 6.14 작업 좌표계의 활성화

【4단계】 <작업좌표계 2>에 오른쪽 마우스 버튼을 누르고 메뉴에서 <작업좌표계 편집기>를 선택하면 <작업좌표계 편집 툴바>가 나타난다.

【5단계】 X축을 기준으로 회전(X Twist) 버튼을 선택하고 각도에 180을 입력하면 새로운 좌표계는 모델 하단에 법선 방향으로 위치한다.

【6단계】 작업좌표계 편집 툴과 오른쪽 끝의 <녹색 체크> 버튼을 누르면 <작업좌표계 2>에 업데이트된다.

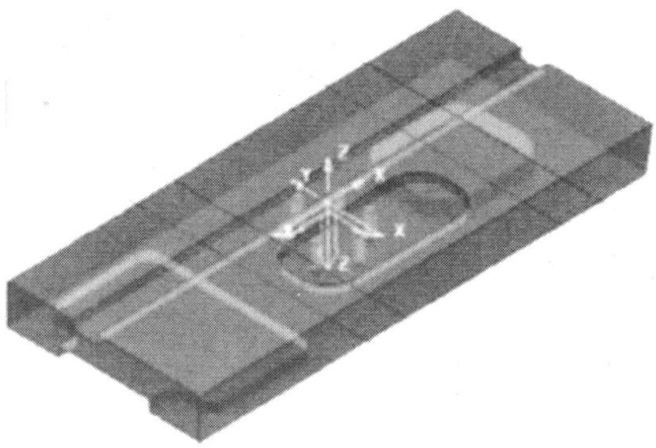

그림 6.15 업데이트된 작업좌표계

## 6.4 안전 높이와 시작 높이의 설정

① 급속이송(Rapid): 절삭 부위가 아니기 때문에 빠르게 공구를 이송.

② 플런지(Plunge): 절삭이 시작되는 높이로부터 일정한 높이까지 급속 이송.

③ 스킴(Skim): 직전에 절삭이 이루어졌던 곳에서부터 일정한 높이에서 이송.

④ 절삭(Cutting): 실제 절삭 경로.

⑤ 안전 높이(Safe Z): 공구가 가공물을 전혀 상하지 않고 급속 이동을 할 수 있는 높이.

⑥ 시작 높이(Start Z): 공구가 절삭 피드로 이동을 시작하는 지점의 높이.

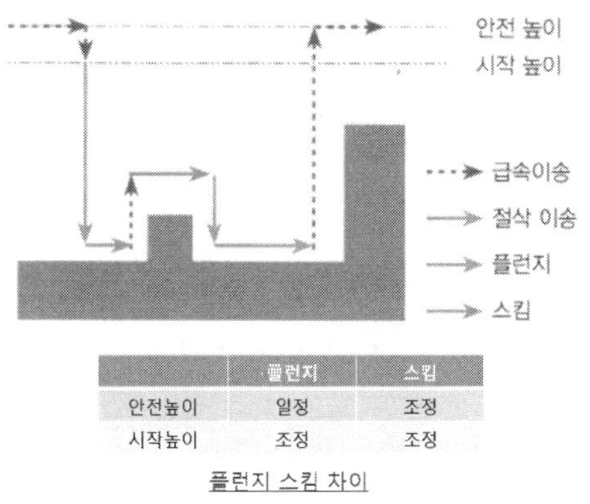


그림 6.16 안전 높이와 시작 높이의 설정

▶ **작업 방법 1**

메인 툴바에서 급속이송 높이 아이콘 선택 → 정의에서 평면 설정 → 계산 버튼을 누르면 자동으로 안전 높이, 시작 높이가 설정된다.

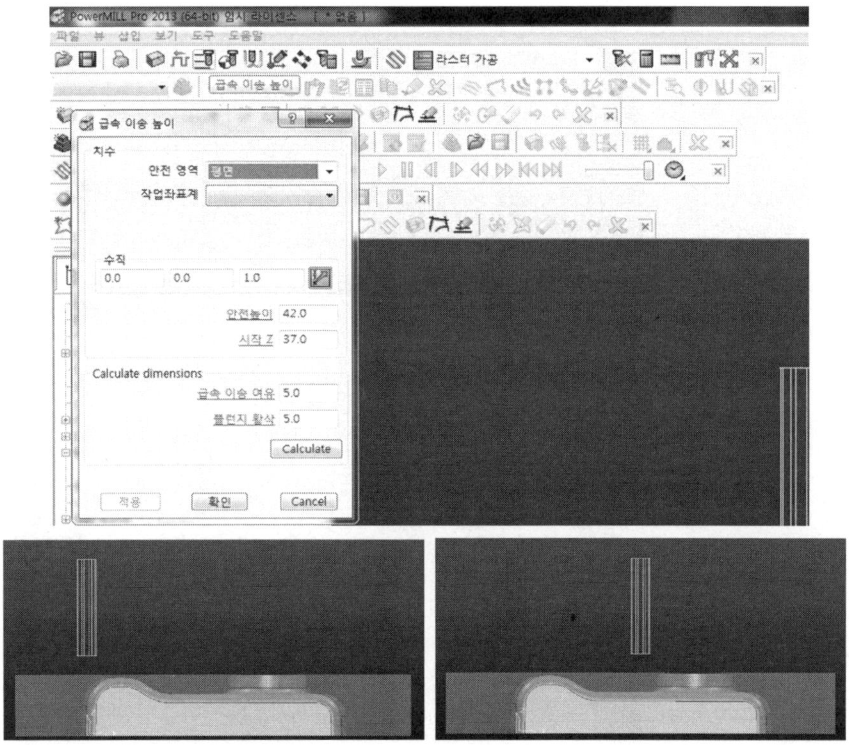


그림 6.17 〈작업 방법 1〉에 의한 안전 높이와 시작 높이의 설정

### ▶ 작업 방법 2

메인 툴바에서 시작과 끝 포인트 설정 → 방법 2가지 중의 하나 설정 → 확인을 누르면 위치에 알맞게 적용된다.

그림 6.18 시작과 끝 포인트 지정 메뉴 창

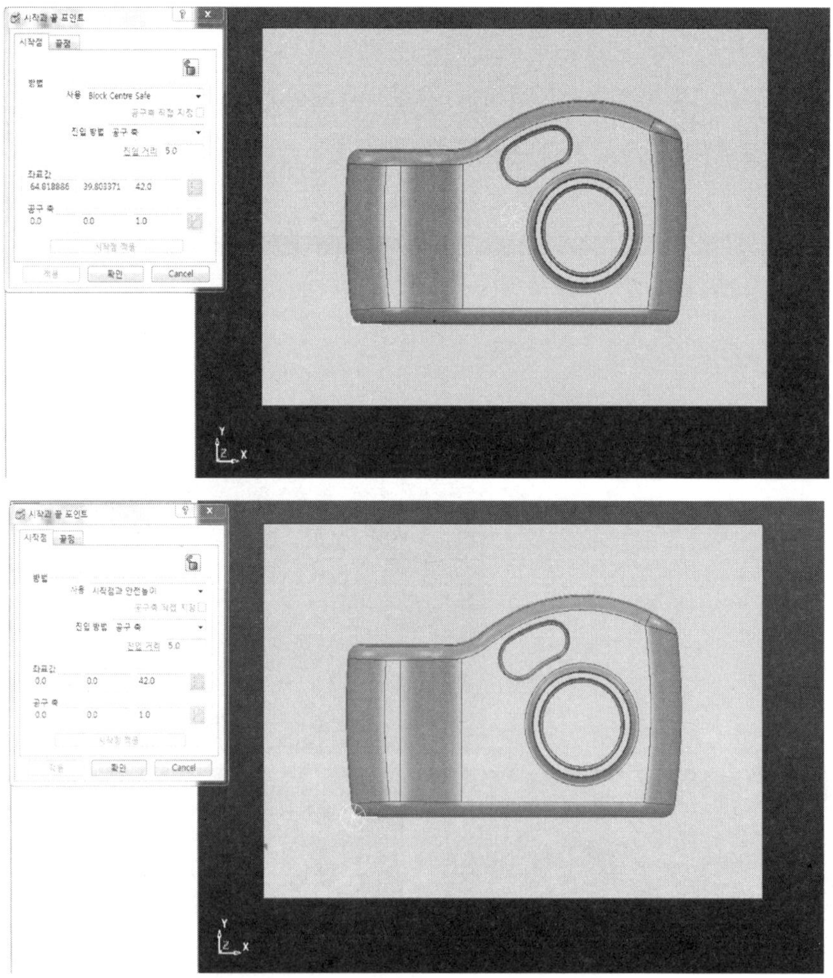


그림 6.19 시작과 끝 포인트의 지정 예시

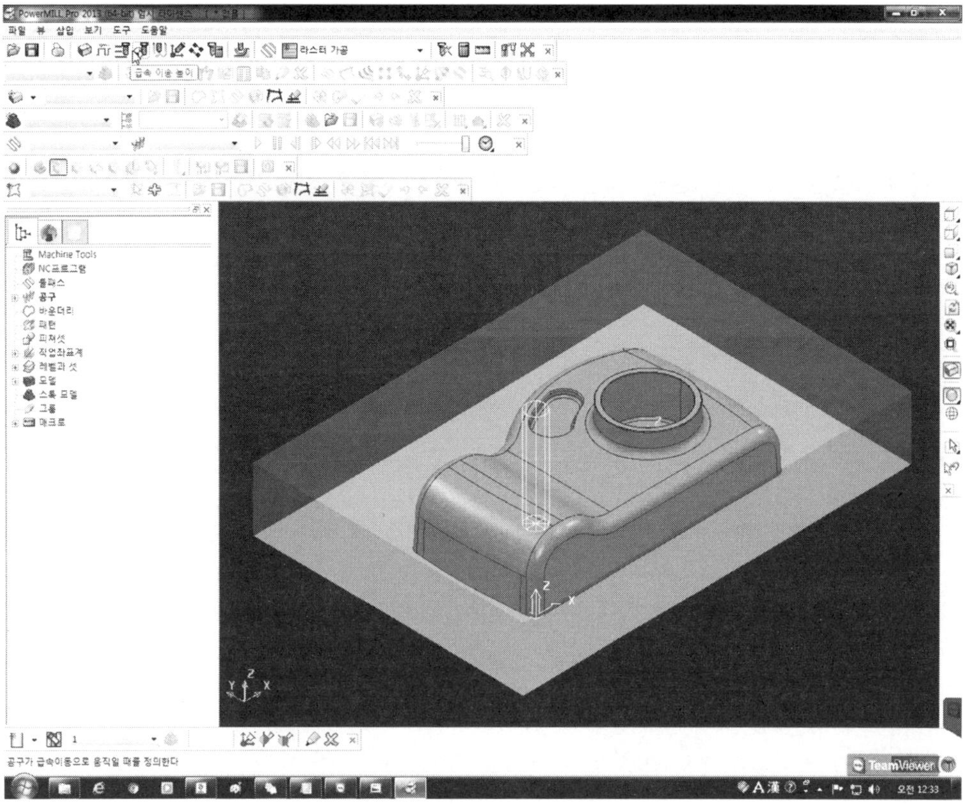

그림 6.20 시작 포인트 지정에 의한 작업 준비 상황

## 복습문제

**01.** CAM 시스템에서 절삭공구 지정 작업 단계에서 〈공구 만들기〉 메뉴를 선택한 후 〈엔드밀〉 공구를 선택하였다. 이때 활성화된 대화창의 작업 탭(Tab)에서 정의할 수 있는 요소가 아닌 것은?

㉮ 섕크(Shank) ㉯ 홀더(Holder)
㉰ 콜렛(Collet) ㉱ 절삭 데이터

→ ㉰

설명 공구 정의 대화창에서 <엔드밀>을 선택하였을 때 작업할 수 있는 탭의 종류로는 생크, 홀더, 홀더 프로파일, 절삭 데이터, 비고 등이 있다. 콜렛은 드릴에서 사용하는 것이므로 여기서 정의할 수 있는 것이 아니다.

**02.** CAM 시스템에서 가공경로의 연결 동작을 설정하는 데에 있어서, 직전에 절삭이 이루어졌던 일정한 높이에서 이송하는 동작을 무엇이라 하는가?

㉮ 트레버스(Traverse) 이송 ㉯ 크로스(Cross) 이송
㉰ 플런지(Plunge) 이송 ㉱ 스킴(Skim) 이송

→ ㉱

설명 절삭이 시작되는 높이로부터 일정한 높이까지 급속이송하는 것은 플런지(Plunge) 이송이라 하며, 직전에 절삭이 이루어졌던 일정한 높이에서 이송하는 것은 스킴(Skim) 이송이라고 한다.

# 07 장

# CAM 황삭 가공과 가공 방식의 지정

일반적으로 PowerMILL의 가공 단계는 그림 7.1과 같이 황삭 가공, 황중삭 가공, 중삭 가공, 황잔삭 가공, 정삭 가공, 잔삭 가공 등을 거치게 된다.

그 첫 번째 단계로 이 단원에서는 CAM 시스템에서 황삭 가공 및 황중삭 가공의 작업을 수행하는 방법과 관련된 가공 파라미터들을 부여하는 기법에 대해 살펴보기로 한다.

CAM 시스템의 황삭 가공 및 황잔삭 가공 단계에서 필요로 하는 가공 전 기본 세팅 방법들을 올바르게 이해하여 적용하도록 익히고, 황삭 가공에서 상향 밀링과 하향 밀링의 기구적인 특징과 절삭성의 차이점을 잘 고려하여 가공 방향을 잘 설정하는 능력을 키우도록 한다. 그리고 모두 옵셋, 라스터 가공, 모델 옵셋, 보텍스 가공 등 각 황삭 가공 스타일의 특장점을 잘 고려하여 가공 경로 산출 시 올바르게 적용하는 능력을 쌓으며, 스텝오버량과 커습 크기와의 상호 관계를 잘 고려하여 합리적이면서도 효율적인 가공 지침의 지정 능력을 길러보도록 한다.

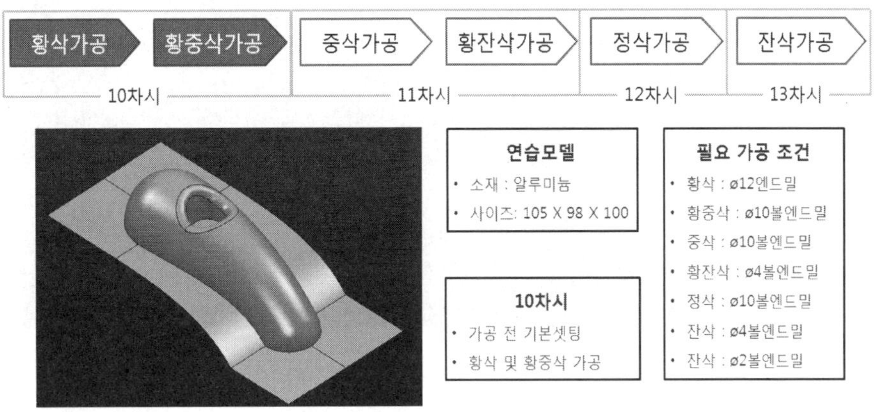


**그림 7.1** PowerMILL 실무 연습 단계와 대상 모델 및 가공 조건

# 7.1 가공 전 기본 세팅

CAM 시스템의 황삭 가공 및 황잔삭 가공 단계에서 우선적으로 필요로 하는 것은 가공 전 기본 세팅이다.

우선 가공 전 기본 세팅으로는 사이즈 105×98×100의 알루미늄 블록을 ϕ12 엔드밀을 정의하여 황삭 가공을 실시하고, 그다음 ϕ10 엔드밀을 정의하여 황중삭을 실시하는 과정을 대상으로 하기로 한다.

블록을 정의하는 방법은 5장에서 알아보았던 절차대로 X, Y, Z 방향의 각각에 대하여 최솟값과 최댓값을 지정하여 설정되는데, 이미 만들어 놓은 모델을 불러오는 경우에는 <계산(calculate)> 버튼을 누르게 되면 불러온 모델의 크기에서 그 값을 자동으로 산출하여 대입이 된다.

한편 공구의 설정에 있어서도 앞에서 알아보았던 절차대로, 그림 7.2와 같이 먼저 공구번호(사용 순서에 따라 혼용 방지를 위하여 필수적으로 입력)를 기재한 다음 지름을 입력하는데, 엔드밀의 경우 길이는 자동적으로 지름의 4배로 계산되어 입력되어 있는데 필요에 따라서는 이를 변경할 수도 있다.

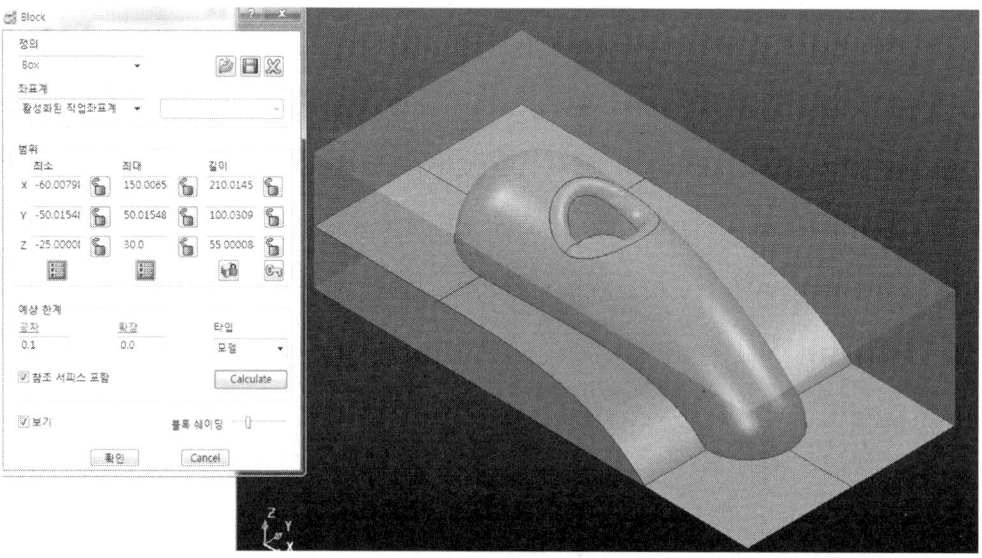


그림 7.2 박스 설정을 통한 블록의 정의

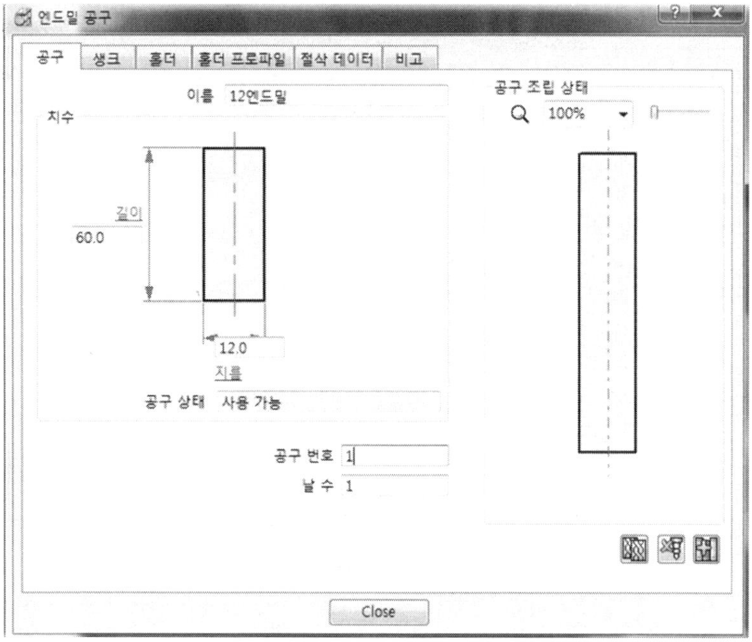


그림 7.3 공구의 정의 방법

## 7.2 황삭 가공

황삭은 일반적으로 정삭 가공을 하기 전에 가공 소재로부터 많은 양의 체적을 한꺼번에 제거하는 작업을 말한다.

파워밀에서는 3D 모델에서 사용하는 황삭 방법을 Model Area Clearance라고 한다. 이는 Area Clearance라고 하는 가공 패턴을 이용하여 황삭 가공을 하는 것이다. **황삭 가공 패턴**은 꼭 황삭 가공만을 위한 가공 방법은 아니며, 때에 따라서는 가공 조건에 정삭 조건을 넣어서 정삭용 **툴패스**(Tool Path)를 산출하는 데에도 사용된다. 또한 2D 소재를 제거하는 방법이 사용되기도 하는데, 이는 사용자가 지정한 Z - 높이로 연속적으로 모델의 윤곽을 가공하는 방법이다. 3D 황삭 가공과 비슷하며 2.5D 황삭(2,5D Area Clearance)을 사용한다. 황삭 가공은 주로 등고선 형식의 가공법이 많이 사용되는데, 일정한 스텝다운(Stepdown) 값을 이용하여 소재의 필요 없는 부분을 효과적으로 제거한다.

황삭 가공을 위해서는 우선 그림 7.4와 같이 **툴패스**를 선택한다. 이를 선택하는 방법으로는 상단 메뉴창에서 툴패스 전략 버튼을 클릭한 다음, 왼쪽 탐색기 영역에서 툴패

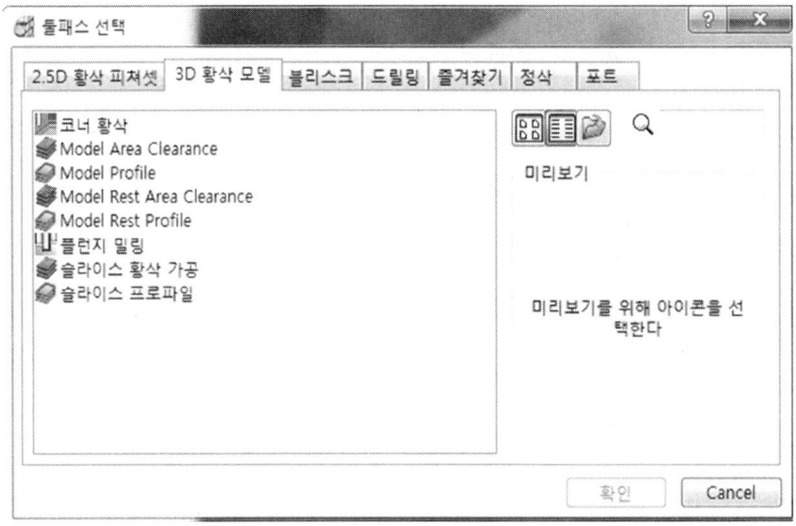


그림 7.4 황삭 툴패스 선택

스 오른쪽을 클릭한 후 툴패스 만들기를 실행한다. 이때에는 황삭을 사용하기 때문에 Model Area Clearance를 사용한다.

황삭을 수행하는 데 필수적인 정의 값은 그림 7.6과 같다.

여기서

• 스타일: 황삭 가공 형태를 나타내는 것으로,
  - 라스터 가공: 형태와 상관없이 직선 중첩가공
  - 모델 옵셋: 모델 형태로 점점 멀어지면서 가공
  - 모두 옵셋: 모델 옵셋과 비슷하나 가공경로를 최소화하며 가공

등이 있으며,

• 가공방식: 엔드밀 가공 방향을 정하는 것으로,
  - Climb: 하향절삭
  - 상향: 상향절삭

• 공차(tolerance): 공구의 공차를 정하여 공구오차의 보상 값을 설정하는 것으로 그림 7.8과 같이 커터의 움직임에 따라 작은 직선 보간 세그먼트의 연결에 따른 가공 공차이다.

- Up-milling
  - 절삭력이 상대적으로 크다.
  - 공구날의 흔적이 가공표면에 남는다.

- Down-milling
  - 공구마모가 상대적으로 적다
  - 깨끗한 가공표면을 얻을 수 있다.

**그림 7.5** 상향 밀링과 하향 밀링의 비교

**그림 7.6** 황삭 가공 파라미터의 지정

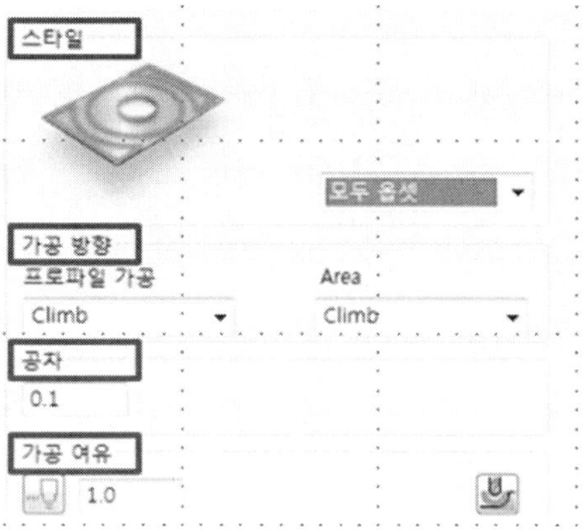


**황삭 가공조건**

- 가공 방법 : 옵셋 황삭
- 공구 : ø12엔드밀
- 가공여유 : 0.6 mm
- 스텝오버 : 5 mm
- 스탭다운 : 1 mm
- 공차 : 0.05mm

**그림 7.7** 황삭 가공 조건의 지정

- 가공 여유: 실제 제품보다 덜 가공하도록 하는 여유 값으로 다듬질 가공을 부드럽게 하기 위한 가공 여유 또는 오버컷이나 언더컷을 고려해서 가공물의 형상에 덧살을 주는 형태로 지정된다.
- 스텝오버: 공구가 한 번 가공하고 다음 가공을 할 때 공구 사이의 거리 값으로, 볼엔드밀의 경우 이 값이 작을수록 커습이 발생하지 않는다.
- 스텝다운: 한 평면의 가공이 완료되고 아래로 내려갈 때 내려가는 거리 값으로 볼

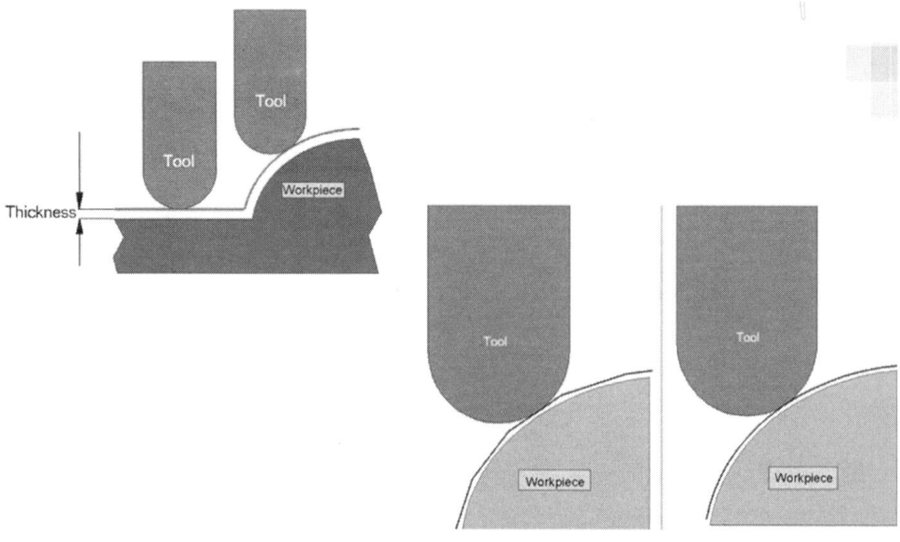


**그림 7.8** 공차와 가공 여유 개념도

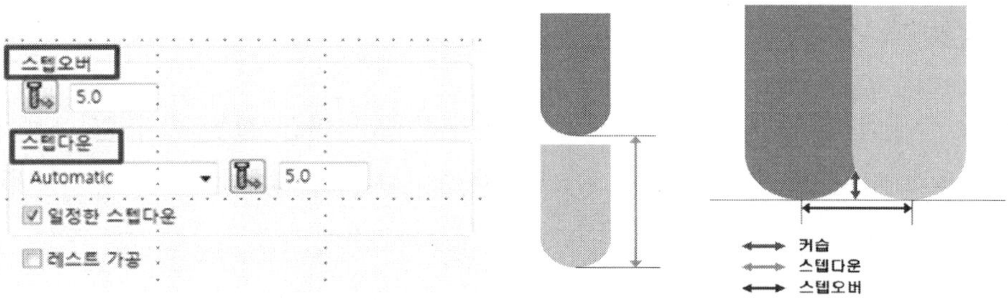


**그림 7.9** 스텝오버와 스텝다운의 정의와 개념

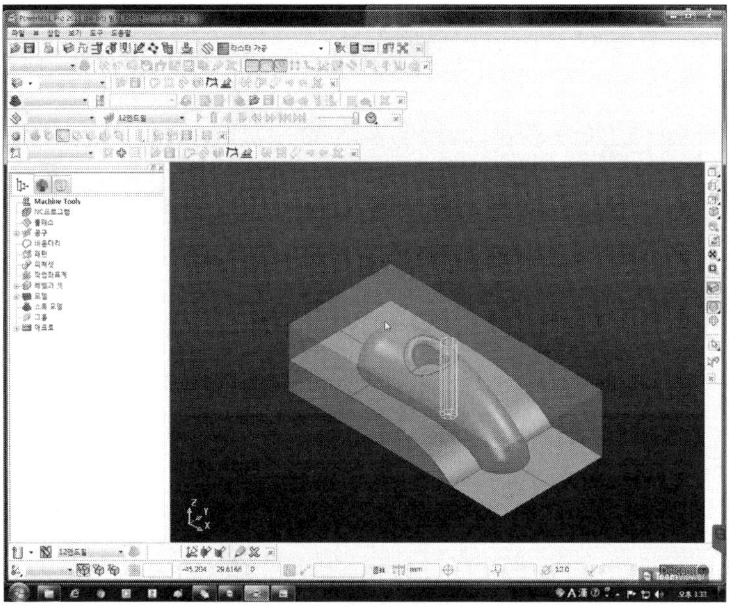

**그림 7.10** 황삭조건 설정과 시뮬레이션

엔드밀의 경우 축방향의 절삭 깊이에 해당한다.

그림 7.10과 같은 황삭 가공 조건에 알맞도록 가공 파라미터들을 모두 설정한 다음에는 <계산> 버튼을 눌러서 실행한다. 가공 과정은 다음과 같은 활성창을 통해서 그 시뮬레이션 과정을 확인할 수 있다.

## 7.3 황중삭 가공

황중삭 가공을 하는 이유는 황삭만 하고 중삭으로 넘어갈 경우 중삭에서 많은 시간이 소요되거나 공구의 무리가 갈 수 있기 때문에 실시한다. 따라서 이를 방지하기 위해 황중삭을 실시하여 남은 잔여량만 가공할 수 있도록 한다.

황중삭을 위해서는 우선 그림 7.11과 같이 툴패스를 선택한다.

황중삭을 위한 필수 정의 값으로는 황삭과 같은 툴패스를 실행한 다음 레스트 가공 체크박스 on을 하고 왼쪽에 잔삭 툴이 생기게 되면, 잔삭 내용을 그림 7.12와 같이 입력하여 실시한다.

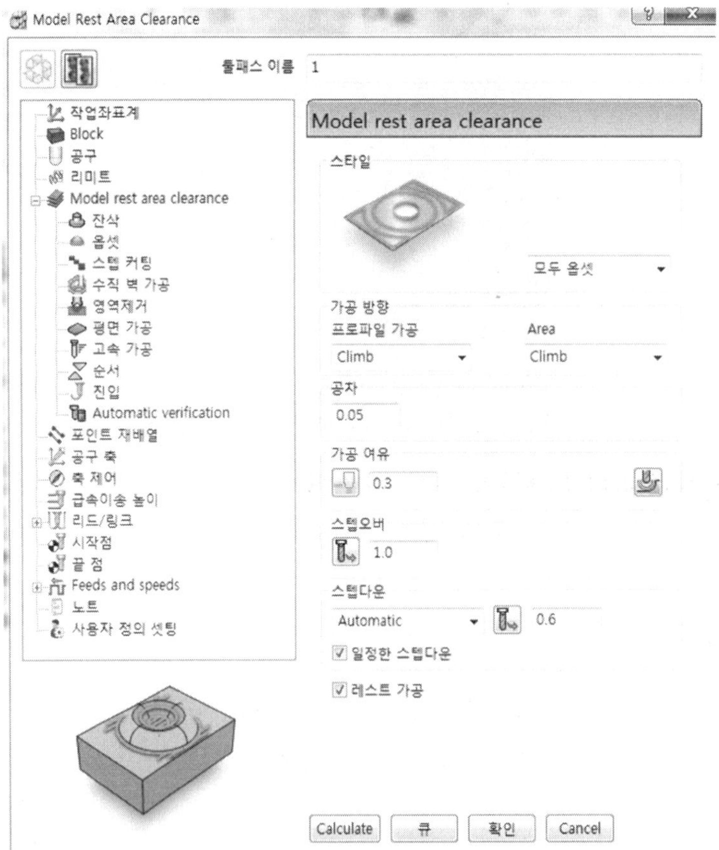


그림 7.11 황중삭 가공 파라미터의 입력

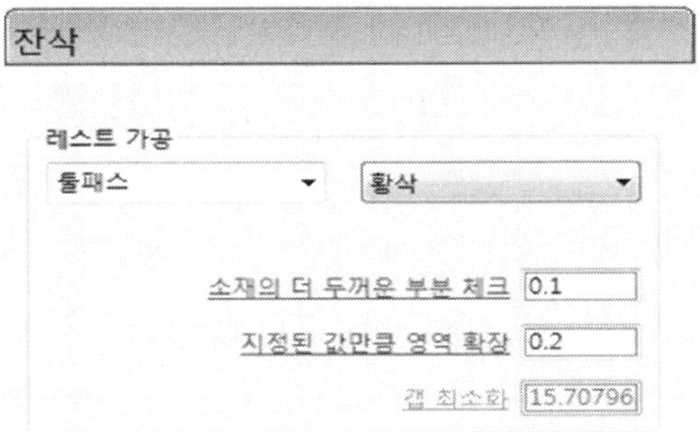


**황중삭 가공조건**

- 가공 방법 : 옵셋 황삭
- 공구 : ø10볼엔드밀
- 가공여유 : 0.3 mm
- 스텝오버 : 1 mm
- 스탭다운 : 0.6 mm
- 공차 : 0.05mm
- **레스트가공 (툴패스)**
- 소재의 더 두꺼운 부분 : 0.1 mm
- 지정된 값만큼 영역 확장 : 0.1 mm

그림 7.12 황중삭 가공 조건 입력

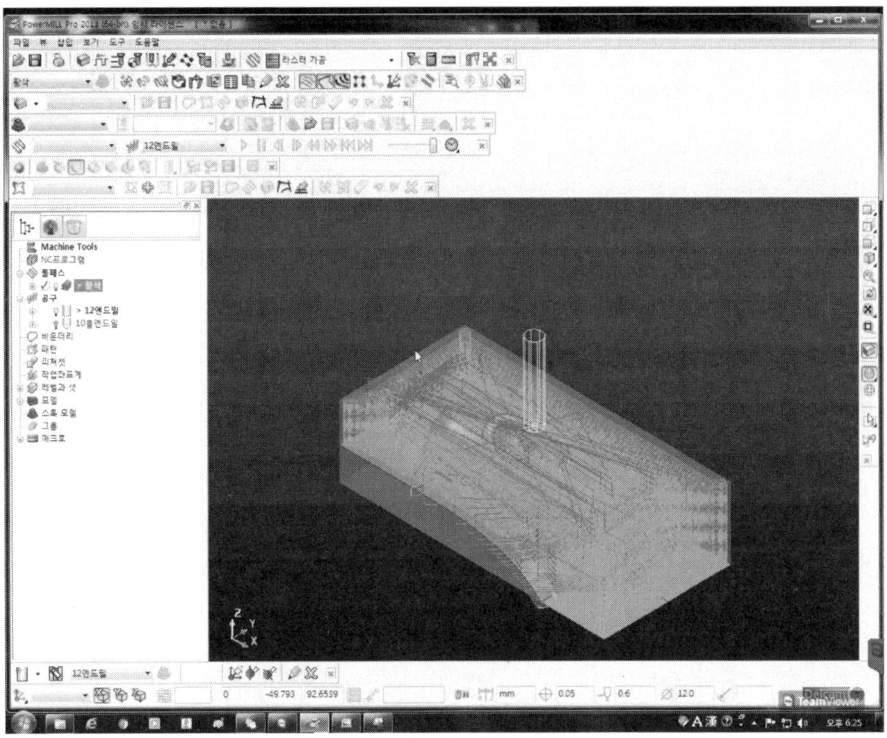

그림 7.13 황중삭 가공 과정의 시뮬레이션

황삭 툴패스의 잔여가공을 이용하는 형식이며, 스톡 모델은 전에 사용한 것을 계속 사용하며 같은 잔여 가공 과정을 시뮬레이션을 통해 육안으로 확인이 가능하다.

한편 이때 흔히 황중삭 가공을 수행할 때 주로 사용하는 툴패스 산출 방법에는 다음과 같은 방법들을 사용한다.

## (1) 모두 옵셋(Offset All) 방법

블록과 부품을 Z 높이로 등고선 형태로 가공하는 방법으로, 메인 툴바에서 <**가공패턴**(Tool Path Strategies)> 선택 후 그림 7.14와 같이 <**3D 황삭 모델**> 탭을 선택하여 지정한다.

그림 7.15와 같이 기본 황삭 툴이 나타난다. 이어서 앞에서와 같은 방법으로

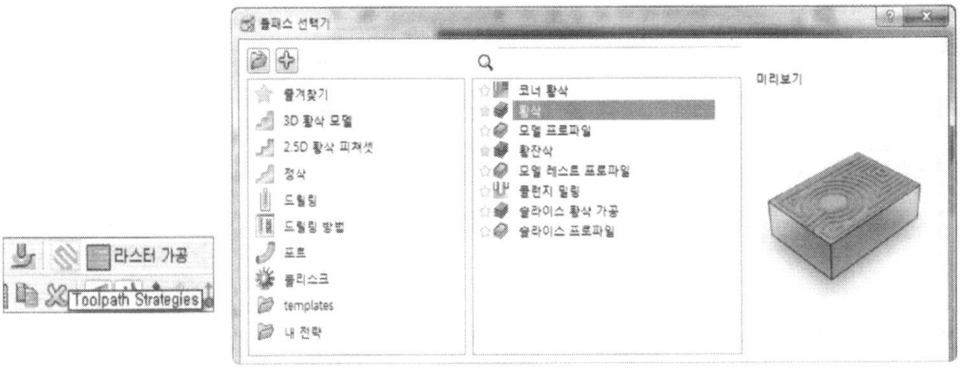


그림 7.14 3D 황삭 모델의 선정

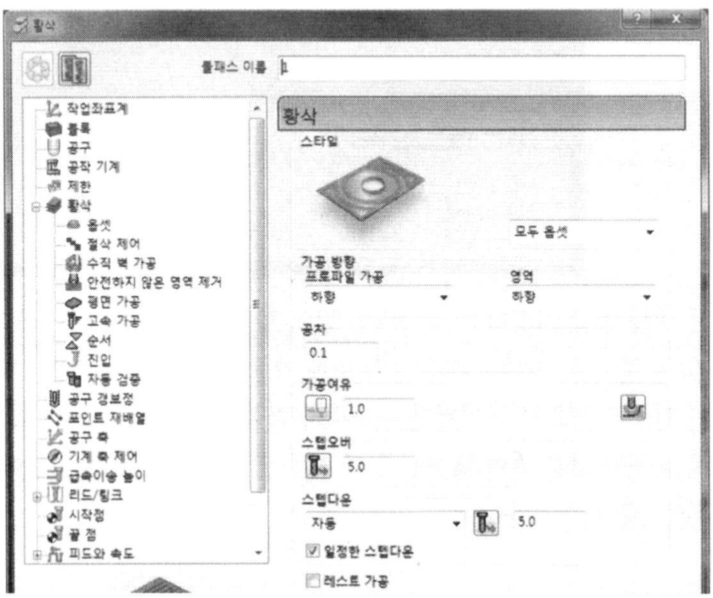


그림 7.15 기본 황삭 툴

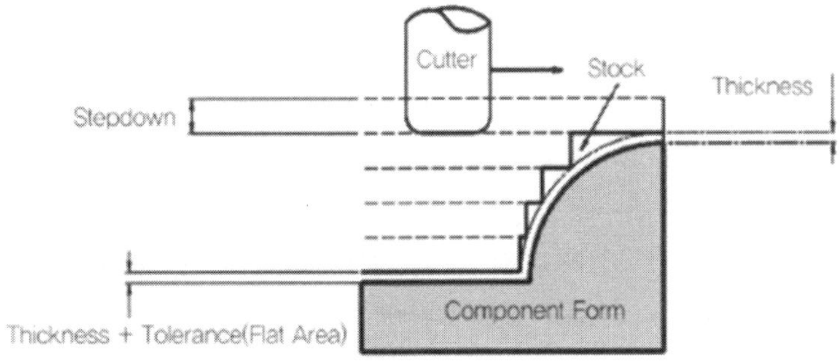


**그림 7.16** 가공 파라미터의 적용 개념

- <**블록 설정**>을 실시하고,
- 아울러 <**공구 설정**>을 실시한 다음
- <**황삭(모두 옵셋)**>을 설정

하는 단계로 진행한다.

이때 입력해야 할 내용은 우선 **툴패스 이름**을 입력하고, 툴패스 스타일은 **모두 옵셋 가공**(Offset All)으로 설정한다.

**가공 방향**은 하향, **공차**는 0.1, **가공여유**(Thickness)는 0.5로 입력하고, **스텝오버**(Step-over)를 26, **스텝다운**(Stepdown)을 10으로 입력한다.

## (2) 라스터 가공(Raster Area Clearance) 방법

툴패스 스타일에서 라스터 가공(Raster Area Clearance)은 활성화된 Z 높이(Z Height)로 가공할 부분을 직선 이동을 따라 교차하면서 가공하는 방법이다.

가공 모델 외형 주위에 일정한 두께로 슬라이스 주위에 프로파일 툴패스를 생성할 수 있다.

작업을 수행하는 단계는

- 우선 <**모델 불러오기**>를 실시한 다음,
- 메인 툴바에서 가공패턴 아이콘을 선택하고
- 여기서 <**3D 황삭 모델**>을 선택

한다. 이어서 블록 설정과 공구 설정을 마친 다음, <**황삭(라스터 가공) 설정**>을 실시하는데, 이때 위에서와 마찬가지로 **이름**, **황삭 스타일**, **가공여유**, **스텝오버**, **스텝다운**, **고정**

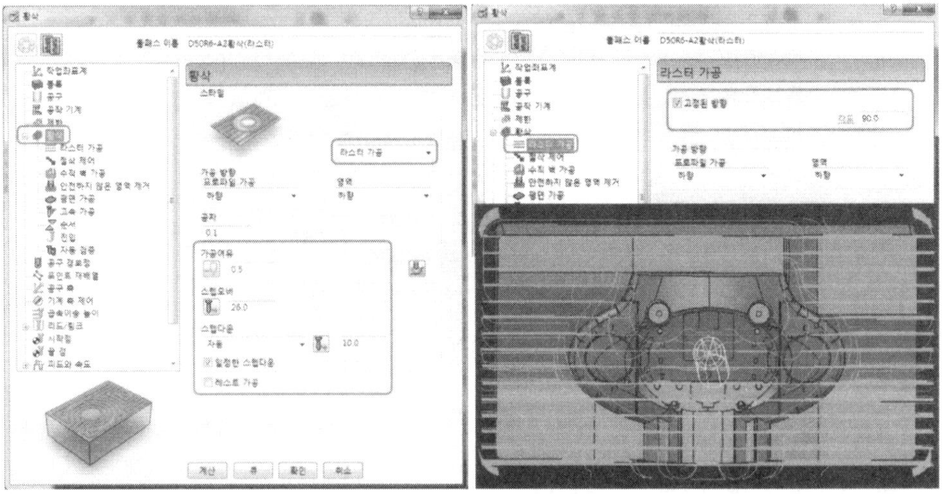

그림 7.17 라스터 가공 방법

**된 방향**에서의 각도 등을 입력하고 **계산**과 **닫힘**을 누르면 그림 7.17과 같은 화면이 실행된다.

## (3) 모델 옵셋(Offset model) 방법

황삭 가공의 첫 단계에서는 보통 가급적 큰 공구를 이용하여 효율적으로 소재를 제거하는 가공 방법을 쓴다. 이에 **모델 옵셋(Offset model) 방법**에서는 첫 단계에서는 큰 공구를 이용하여 가공하고, 큰 공구로 가공할 수 없는 포켓이나 코너를 작은 공구를 사용하여 2차적으로 가공하는 방법이다.

위에서와 마찬가지로

- <**모델 불러오기**>와 <**블록 설정**> 단계를 거쳐서
- <**황삭 가공 설정**>,
- <**공구 설정**>

등을 진행한다.

그런 다음 <황삭(모델 옵셋) 설정>을 실시하는데, 이때 **이름**, **황삭 스타일**, **가공여유**, **스텝오버**, **스텝다운**, **옵셋 값**으로 **스파이럴**, **커습 제거**, **작은 부분 먼저 가공** 등을 입력하고 **계산**과 **닫힘**을 누르면 그림 7.18의 화면이 실행된다.

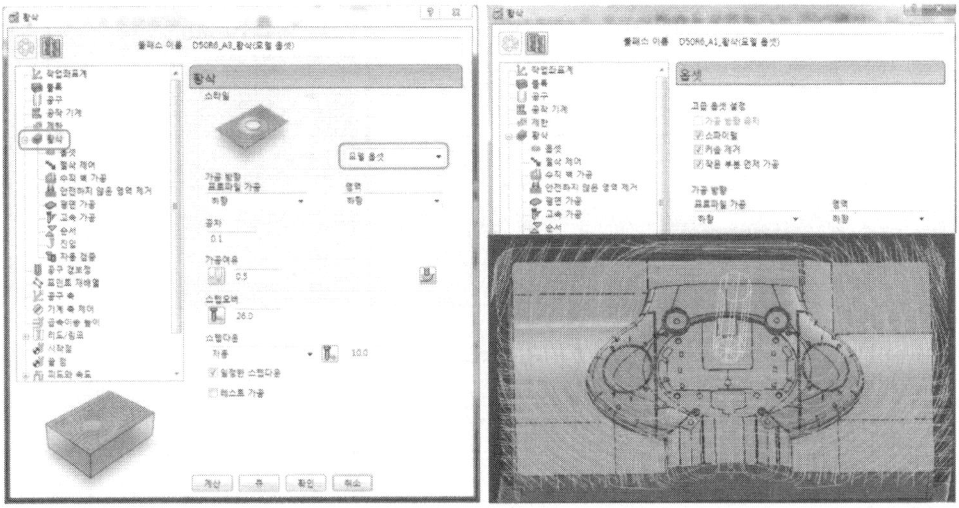

그림 7.18 모델 옵셋 방법

## (4) 보텍스(Vortex) 가공 방법

보텍스 가공 방법은 절삭 공구의 접촉각을 일정하게 유지하여 가공 깊이를 공구직경의 3배까지 사용함으로써, 가공시간을 획기적으로 단축하고 공구수명도 극대화시키는 가공 방법이다.

위에서와 마찬가지로

- <**모델 불러오기**>와
- <**블록 설정**> 단계를 거쳐서
- <**황삭 가공 설정**>,
- <**공구 설정**>

등을 진행한 다음 <**황삭(모델 옵셋) 설정**>을 실시하는데, 이때

- **이름**
- **황삭 스타일(보텍스로 설정)**
- **가공여유**
- **스텝오버**
- **스텝다운**

을 입력한다. 여기서 보텍스는 스텝오버 최댓값을 공구 지름의 1/2만 지정할 수 있다.

그림 7.19 보텍스 가공 방법의 적용 사례

그런 다음 **보텍스 페이지**에서

- **최소 반지름을 3.0으로 입력하고,**
- **평면가공 페이지에서 평면가공을 Off로 설정한 후,**
- **계산**과 **닫힘**

을 누르면 그림 7.19의 화면이 실행된다.

## 7.4 바운더리 설정

**바운더리(Boundary)**는 가공 영역의 설정을 목적으로 하는 하나 또는 여러 개의 닫힌 커브로 형성된 영역이다. 가공 영역은 **블록(Block)**으로 설정이 가능하지만, 블록으로 설정한 가공 영역 내에서 형상에 따라 각기 다른 가공 패턴을 적용할 필요가 있을 때는 주로 **바운더리(Boundary)**를 사용한다. 또한 바운더리는 패턴으로 변경할 수 있으며, 패턴, 툴패스도 바운더리로 변경할 수 있기도 하다.

바운더리는 앞서 설명된 것처럼 닫혀 있어야만 하며 안쪽과 바깥쪽을 선택하여 원하는 부분만 가공에 이용할 수 있다.

그리고 파워밀의 모든 가공 패턴은 바운더리를 이용하여 툴패스를 만들 수 있다. 바운더리는 프로젝트에 저장되고 파워밀 탐색기에서 쉽게 선택할 수 있다.

바운더리를 만드는 방법은 우선 파워밀 탐색기에서

- <**바운더리**>를 선택하고 오른쪽 마우스 버튼을 클릭하여
- 팝업 메뉴에서 <**바운더리 만들기**> 또는 <**툴바**>를 선택하여 만들 수 있다.

즉, <쉘로우 바운더리>의 예시를 통해서 알아보면, 우선 **바운더리 오른쪽 클릭** → <**바운더리 만들기**> → <**쉘로우 바운더리**>를 단계적으로 선택한다.

**바운더리 조건**

- 바운더리 : 쉘로우 바운더리
- 최고각도 : 27
- 최저각도 : 0
- 공차 : 0.01 mm
- 가공여유 : 0 mm
- 참조공구 : ø10 볼엔드밀
- 공구 : ø10 볼엔드밀

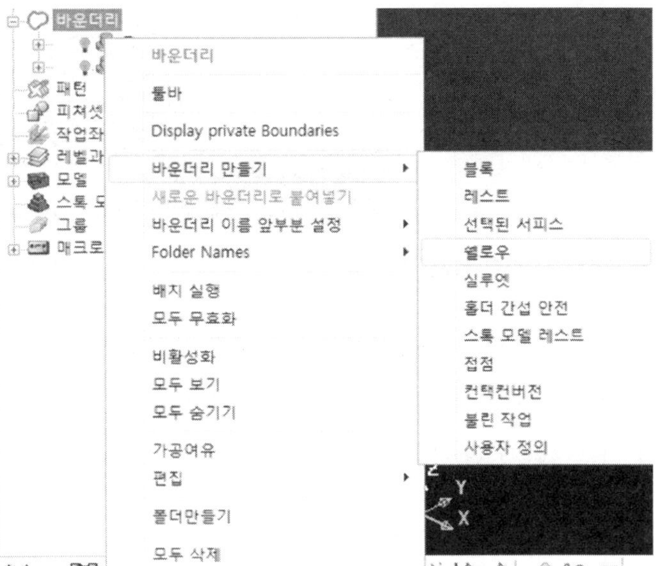


그림 7.20 바운더리 만들기 모드의 설정

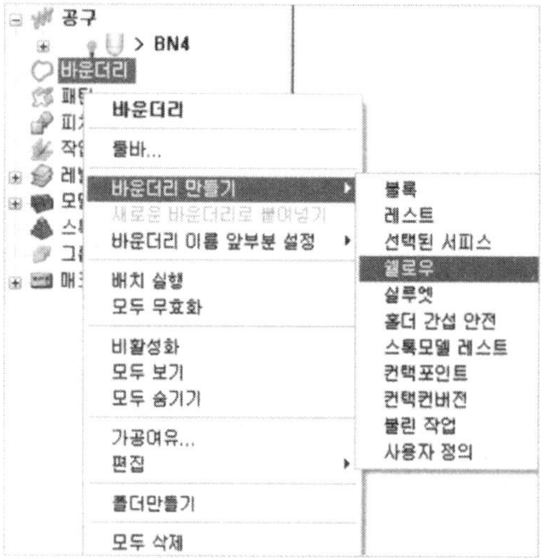


그림 7.21 쉘로우 바운더리의 지정

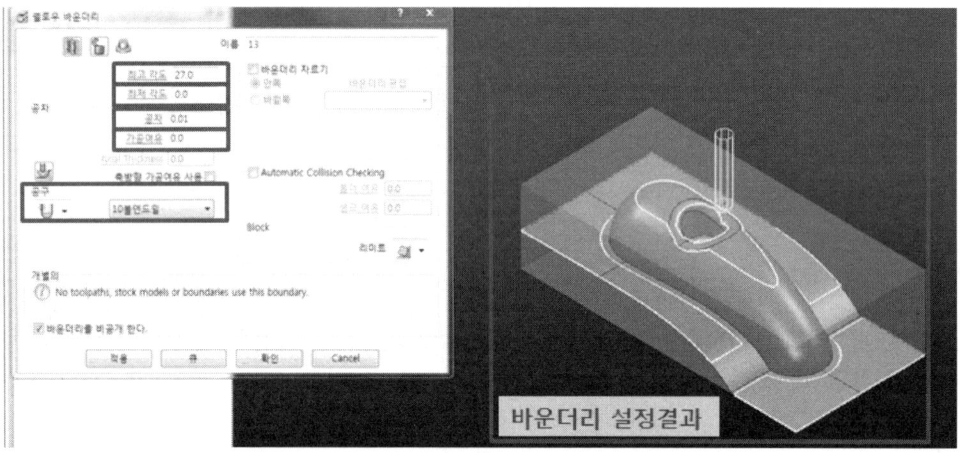


그림 7.22 바운더리 값의 설정 방법과 바운더리의 선정 결과

그런 다음에는 다음과 같이 **바운더리 값** <**수치**> 입력과 <**공구**> 선택 후 <**적용**>을 선택하게 되는데, 이를 실행하게 되면 그 면의 흰 실선으로 적용된 바운더리가 표현되면서 바운더리가 완성된다.

### (1) 바운더리 생성 종류

바운더리를 설정하는 바운더리의 종류에는 그림 7.23과 같이 블록, 레스트, 선택된 서피스, 쉘로우, 실루엣, 홀더 간섭 안전, 스톡 모델 레스트, 접점, 컨택 컨버전, 불린 작업, 사용자 정의 등을 이용할 수 있다.

한편, 이들 바운더리를 생성하는 과정에서 사용되는 툴바의 종류에는 그림 7.24와 같이 파일을 불러서 바운더리를 생성하는 것부터 바운더리의 변환 및 편집 등에 해당하는 다양한 기능들을 적절하게 사용할 수 있다.

### (2) 블록 바운더리(Block Boundary)

설정된 **블록**(Block)의 외곽라인을 따라서 바운더리를 만드는 방법이다. 먼저 <파일> → <모두 삭제>, <도구> → <모든 폼 초기화>를 클릭하여 초기화시킨다. 그러고 나서, 그림 7.25와 같이 우선 메인 툴바에서 <**블록**> 아이콘을 클릭하면, <**블록 창**>이 나타난다. 이때 <**계산**(Calculate)>을 클릭하는데, 다른 값은 변경 없이 X **최댓값만** 0으로 설정하고 <**확인**(Accept)>을 클릭하여 블록 폼을 닫는다.

그런 다음 바운더리 아이콘에서 <**블록 바운더리**(Block Boundary)>를 선택하면 다음의 폼이 생성되는데, 여기서 <**적용**(Apply)>을 클릭하고 <**확인**(Accept)>을 누른다.

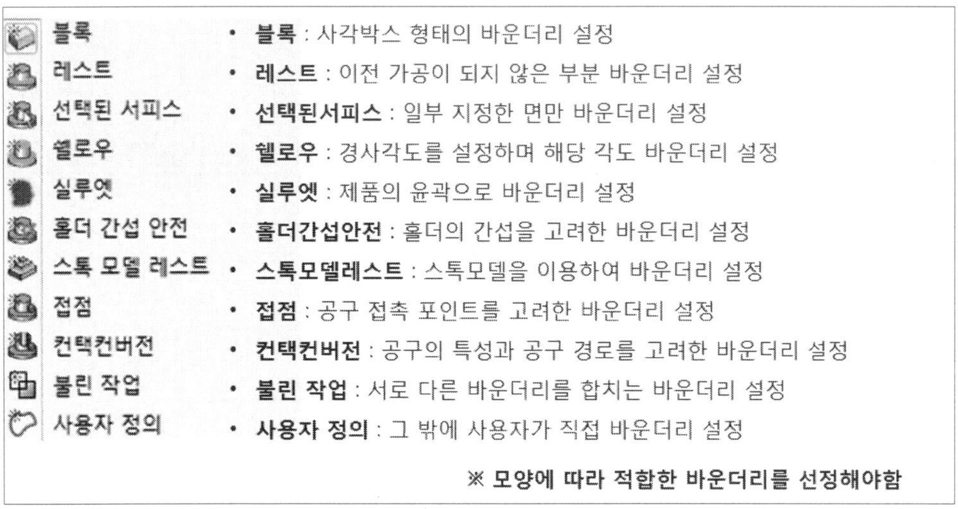


그림 7.23 바운더리의 생성 종류와 용도

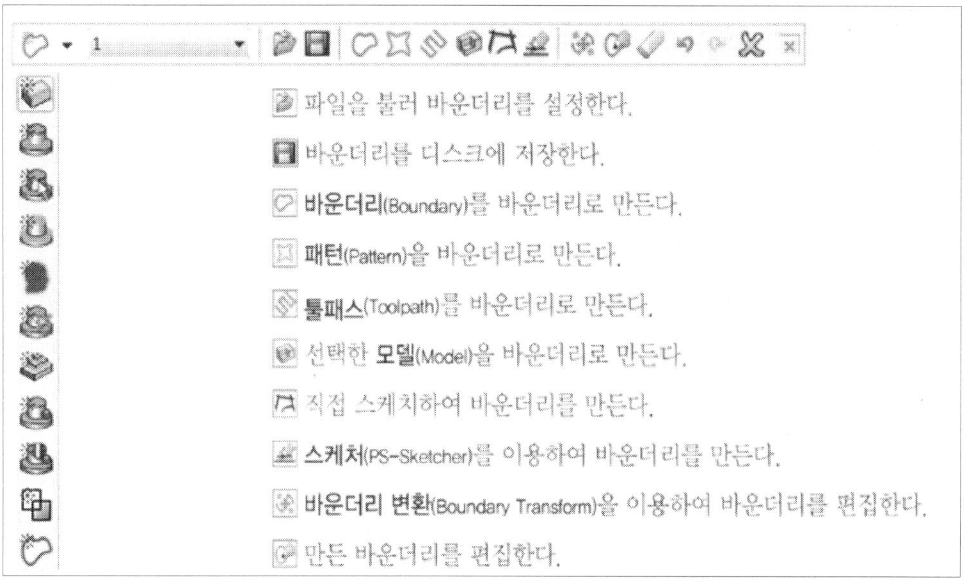


그림 7.24 바운더리의 설정을 위한 툴바의 종류

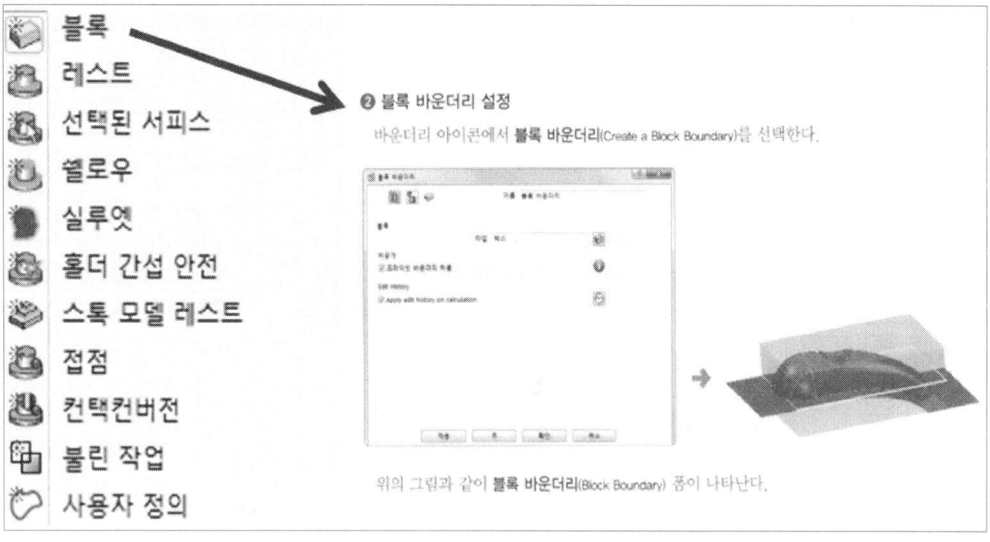


그림 7.25 블록 바운더리의 설정 방법

## (3) 레스트 바운더리(Rest Boundary)

전에 마지막으로 가공에 사용된 참조 공구(Reference Tool)가 미처 가공하지 못한 영역(코너, 홈 등의 미절삭 체적)을 바운더리로 만드는 방법이다.

먼저 공구 만들기를 통해 <**볼엔드밀**(Ball Nosed)> 공구를 전에 사용한 것 하나와 현재 사용할 것 하나를 만들어 놓는다. 그런 다음 블록 정의를 박스로 정의한다.

그러고 나서, 그림 7.26과 같이 바운더리 아이콘에서

- <**레스트 바운더리**>를 선택하면 다음의 폼이 생성되는데,

여기서 <**지정된 값만큼 영역 확장**(Expended Area By)>을 0, 현재 **공구**, **참조 공구**를 지정하여 <**적용**(Apply)>을 클릭하고 <**확인**(Accept)>을 누른다.

## (4) 선택된 서피스 바운더리(Selected Surface Boundary)

선택된 서피스만을 바운더리로 만드는 방법이다. 이 바운더리는 단순히 선택한 서피스를 바운더리로 만드는 것이 아니고, 선택한 서피스를 제외한 인접한 서피스에는 전혀 접촉이 없는 바운더리를 만드는 방법이다. 즉, 선택된 서피스들에 대해 공구의 반경값만큼을 뺀 바운더리를 만드는 방법이다.

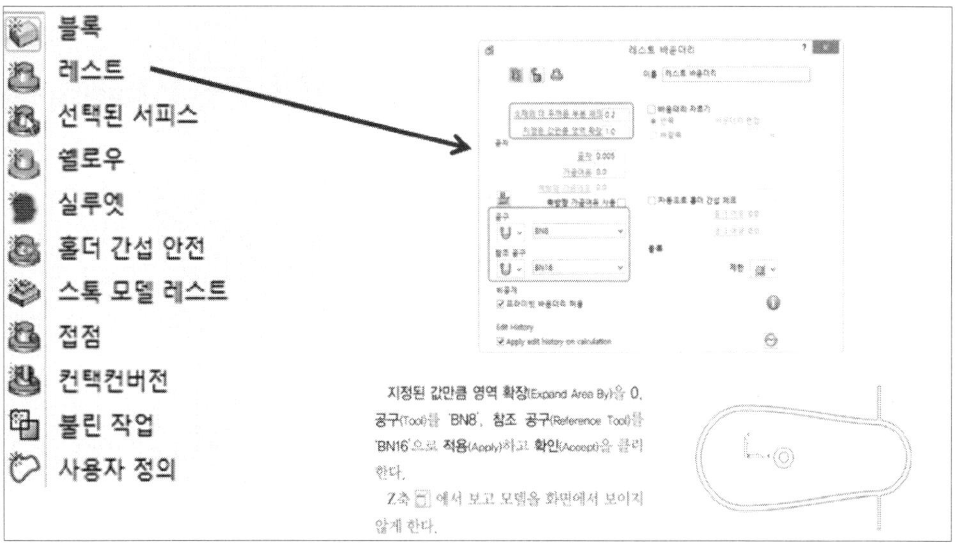


그림 7.26 레스트 바운더리의 설정

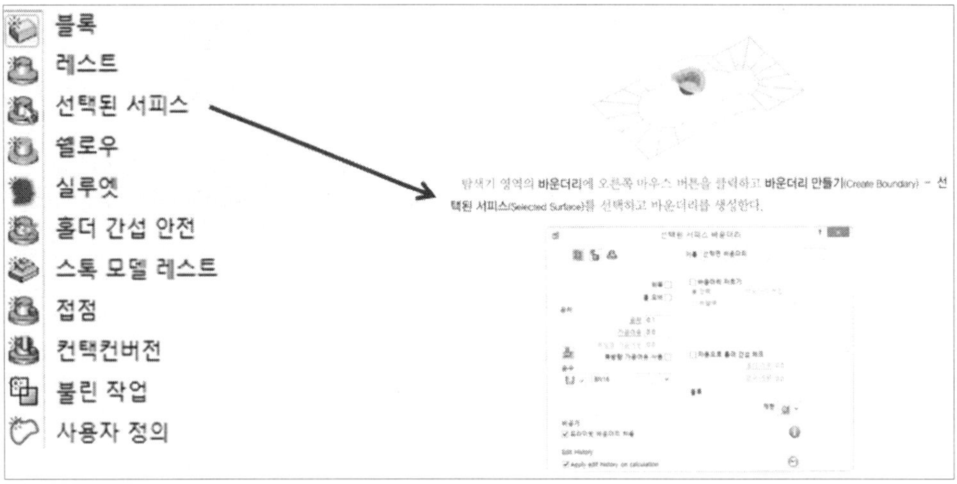


그림 7.27 선택된 서비스의 설정

먼저 블록 정의 옵션을 <**박스(Box)**>로 설정한다.

공구 만들기를 통해 <**볼엔드밀(Ball Nosed)**> 공구를 만들어 놓는다. 그런 다음 그림 7.27에 보이는 것처럼 필렛면과 포켓 형상의 **서피스 면을 선택**한다.

그러고 나서, 탐색기 영역의 <바운더리>에 오른쪽 마우스 버튼을 클릭하고, 팝업 메뉴에서

- <**바운더리 만들기**(Create Boundary)>
- **선택된 서피스**(Selected Surface)>

를 선택하면 다음의 폼이 생성되는데, 여기서 <**적용(Apply)**>을 클릭하고 <**확인**(Accept)>을 누르게 되면 바운더리가 생성된다.

## (5) 쉘로우 바운더리(Shallow Boundary)

최고 각도(Upper angle)와 최저 각도(Lower Angle)를 지정하여, 모델에서 두 각도 사이를 만족하는 영역을 바운더리로 만드는 방법이다.

먼저 블록 정의 옵션을 <**최대/최소**(Max/Min Limits)>로 설정한다. 공구 만들기를 통해 <**볼엔드밀**(Ball Nosed)> 공구를 만들어 놓은 다음, 바운더리 툴바에서 <**쉘로우 바운더리**(Shallow Boundary)>를 선택하면 다음과 같은 폼이 생성되는데, 여기서 <**최저 각도**>를 0으로 <**최고 각도**>를 30으로 하는 등의 값을 입력한 후, <**적용(Apply)**>을 클릭

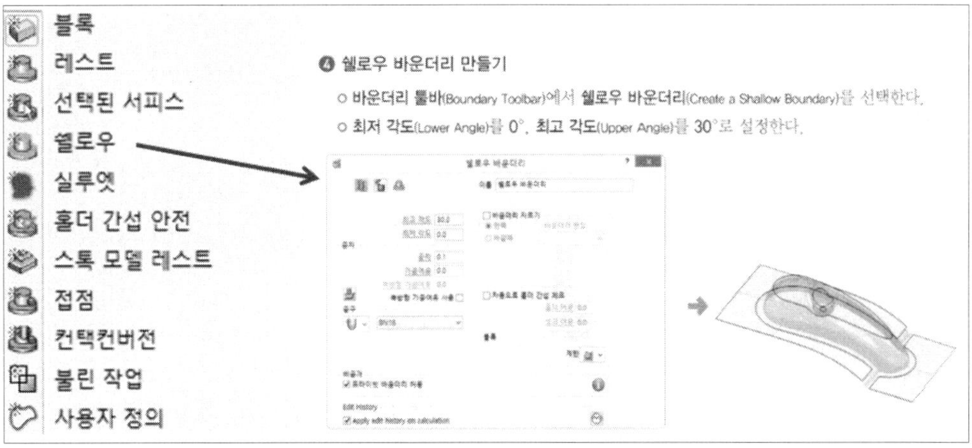


그림 7.28 쉘로우 바운더리의 설정

하고 <**확인**(Accept)>을 누르게 되면 그림 7.28과 같은 바운더리가 생성된다.

## (6) 실루엣 바운더리(Silhouette Boundary)

선택한 모델의 윤곽라인을 바운더리로 만드는 방법이다. 먼저 모델에서 **서피스**를 선택한다. 이는 모델 그래픽 영역에서 오른쪽 마우스 버튼을 클릭하고 <**편집**(Edit) - **선택된 성분 삭제**(Delete Selected Components)>를 선택한다. 이때 선택한 서피스는 지워진다. 그런 다음 탐색기 영역의 <바운더리>에 오른쪽 마우스 버튼을 클릭하고, 팝업 메뉴에서 <**바운더리 만들기**(Create Boundary) - **실루엣**(Silhouette)>을 선택하면 다음의 폼이 생성되는데, 여기서 <**적용**(Apply)>을 클릭하고 <**확인**(Accept)>을 누르게 되면 바운더리가 생성된다.

## (7) 사용자 정의 바운더리(User Defined Boundary)

여러 포인트를 직접 입력하여 바운더리를 만드는 방법으로, 마우스를 이용하여 원하는 지점을 연속적으로 클릭하거나 좌표를 입력하는 방법이 있다.

먼저 블록 정의 옵션을 <**박스**(Box)>로 설정한다. 공구 만들기를 통해 <**볼엔드밀**(Ball Nosed)> 공구를 만들어 놓는다. 그러고 나서, <**바운더리 툴바**>에서 <**사용자 정의 바운더리**>를 클릭한 후 모델 중간의 필렛면과 포켓면을 선택한다.

그런 다음, 탐색기 영역의 <**바운더리**>에 오른쪽 마우스 버튼을 클릭하고, 팝업 메뉴에서 <**바운더리 만들기(Create Boundary) - 사용자 정의(User Defined)**>를 선택하고, <**사용자 정의 바운더리**> 창에서 <**모델**> 아이콘을 선택한다.

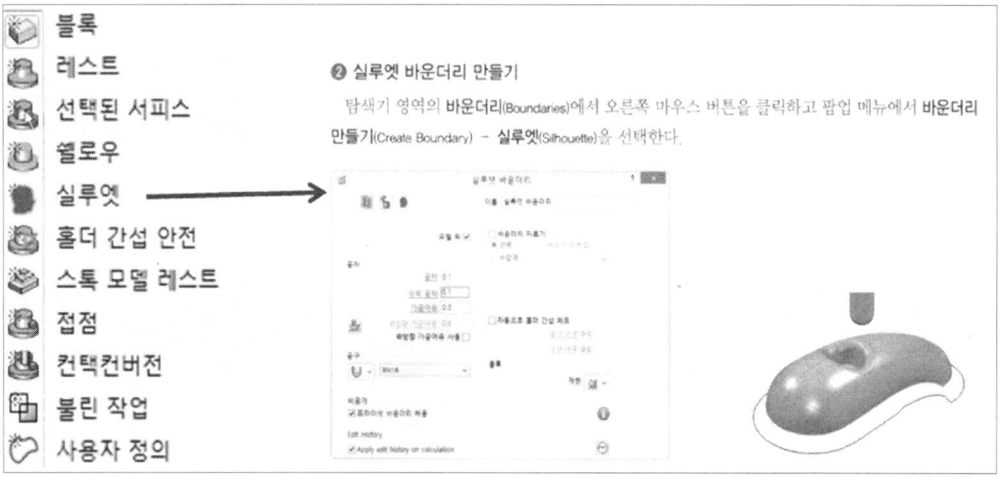


그림 7.29 실루엣 바운더리의 설정

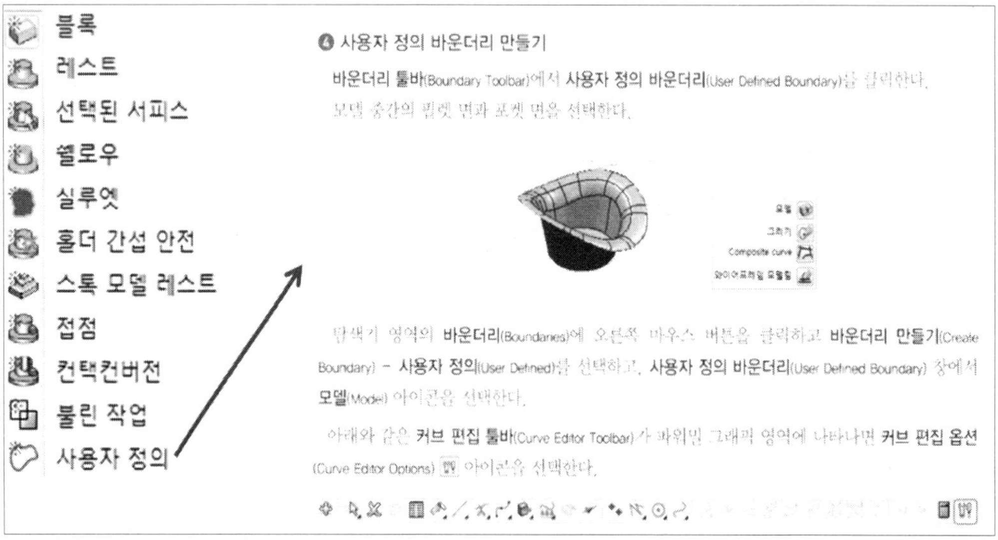


그림 7.30 사용자 바운더리의 설정

# 7.5 리드(Leads)와 링크(Links) 설정

PowerMILL에서는 툴패스의 진입/진출을 수정하는 기능을 가지고 있다.

그리고 다양한 방법으로 툴패스 사이의 링크(연결)를 수정할 수도 있다. 이러한 기능을 사용하는 옵션들은 **리그/링크**(Leads and Link) **폼**에 있다.

제품의 가공 표면을 좋게 하고 가공 시간을 단축시키는 데에 큰 역할을 한다.

**리드/링크**는 메인 툴바의 아이콘을 눌러서 선택할 수 있으며, 각각의 **가공 폼**(Combined Finishing)에 있는 아이콘을 눌러서 선택할 수도 있다.

## (1) 리드인과 리드아웃

**리드인**(Lead in)은 공구 진입 시의 방법을 지정하고, **리드아웃**(Lead out)은 공구 진출 시의 방법을 지정할 수 있다.

**리드인**과 **리드아웃**을 지정하는 방법에는 **없음**(None), **수직 원호**(Vertical Arc), **수평 원호**(Horizontal Arc), **수직 원호 왼쪽**(Vertical Arc Left), **수평 원호 오른쪽**(Horizontal Arc Right), **연장된 이동**(Extended Move), **박스**(Box), **직선**(Straight), **램프**(Ramp), **포켓 중심** 등의 형식이 있다.

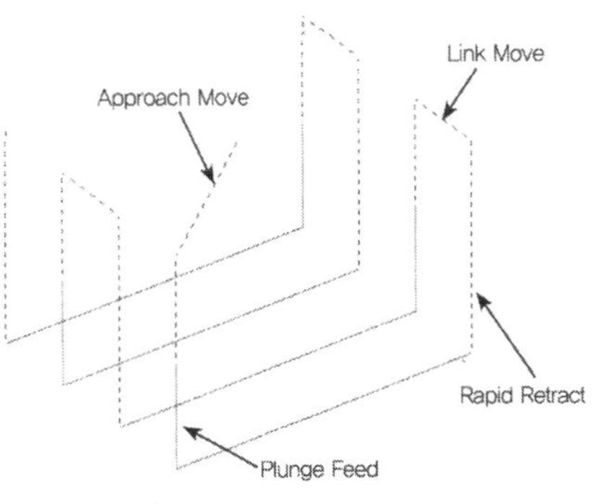


[리드와 링크 초기 설정]

그림 7.31 리드와 링크의 초기 설정

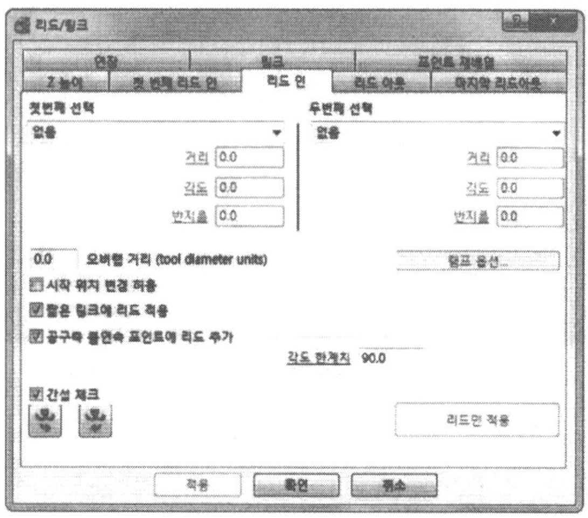


그림 7.32 링크 탭의 지정

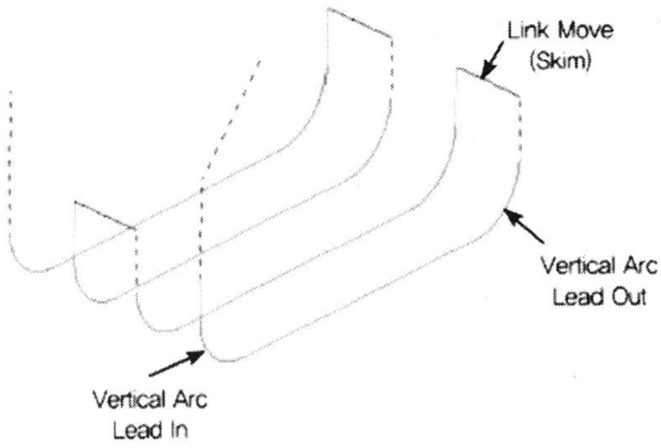


그림 7.33 리드인과 리드아웃, 링크 개념

리드와 **링크**는 **과절삭**(Gauge) 체크가 되어야 하며, **과절삭 체크**(Gauge Check)가 기본값으로 체크되어 있다.

리드인과 리드아웃의 방법에는 우선적으로 **첫 번째 선택**(1st Choice)이 적용되고 이 방법이 적합하지 않으면 **두 번째 선택**(2nd Choice)이 적용된다. 그리고 두 가지 방법이 모두 적합하지 않으면 **없음**(None)으로 적용된다.

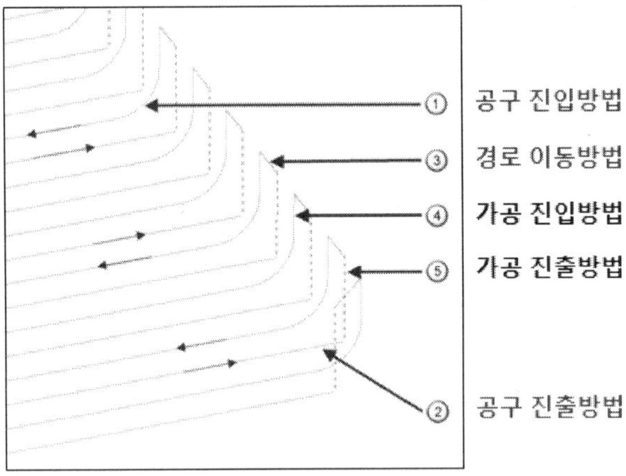


그림 7.34 경로의 진입과 진출 방법

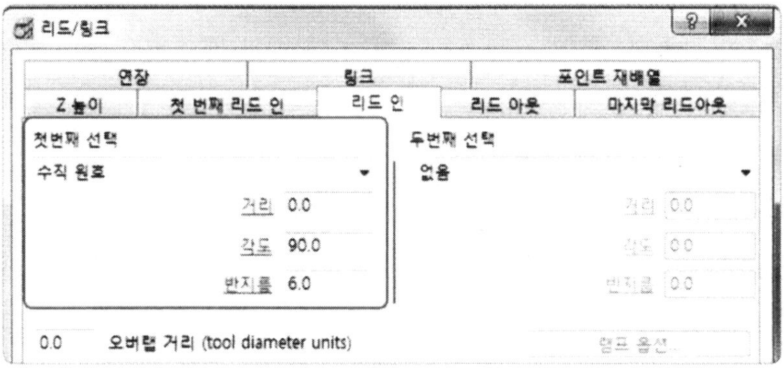


그림 7.35 리드인과 리드아웃을 지정하는 방법에 따른 차이

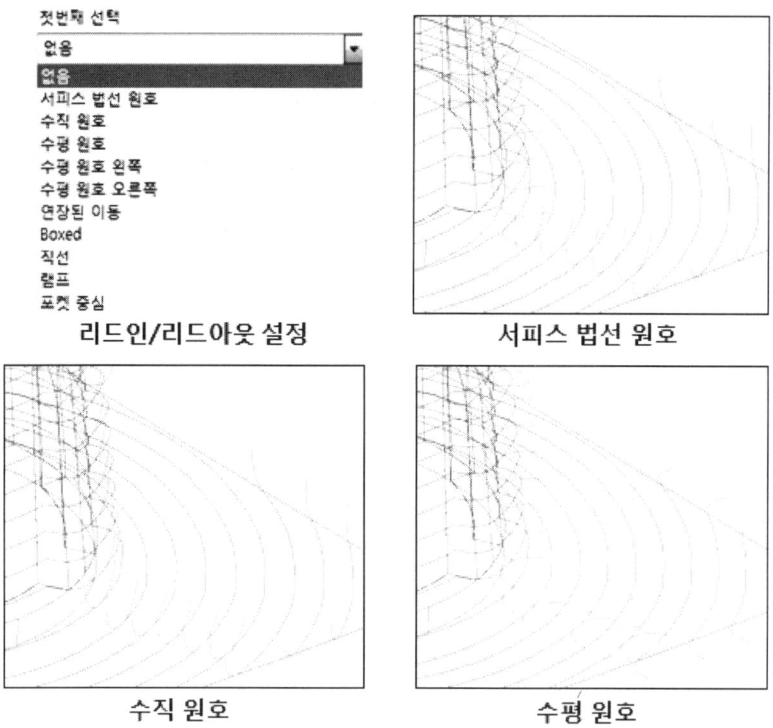


그림 7.36 리드인/리드아웃이 실제의 툴패스에 적용된 사례

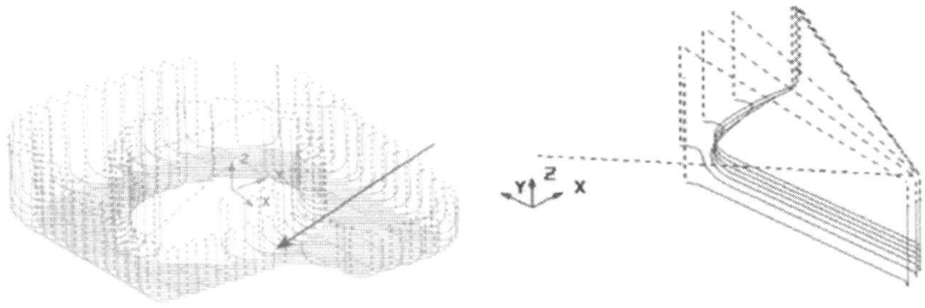

그림 7.37 리드인/리드아웃이 적용된 실제 툴패스

## (2) 링크

툴패스 사이를 공구가 효과적으로 이동하기 위해 연결하는 방법으로서 아래와 같은 다양한 방법을 적용시킬 수 있다.

- **짧은/긴 구분**(Short/Long Threshold): 툴패스에서 다음 가공까지 움직이는 거리 값을 적용하여 **짧은**(Short)과 **긴**(Long)의 두 가지 방법으로 나눌 수 있다. 설정된 값보다 링크의 길이가 짧으면 **짧은**(Short), 길면 **긴**(Long)에서 설정한 값이 적용된다.
- **짧은**(Short) 경우: **안전 높이**(Safe Z), **증분**(Incremental), **스킴**(Skim), **면 위로**(On Surface), **스텝다운**(Stepdown), **직선**(Straight), **원 및 원호**(Circular Arc)가 있다.
- **긴**(Long) 경우: **안전 높이**(Safe Z), **증분**(Incremental), **스킴**(Skim) 방법이 있다.
- **초깃값**(Default) 경우: 툴패스의 시작점과 끝점에만 적용된다. **안전 높이**(Safe Z), **증분**(Incremental) 방법이 있다.

여기서 각각의 설정 방법은

- **안전 높이**: 안전평면까지 띄움
- **증분**: 플런지 거리를 짧게 해서 안전거리까지 띄움
- **스킴**: 모델 위로 스킴 위치까지 띄움
- **면 위로**: 링크가 뜨지 않음
- **스텝다운**: 툴패스 사이의 링크 연결이 계단 형태

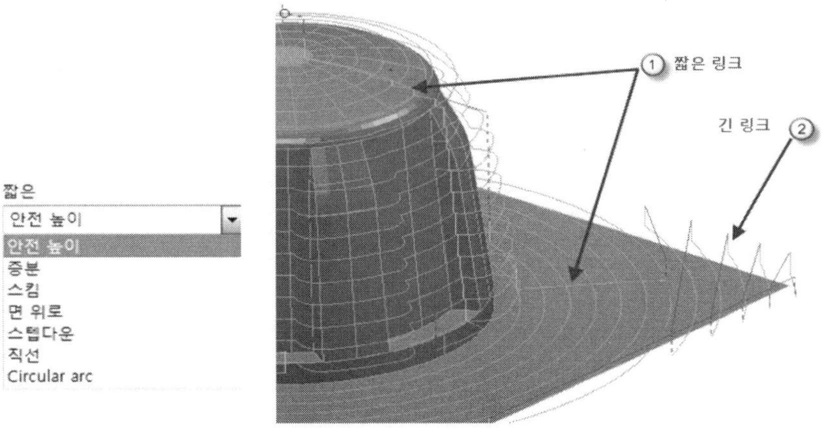


**그림 7.38** 안전 높이의 지정과 링크 유형 개념

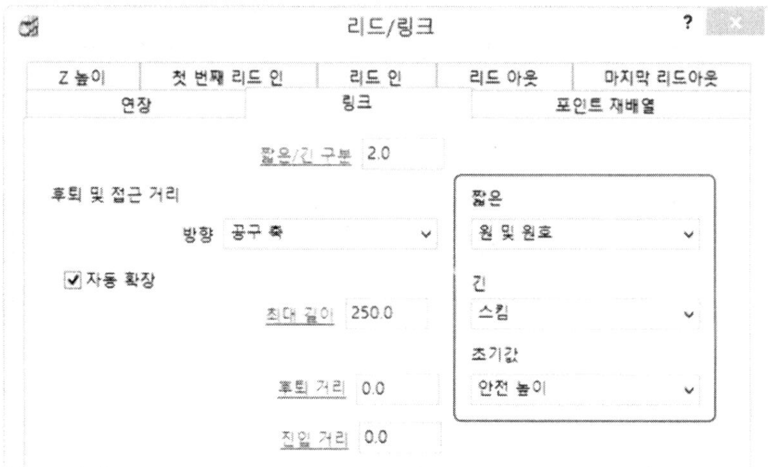


**그림 7.39** 링크 탭의 선택

- **직선:** 툴패스 사이를 직선으로 연결함
- Circular arc: 경로 사이를 원호로 연결함

등을 의미한다.

- **링크의 설정하기**

- **링크 탭**을 선택하고 **링크 옵션**을 그림 7.39와 같이 설정한다.

(a) 짧은/긴 구분 값보다 큰 툴패스 (b) 짧은/긴 구분을 5로 설정하고 적용

**그림 7.40** 링크 설정의 적용 예시

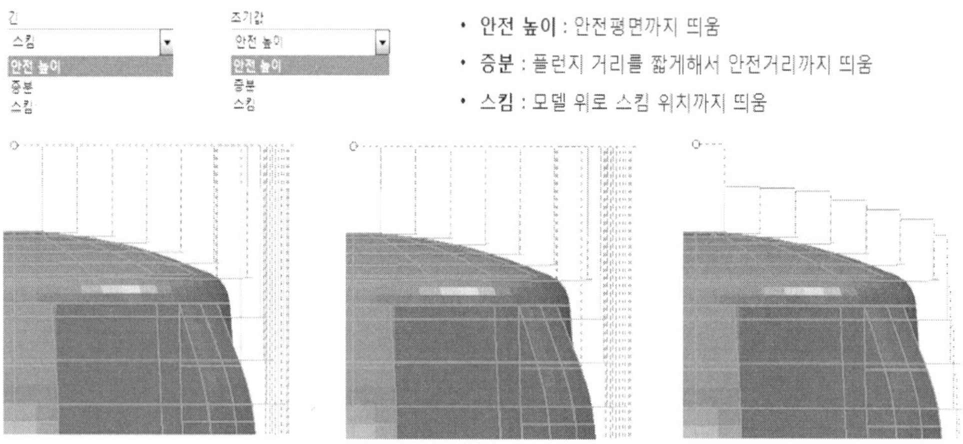


**그림 7.41** 몇 가지의 링크에서 스킴 링크가 적용된 사례

- **짧은/긴 구분(Short/Long Threshold)**에 2.0을 입력한다.(여기서 설정된 값보다 링크의 길이가 짧으면 <짧은>, 길면 <긴>에서 설정한 값이 적용된다.)
- <짧은>을 <원 및 원호>로, 그리고 <긴>을 <스킴>으로 설정한다.
- <**적용(Apply)**>을 누른다.

# 복습문제

**01.** 다음은 CAM 시스템에서 〈3D 황삭 모델〉의 〈Model Area Clearance〉 대화창을 열었다. 이때 지정해야 할 가공 파라미터들 중에서, 공구가 한 번 가공하고 난 후 다음 가공을 하기 위해서 띄워야 할 가공 경로 사이의 거리 값은 어디에 입력하는가?

㉮ 공차　　㉯ 가공 여유　　㉰ 스텝오버　　㉱ 스텝다운

➜ ㉰

**설명** 스텝오버(Step over)는 가공 경로 사이의 거리 값으로 <경로 간 간격> 또는 <피치> 등으로도 불리며, 공구가 한 번 가공하고 난 후 다음 가공을 하기 위해서 띄워야 할 양으로 커습과 밀접한 관계가 있다.

**02.** 다음의 CAM 시스템용 황삭 툴패스 중에서 활성화된 Z 높이로 가공할 부분을 직선 이동경로를 따라 교차하면서 가공하는 방법은?

㉮ 모두 옵셋(Offset All) 방법　　㉯ 라스터(Raster) 가공 방법
㉰ 모델 옵셋(Offset Model) 방법　　㉱ 보텍스(Votex) 가공 방법

➜ ㉯

**설명** 라스터(Raster) 가공 방법은 활성화된 Z 높이에 따라 평면상의 가공할 영역에 대해서 일정 방향의 직선 이동경로를 교차하면서 가공하는 방법이다.

**03.** CAM 시스템에서 중삭 및 정삭 가공을 위해 바운더리(Boundary)를 설정하고자 한다. 이때 이전 가공에 의해 절삭하지 못한 영역을 바운더리로 설정하는 것은?

㉮ 블록 바운더리　　㉯ 레스트 바운더리
㉰ 쉘로우 바운더리　　㉱ 실루엣 바운더리

➜ ㉮

**설명** 바운더리를 설정하는 여러 방법 중에서 레스트(Rest) 바운더리는 공구의 크기가 커서 이전에 가공하지 못한 영역을 다시 가공하기 위해 설정하는 바운더리를 말한다.

**04.** CAM 시스템에서 1차 가공이 완료된 후 다음 경로로 이동해야 한다. 이때 이들 경로 사이를 부드러우면서도 가공시간이 단축되도록 연결해 주는 작업을 링크(Link)라고 한다. 링크 작업은 크게 〈짧은 링크〉와 〈긴 링크〉로 구분하는데, 다음의 링크 옵션 중 〈긴 링크〉에서는 사용하지 않는 옵션은?

㉮ 안전 높이(Safe Z) ㉯ 증분(Incremental)

㉰ 스킴(Skim) ㉱ 원 및 원호(Circular Arc)

➜ ㉱

**설명** 링크 옵션에서 <짧은 링크>의 옵션으로는 안전 높이, 증분, 스킴, 면 위로, 스텝다운, 직선, 원 및 원호 등이 사용되나, <긴 링크>에서는 안전 높이, 증분, 스킴의 3가지만 옵션으로 사용된다. 특히 원 및 원호는 고속가공을 위해 <짧은 링크>에서만 공구에의 충격을 완화시키기 위해 사용된다.

08 장

# CAM 시스템 중삭 및 정삭 가공 방법

이 단원에서는 CAM 시스템에서의 중삭 및 정삭 가공 방법으로 3D 옵셋 가공, 옵티마이즈 등고선 가공, 파라메트릭 옵셋 가공, 평면가공 등의 다양한 가공 패턴들을 실무적으로 적용하는 기법에 대해 살펴보기로 한다. 3D 옵셋 가공 방법을 이용하여 주어진 지정 영역에 대해 일정한 스텝오버를 적용하는 방법을 익히고, 옵티마이즈 등고선 가공을 통해 쉘로우 영역과 스팁 영역을 한꺼번에 효율적으로 가공하는 능력을 키워 본다. 그리고 파라메트릭 옵셋 가공에서의 공구 자세를 잘 숙지하고, 평면 가공과 서피스 가공의 활용 목적을 잘 파악하여 적재적소에 효율적으로 해당 절삭 방법을 적용하는 방법에 대해서 알아본다. 아울러 중삭 및 정삭 가공의 종합적 가공 예제의 연습을 통해 실무 적용 방법들을 살펴보기로 한다.

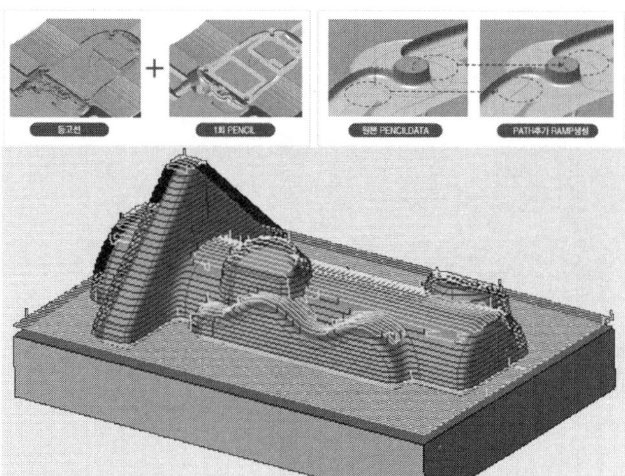


그림 8.1 중삭 및 정삭 가공 예시

# 8.1 중삭 및 정삭용 가공 패턴

중삭 및 정삭용 가공 패턴은 **투영 방식**에 따라 다음의 3가지로 분류된다.

- 라스터 가공

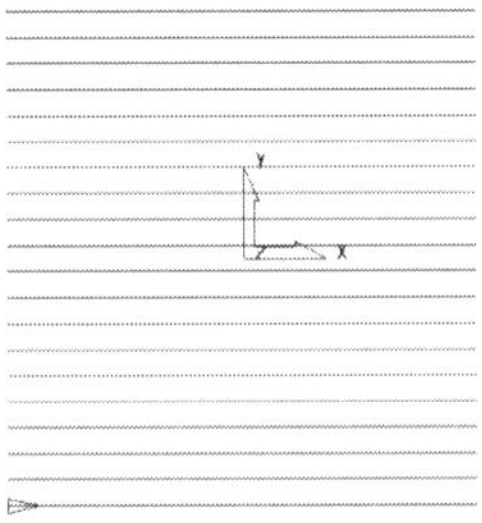

- 방사선 가공

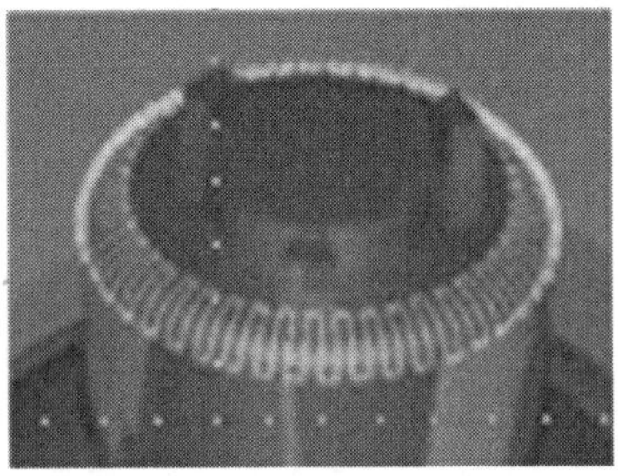
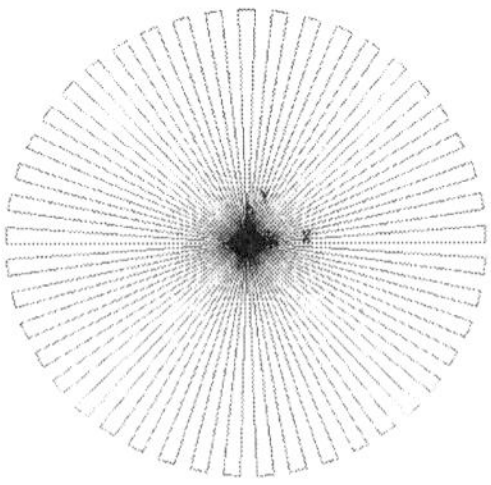

- 스파이럴 가공

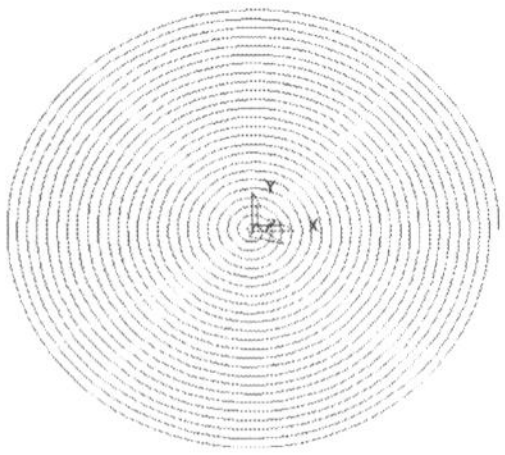

그리고 **등고선 방식**에 따라 형상을 지도의 등고선 표현의 형식으로 일정한 높이로 나누어 툴패스 생성하는 방법으로 다음의 등고선 가공이 사용된다.

• **등고선 가공**

이때 모델 모양에 따라 적합한 툴패스를 선정하는 것이 중요하다 하겠다.

## (1) 라스터 가공(Raster Finishing)

### (가) 정의 및 설정

미리 정의된 패턴을 모델에 Z축 방향으로 투영시켜 툴패스를 만드는 것이다.

### (나) 라스터 가공 옵션 설명

① 각도: 툴 패스의 X축 각도

② 시작 코너: 툴패스를 시작하는 모서리 지점

③ 수직 경로: 옵션 선택 시, 필요한 영역만 수직 경로 생성

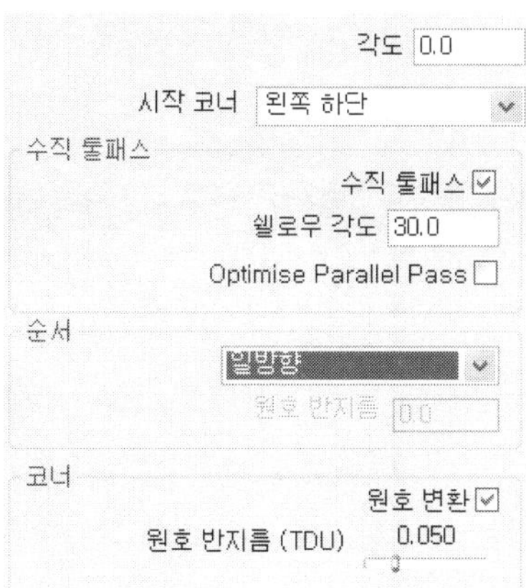


**그림 8.2** 라스터 가공 파라미터

- 쉘로우 각도: 정해진 각도보다 이상인 면
- 옵티마이즈 패러렐 패스: 쉘로우 각도를 0 이상으로 설정하면, 수직과 수평 툴 패스가 혼합되어서 생성된다.

④ 순서: 일방향, 그룹 일방향(모델의 한 부분을 먼저 가공하고 남은 부분을 가공), 양방향, 그룹 양방향, 언그룹 양방향, 위로, 아래로, 원호 반지름 등

⑤ 고속 가공: 툴 패스를 원호로 변환(코너 원호 변환)

## (다) 작업 방법

① 프로젝트 파일 열기(주의: 읽기 전용)를 한 후 다른 이름으로 저장한다.

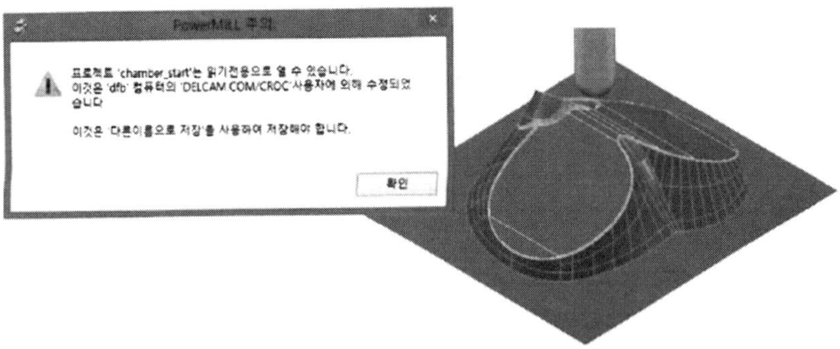


**그림 8.3** 프로젝트 파일 읽기의 주의 알림창

② 블록 설정하기(박스 → 계산)

③ 라스터 툴패스 생성하기: <가공패턴> 아이콘 선택

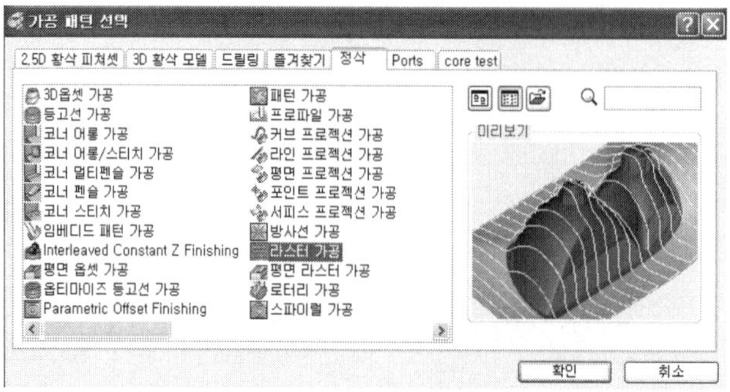


**그림 8.4** 정삭 탭에서 〈라스터 가공〉을 선택한 후 〈확인〉

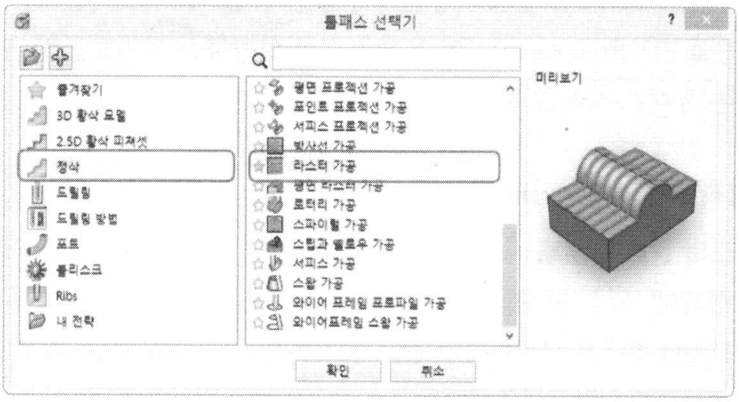

그림 8.4 (계속)

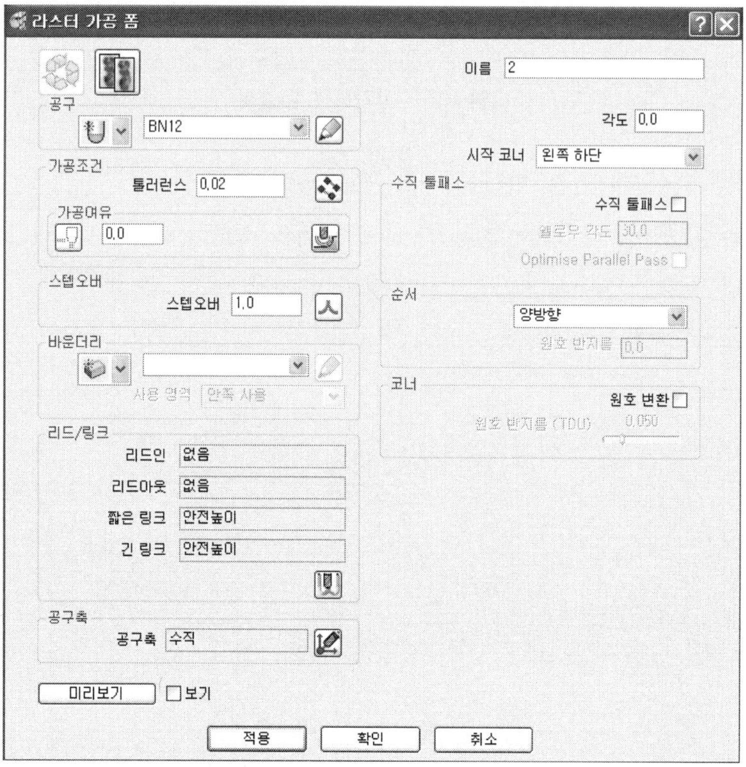

그림 8.5 가공 파라미터의 입력

- <이름>을 입력
- <공차>, <가공여유> 입력
- <순서>에서 <스타일>을 <양방향>으로 설정
- <스텝오버>를 1 mm로 선택
- <적용>과 <취소>를 클릭

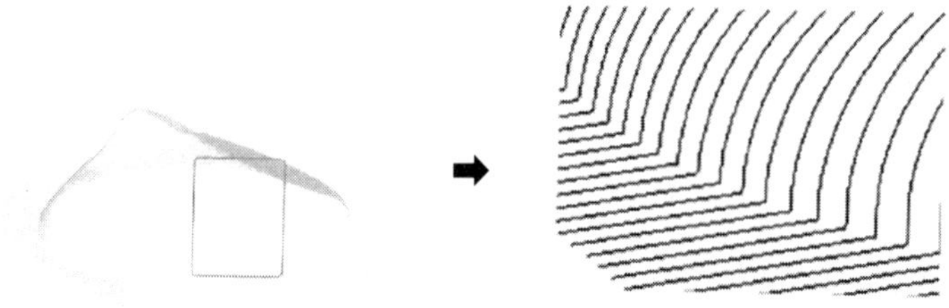

**그림 8.6** 날카로운 연결부

④ 고속가공 - <코너 원호 변환(arc Fit Corners)> 적용

⑤ <라스터 가공> 탐색기에서 <고속가공> 옵션을 선택

- <코너 원호 변환>에 체크하고 <원호반지름>을 0.2로 수정
  <적용>과 <취소>를 클릭

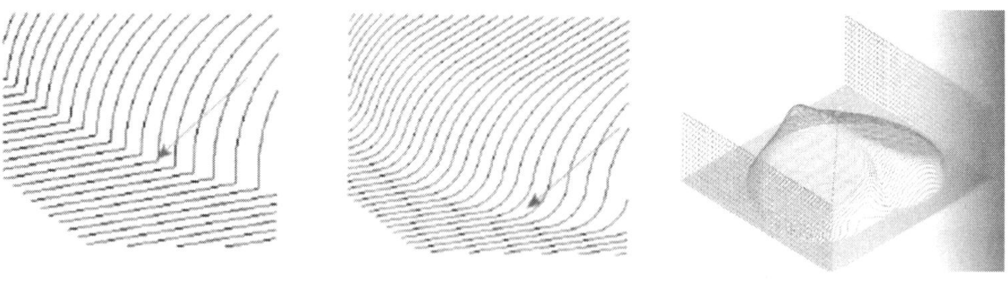

⑥ 리드와 링크 적용하기: <리드/링크> 아이콘 을 클릭

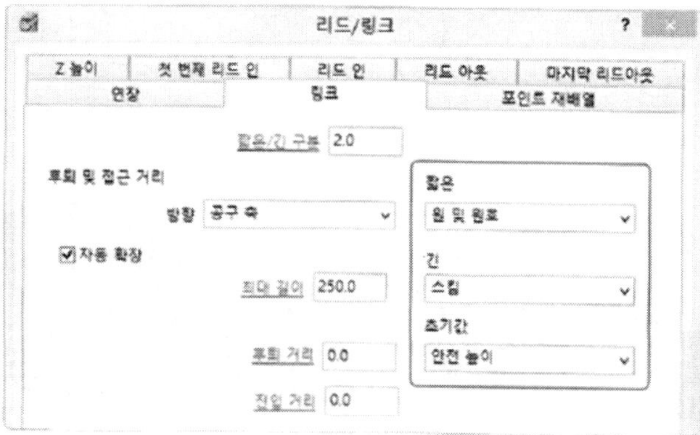


- 폼에서 <링크>를 선택
- <짧은>을 <원 및 원호>로 변경(이 방법은 고속가공에 효과적임)
- <긴>은 <스킴>, <초깃값>은 <안전 높이>로 변경, <짧은/긴 구간>을 2.0 설정
- <적용>을 클릭하고 <확인> 버튼을 누름. 자동으로 <활성화>됨

⑦ 시뮬레이션: <툴패스 시작점부터 시뮬레이션>

### (라) 라스터 가공의 활용

① 라스터 가공에서의 가공 방향성을 이용한 툴패스
- 가공면의 조도는 180, 90의 경우가 45, 135보다 좋다.
- 미절삭 영역은 반대이다.

- 양방향은 상향, 하향 절삭이 반복되므로 정삭에서는 피한다.

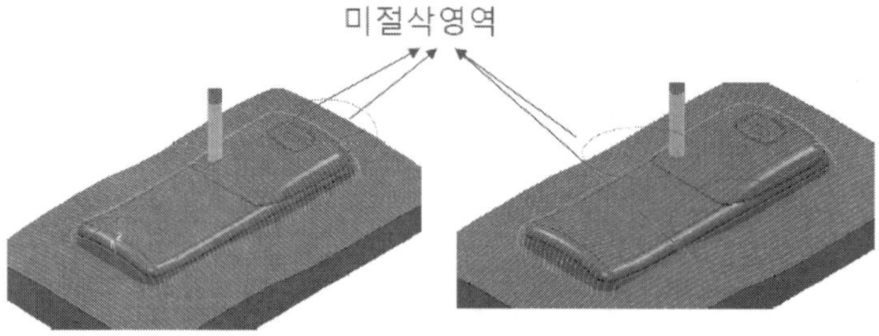


180°가공에서의 툴패스 형상과 미절삭영역

90°가공에서의 툴패스 형상과 미절삭영역

② 라스터 가공 시 코너 원호 변환을 이용한 가공 피드 유지 및 소재의 손상 방지

- 급격한 가공 피드의 감속 조건을 피할 수 있어 고정의 가공면을 생성한다.

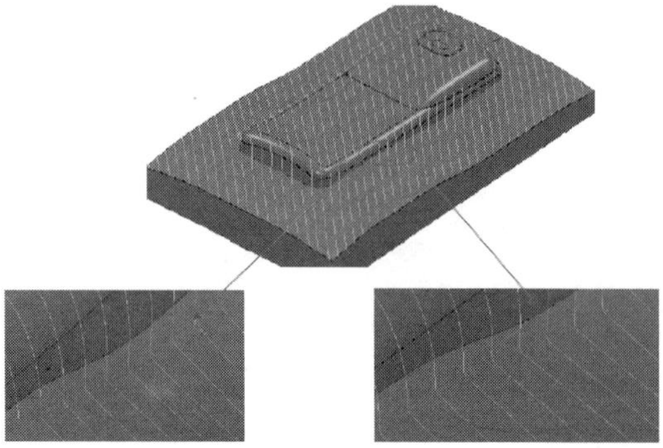

원호변환을 사용 하지 않은 툴패스는 확인결과 코너부 툴패스가 각으로 생성되는 것을 확인 할 수 있습니다.

원호변환을 사용 후 생성된 툴패스의 결과로 코너부의 툴패스가 Arc로 출력 된 것을 확인 할 수 있습니다.

③ 다중 가공 요소가 존재할 때 그룹 가공에 의한 가공 시간 단축

- 그룹 일방향 가공을 하게 되면, 가공 요소와 요소 사이에서의 이동이 줄기 때문에 가공 시간을 40 % 이상 단축시키는 효과가 있다.

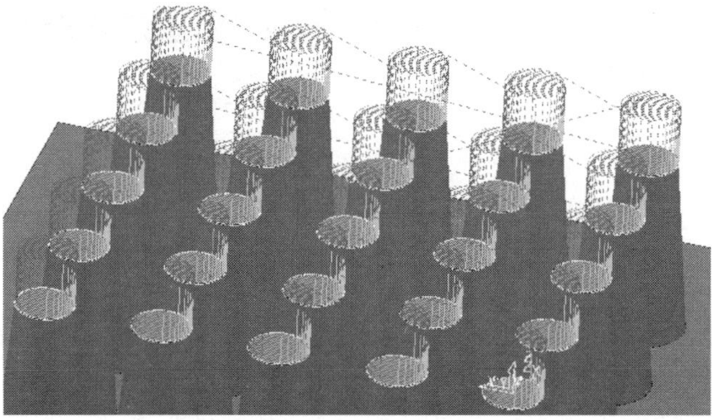

## (2) 방사선 가공(Radial Finishing)

### (가) 정의 및 설정

방사선 모양의 패턴을 투영시켜서 툴패스를 만드는 방법이다. 이는 방사선 가공(Radial Finishing) 아이콘을 선택하고 확인(OK) 버튼을 클릭하여 실행할 수 있다.

### (나) 방사선 가공 설정 옵션 설명

① 중심점: 패턴의 중심을 정의. 초깃값 (0, 0)

② 시작 반지름과 끝 반지름: 툴 패스 영역을 지정

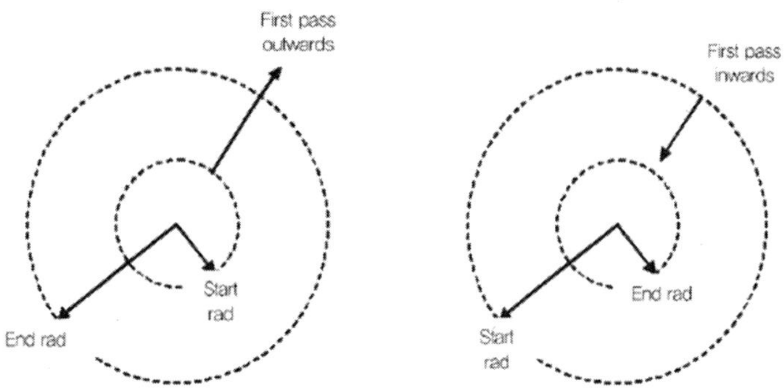

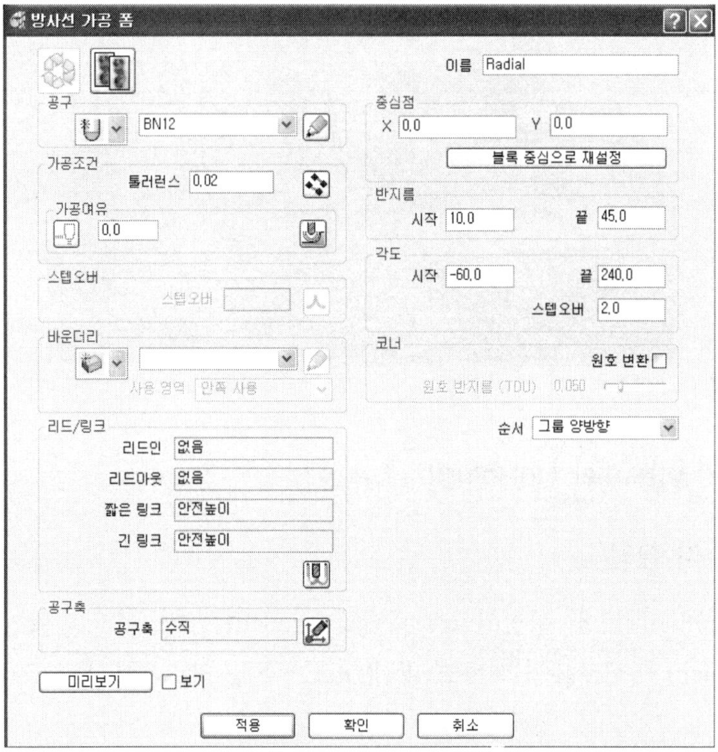


그림 8.7 방사선 가공의 가공 파라미터 입력창

③ 시작 각도와 끝 각도: 범위와 시계 방향/반시계 방향 결정

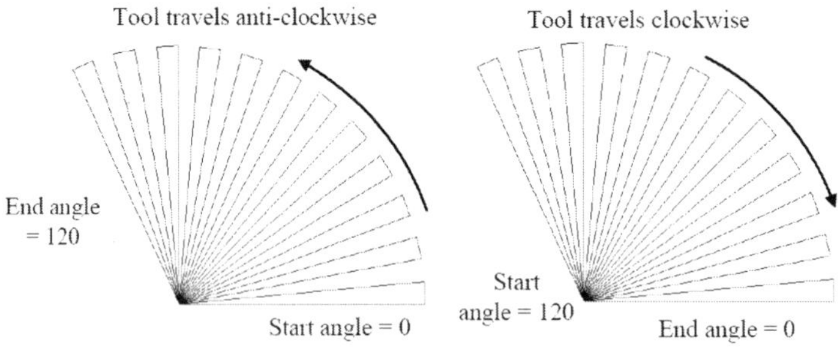


④ 스텝오버: 툴 사이의 <각도>임을 주의

⑤ 연결: 그림 8.8과 같이 가공을 일방향으로 할 것인지, 양방향으로 할 것인지를 결정한다.

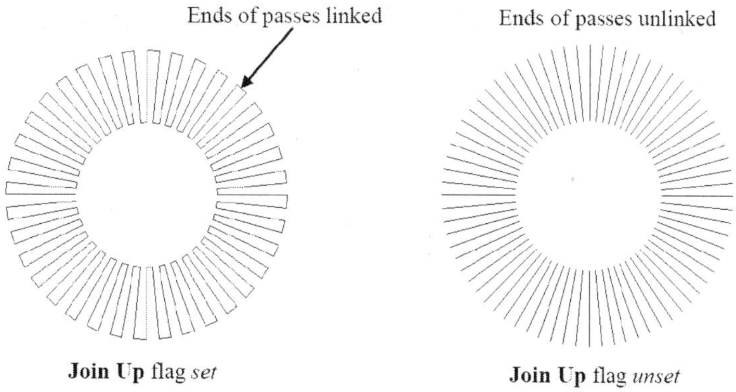


그림 8.8 방사선 가공의 가공 방향 연결

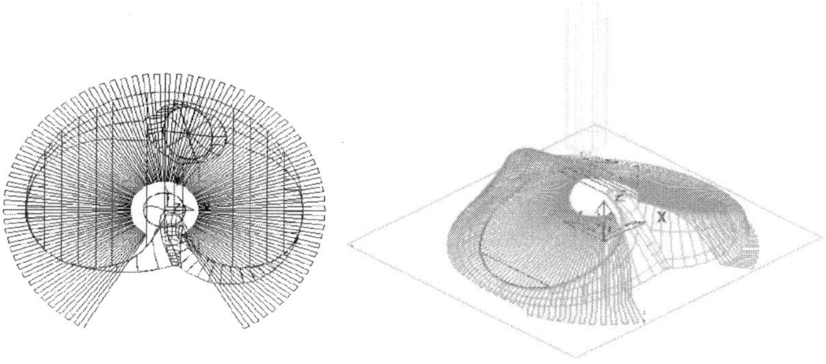

그림 8.9 방사선 가공을 적용한 사례

## (3) 스파이럴 가공(Spiral Finishing)

### (가) 정의 및 설정

스파이럴 모양의 패턴을 투영시켜서 툴패스를 만드는 방법이다.

### (나) 스파이럴 가공 설정 옵션 설명

① 중심점: 패턴의 중심을 정의. 초깃값 (0, 0)

- 스파이럴 가공(Spiral Finishing) 아이콘을 선택하고 <확인(OK)> 버튼을 클릭한다.
- <이름(Name)>을 Spiral로 설정한다.
- 가공여유(Thickness)를 0, 스텝오버(Stepover)를 0.5로 한다.

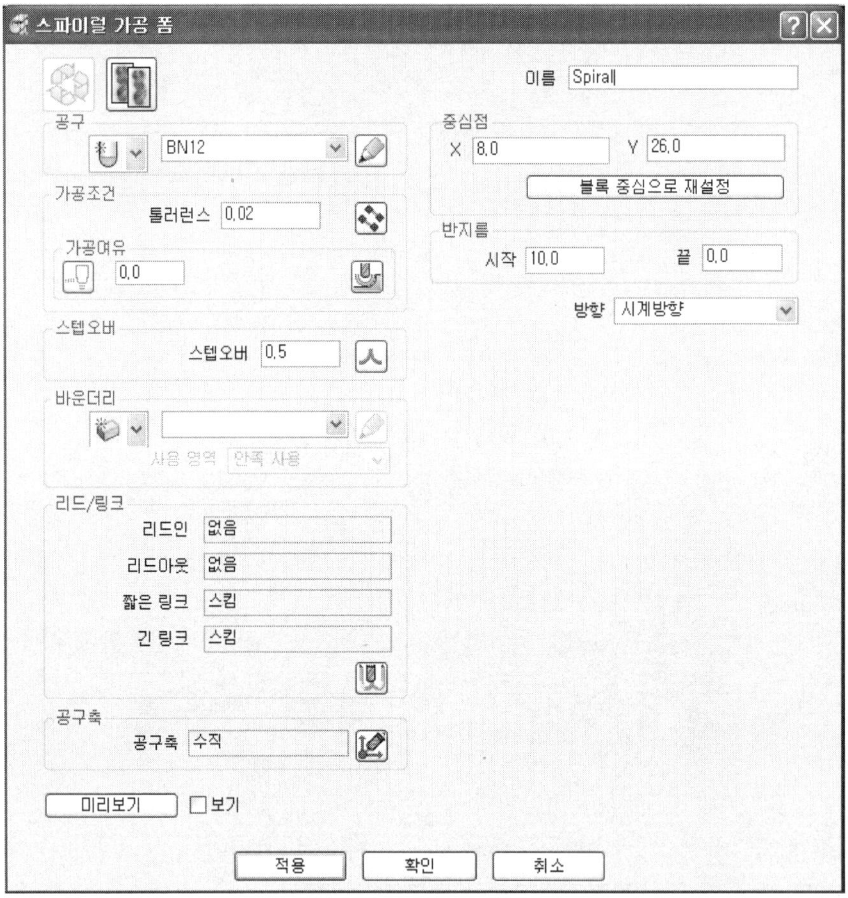


**그림 8.10** 스파이럴 가공 폼에서의 가공 파라미터 값 입력

- 중심점(Centre point)을 X 8, Y 26, 시작 반지름(Start radius)에 10, 끝 반지름(End radius)에 0을 넣고 방향을 시계 방향(clockwise)으로 선택한다.
- 스파이럴(Spiral) 툴패스는 툴패스 사이의 링크(link)가 없는 하나의 연속된 툴패스이다.
- Z 방향의 <뷰(view)>를 선택하고, <미리보기(Preview)>를 클릭한다. 적용될 툴패스의 미리보기(preview)를 볼 수 있다.
- <적용(Apply)>을 클릭한다.

② 시작 반지름과 끝 반지름: 툴 패스 영역 지정

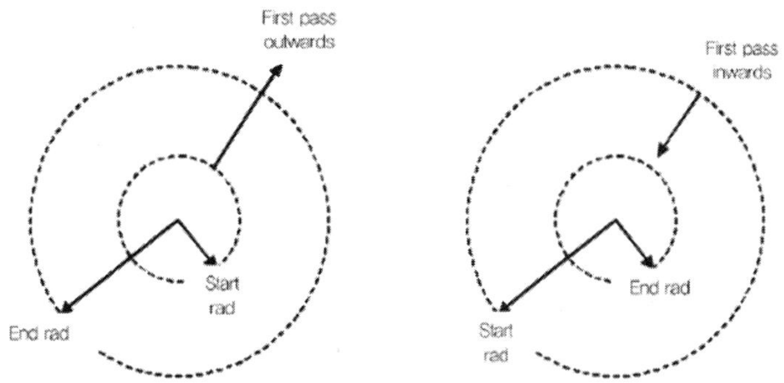


③ 공차 및 방향 및 가공 여유

④ 스텝오버: 툴 사이의 <반경차이>임을 주의한다.

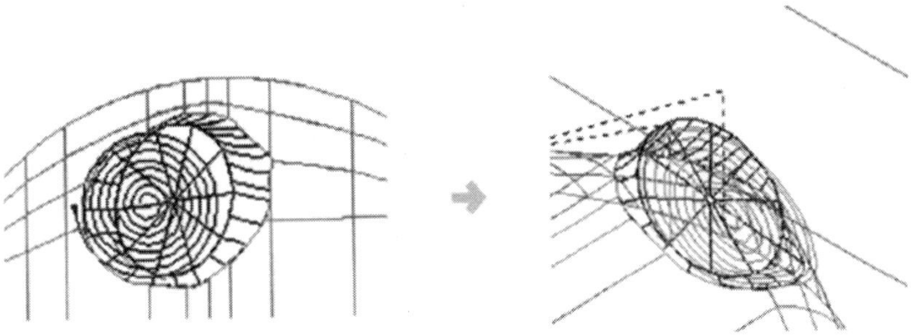

## (다) 스파이럴 가공의 활용

① 4개의 보스(Boss) 형상을 가진 가물물의 보스 윗면 부분을 <스파이럴 가공>을 이용하여 가공한다.

그림 8.11 4개의 보스를 가진 가공 모델

② <모델 불러오기>, <블록과 가공 기초 설정하기>, <공구 만들기>, <쉘로우 바운더리 만들기> 등의 단계를 거치고 <적용>하고 <확인>을 클릭하여 바운더리를 생성하고 <바운더리 편집>을 실행한다.

그림 8.12 가공 파라미터의 입력 폼

③ <스파이럴 가공 설정> 과정과 <리드와 링크>를 적용하고 <툴패스 변환>을 실행한다.

## (4) 등고선 가공(Spiral Finishing)

### (가) 등고선 가공의 개요

등고선 가공(Constant Z Finishing)은 경사가 급한 부분에 주로 사용한다. 이것은 툴패스의 모양이 지도의 등고선과 유사해서 이름을 등고선 가공이라고 부른다. 일반적으로 라스터 가공(Raster Finishing)과 함께 가장 많이 사용되는 방식이다. 이 방식은 모델을 일정한 높이에서 가공한 후, 다음 피치로 이동한다.

등고선 가공은 경사가 완만한 구간에는 사용하지 않는다. 그림 8.14는 왜 그런 현상이 일어나는지 자세히 보여 준다. 경사가 완만해질수록 스텝오버(stepover)의 거리가 증가한다.

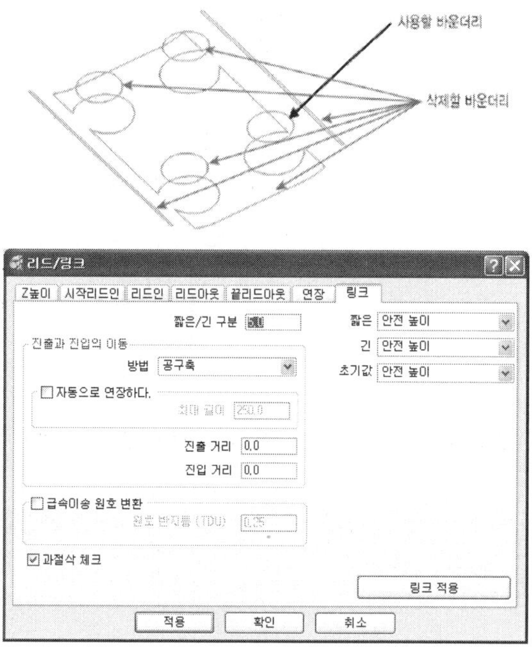


(a) 입력 화면

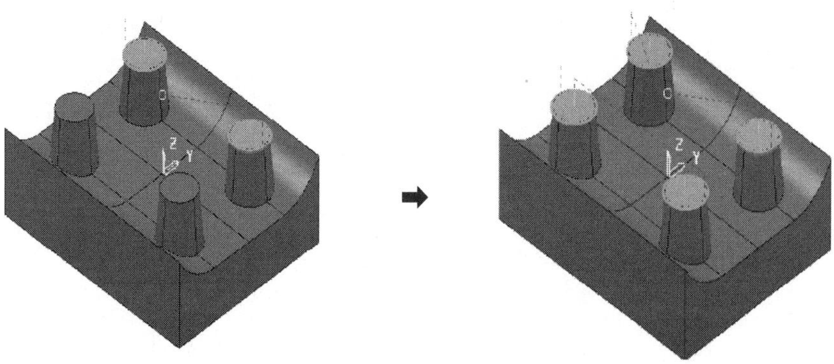

(b) 결과 적용

**그림 8.13** 리드와 링크의 적용

## (나) 등고선 가공 설정 옵션 설명

① 정렬 항목의 <영역>: 윗부분에서 바닥까지 완전한 포켓 형상의 기본 등고선 가공을 생성한다.

② 정렬 항목의 <레벨>: 각 스텝다운 높이로 모델 전체의 등고선 가공을 생성한다.

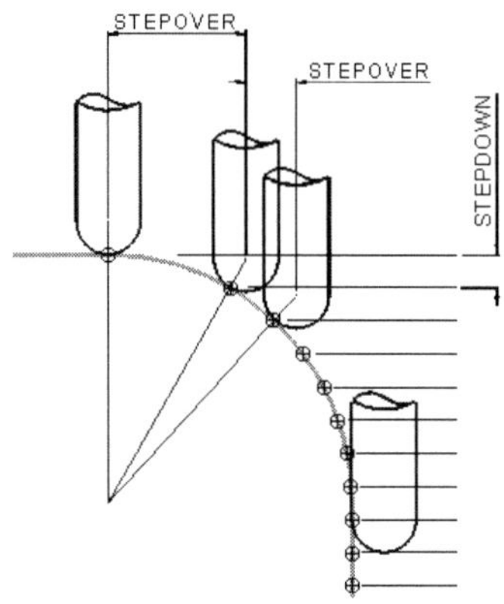


그림 8.14 등고선 가공에서의 스텝오버량의 변화

③ 스파이럴: 2개의 툴패스를 연결하여 뜨는 횟수를 최소화한다.(링크 없이 한 번에 가공할 수 있도록 연결)

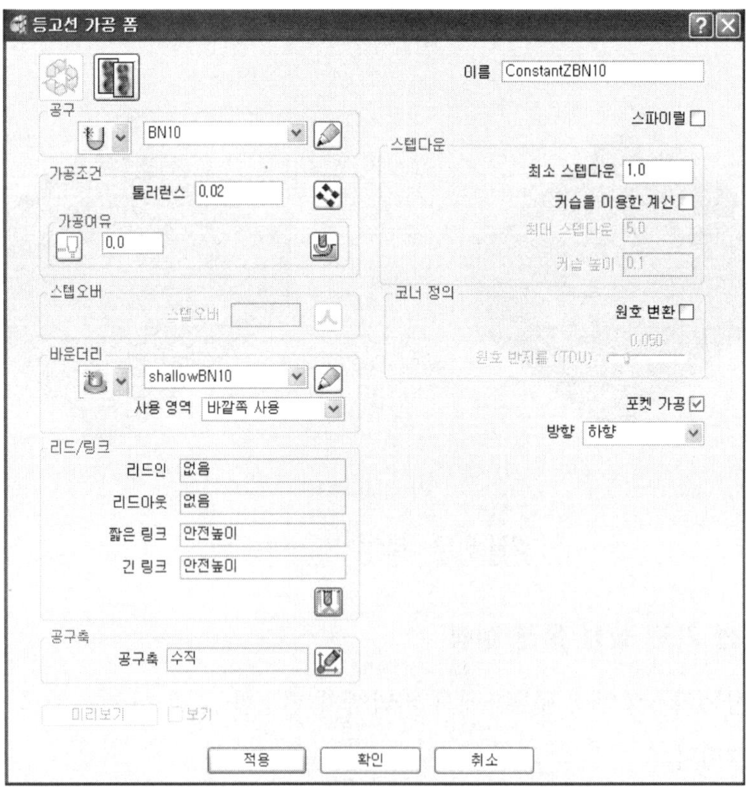


그림 8.15 등고선 가공 폼의 입력 내용

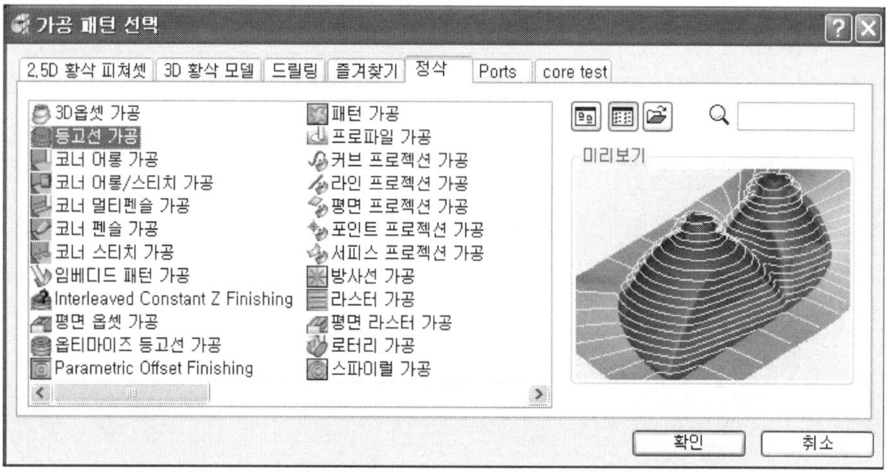


그림 8.16 등고선 가공 패턴의 설정창

④ 언더컷: 일반적인 가공방법으로 접근하기 어려운 영역을 가공할 때(구형상 또는 디스크형 공구 사용)

⑤ 스텝다운: 등고선 가공의 툴패스 간격을 결정한다.

⑥ 최소 스텝다운: 축 방향으로 일정 간격의 툴패스를 생성한다.

⑦ 커습을 이용한 계산: 이 옵션 선택 시, 최대 스텝다운과 커습 높이의 영향을 받는다.

⑧ 최대 스텝다운: 커습 높이를 이용하여 스텝다운을 계산할 때 허용되는 최댓값

⑨ 커습 높이: 커습 높이를 지정할 때의 창

### (다) 작업 방법

① 프로젝트 파일 열기(주의: 읽기 전용) → 다른 이름으로 저장

② 블록 설정하기(박스 → 계산)

③ 툴패스 이름 설정

④ 등고선 가공 파라미터 설정: 스텝다운, 공차, 가공여유, 가공방향 등

⑤ 리드/링크 설정

⑥ 모의가공 → 프로젝트의 이름을 저장

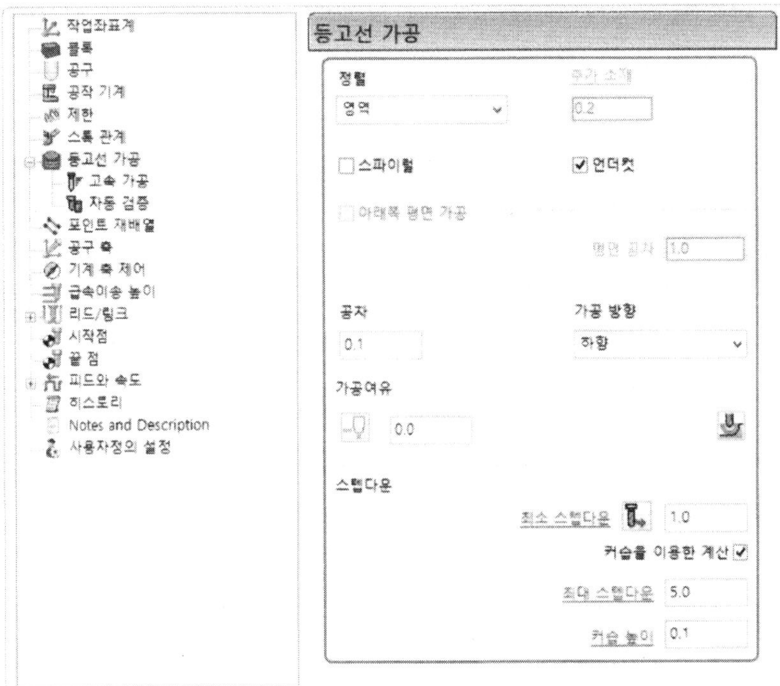


그림 8.17 등고선 가공 폼에서의 가공 파라미터의 입력

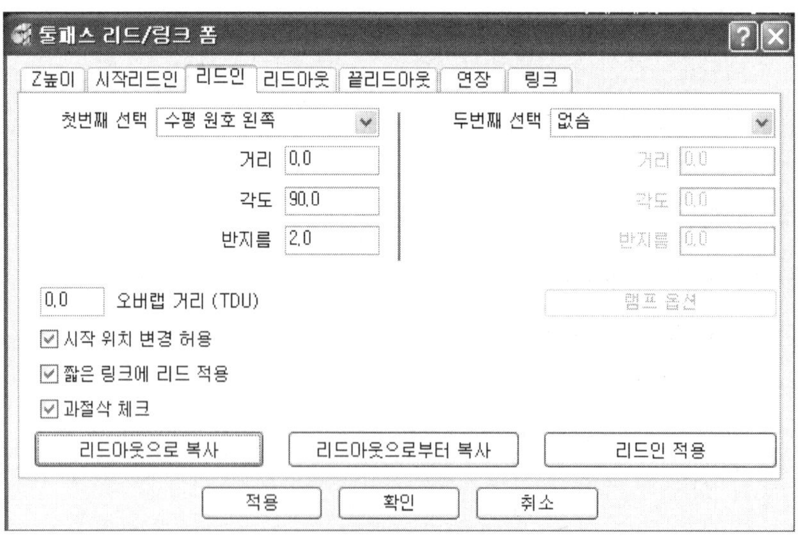


그림 8.18 리드인 입력창

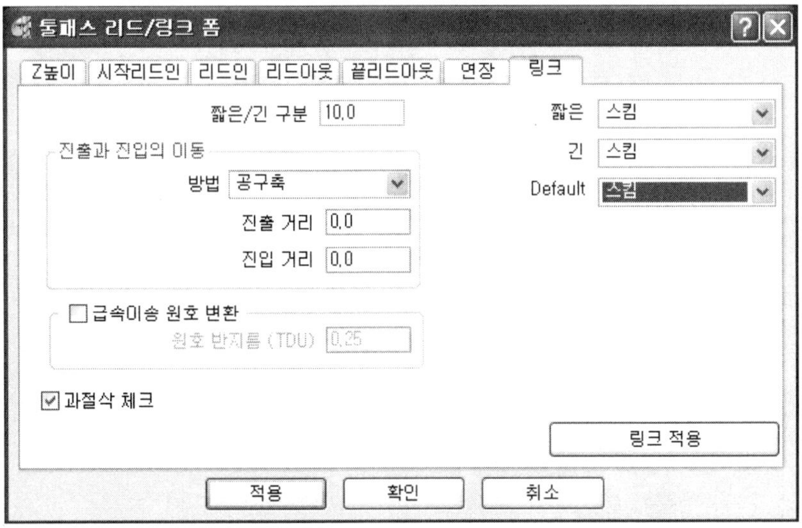


**그림 8.19** 링크 입력창

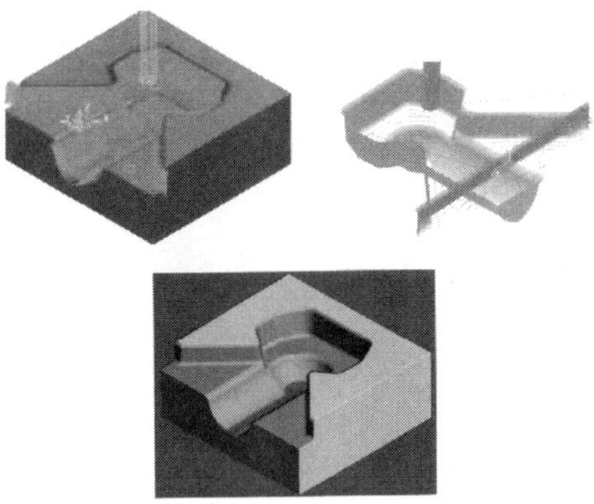

**그림 8.20** 뷰(View) 밀을 통한 여러 애니메이션 결과

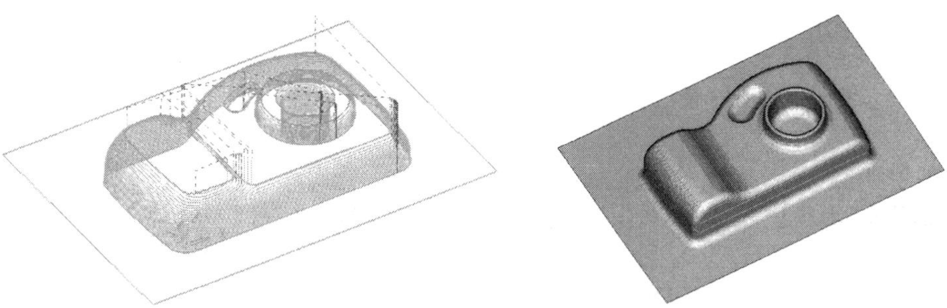

**그림 8.21** 등고선 가공에 의한 툴패스와 가공 시뮬레이션 결과

# 8.2 3D 옵셋 가공

## (1) 기능

3D 옵셋 가공(3D Offset Finishing)은 완만한 구간과 급격한 측벽 구간까지 3D면의 형상에 대해 모두 일정한 스텝오버(stepover)를 적용하고자 할 때 사용한다. 바운더리를 이용하여 일부 구간에 대하여 사용하지 않고, 모델 전체에 대해서 사용하는 것은 권장하지 않는다. 이 툴패스가 일정한 스텝오버(Stepover)를 유지하더라도 급격한 측벽 구간에서는 가공면이 거칠게 나올 수 있다.

## (2) 라스터 가공 옵션 설명

① 패턴: 기존 생성 패턴의 모양으로 3D 옵셋 툴패스 생성
② 패턴 위에서 시작: 선택 시, 패턴에서부터 툴패스 생성
③ 스파이럴: 2개의 툴패스를 연결하여 뜨는 횟수 최소화
④ 부드럽게 하기: 코너 영역에서 원호 툴패스를 생성
⑤ 최대 옵셋: 정의된 개수를 지정하여 툴패스 생성

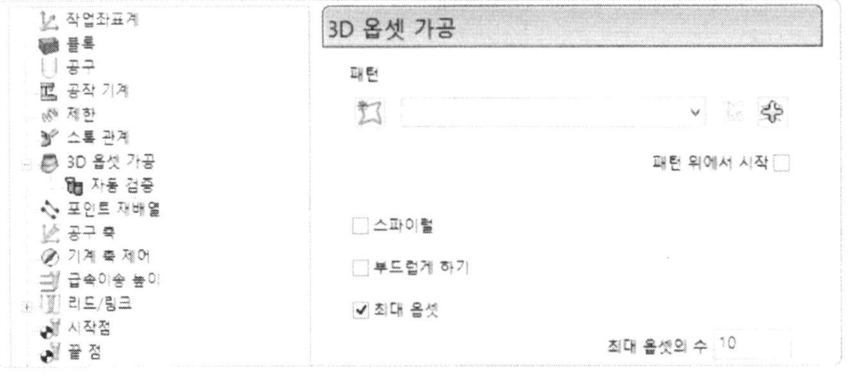


## (3) 쉘로우 바운더리를 이용한 특정 영역 가공 작업 단계

① 공구 설정(볼엔드밀 BN10)
② 쉘로우 바운더리 만들기(최고 각도 30, 최저 각도 0, 공차 0.02, 가공여유 0)

③ 3D 옵셋 설정

- <이름(Name)> 입력(3DOffset BN10)
- <방향(Direction)> 입력(하향)
- <공차(Tolerance)> 입력(0,02)
- <가공여유(Thickness)> 입력(0)

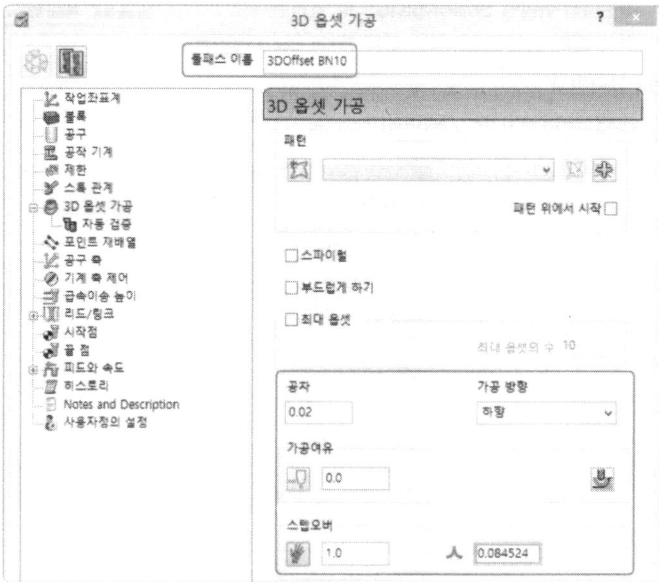


그림 8.22 3D 옵셋 입력창

④ 바운더리에 의한 툴패스 제한:

- <3D 옵셋 가공> 창의 탐색기에서 <제한(Limit)>을 선택한다.

그림 8.23 제한 설정

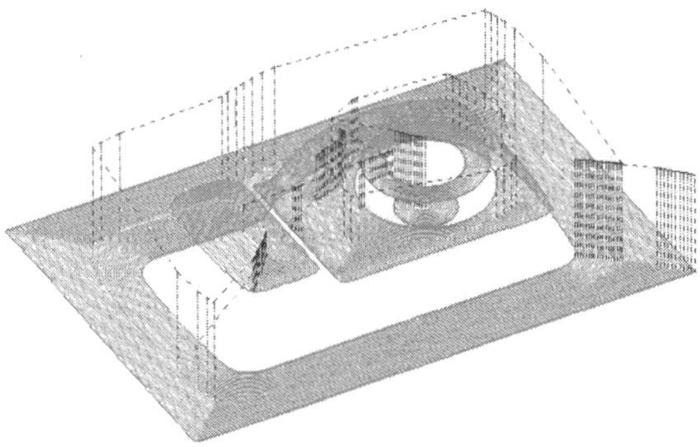

그림 8.24 리드/링크의 적용 결과

- <계산>을 선택하고 툴패스가 나타나면 <취소>를 눌러 창을 종료한다.
- 이때, 툴패스 피치 사이에 <리드(Leads)>가 적용되고, 툴패스는 <안전 높이(Safe Z)>로 이동한다.

⑤ 링크 설정

- <링크> 탭을 선택하고 <짧은(Short)>은 <면 위로(On Surface)>, <긴>과 <초깃값>을 <스킴(Skim)>으로 변경한다.

⑥ 모의 가공

- 모의 가공에서 툴패스를 <시뮬레이션>한다.

⑦ 3D 옵셋 가공에서 <스파이럴> 옵션 적용

- 툴패스(3DOffset BN10) 위에서 오른쪽 마우스 버튼을 클릭하고 <팝업 메뉴>에서 <설정(Setting)>을 선택한다.

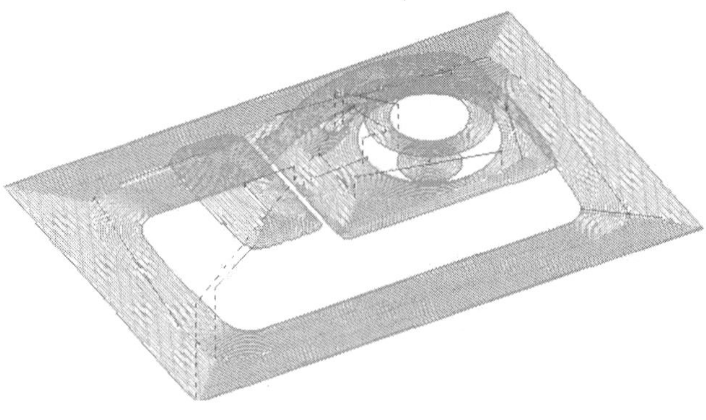

그림 8.25 스파이럴 옵션 적용 결과

- 툴패스 폼에서 <툴패스 복사>를 클릭한다.
- 3DOffsetBN10_Spiral로 이름을 변경한다. 그리고 <스파이럴>을 체크한다.
- 다른 값은 그대로 두고 <적용>을 클릭한다(그림 8.25처럼 급속이송 구간이 줄어듦).

⑧ 3D 옵셋 가공에 부드럽게 하기 옵션 적용

- <고속 가공(HSM)>에 알맞은 <부드럽게 하기(Smoothing)> 옵션을 체크하면 날카로운 코너 부분의 툴패스가 부드러운 코너 형태로 생성된다.
- 파워밀 탐색기 영역의 툴패스(3DOffsetBN10_Spiral) 위에서 오른쪽 마우스 버튼을 클릭하고
- <팝업 메뉴>에서 <설정(Setting)>을 선택한다.
- 툴패스 폼에서 <툴패스 복사> 아이콘을 클릭한다.
- 3DOffsetBN10_Spiral_Smoothing로 이름을 변경한다.
  그리고 <부드럽게 하기(Smoothing)> 옵션을 체크한다.
- 다른 값들은 동일하게 지정하고 <계산>을 선택하고 <취소>를 눌러 장을 종료한다.

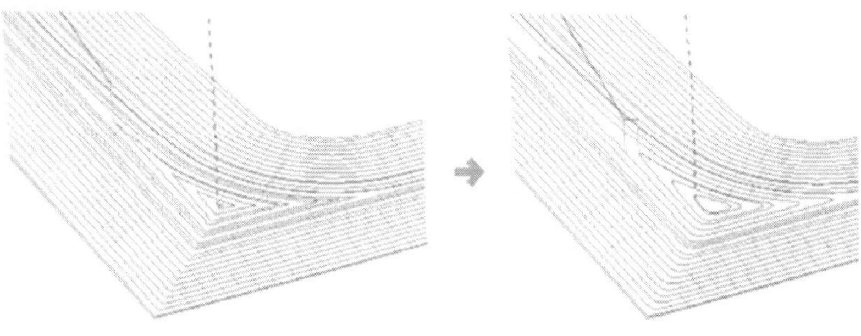

그림 8.26 부드럽게 하기 옵션 적용 결과

⑨ 3D 옵셋 가공에 패턴 옵션 적용

- 파워밀 탐색기 영역의 툴패스(3DOffsetBN10_Spiral) 위에서
- 오른쪽 마우스 버튼을 클릭하고 <팝업 메뉴>에서 <설정(Setting)>을 선택한다.
- 툴패스 폼에서 <툴패스 복사> 아이콘을 클릭한다.
- 3DOffsetBN10_Spiral_Smoothing_Pattern으로 이름을 변경한다.

- <패턴> 옵션에서 3DOffset_Template를 선택한다.
- 다른 설정 동일하게 지정하고 <계산>을 선택한 후
- <취소>로 장 종료한다.

## 8.3 옵티마이즈 등고선 가공

### (1) 정의 및 설정

이 가공 방법은 3D 옵셋 가공(3D Offset Finishing)과 등고선 가공(Constant Z Finishing)이 합쳐진 방법이다. 측벽 구간은 등고선으로 가공되고 나머지 부분은 3D 옵셋 가공으로 가공된다. 일반적으로 45도 경사 영역을 기준으로 <스팁>과 <쉘로우> 영역이 모두 있는 모델에 적당하다.

### (2) 옵티마이즈 등고선 가공 옵션 설명

① 스파이럴: 2개의 툴패스를 연결하여 뜨는 횟수를 최소화시킨다.
② 닫힌 옵셋 경로 생성: 3D 옵셋 영역의 바깥에서 안쪽으로 가공이 일어난다. (미체크 시에는 반대의 경우가 적용된다.)
③ 완만한 스텝오버 사용: 실제 값을 입력하여 지정할 때 사용된다.

### (3) 옵티마이즈 등고선 설정

① <닫힌 옵셋 경로 생성>, <부드럽게 하기>에 체크한다.
② <공차>를 0.05로 입력한다.
③ <가공방향>을 <하향(Climb)>으로 선택한다.
④ <스텝오버>를 0.5로 입력한다.
⑤ 다른 값들은 동일하게 설정하고 <계산>을 눌러 툴패스를 생성하고 <닫힘>을 선택한다.
⑥ 모델 전체에 걸쳐서 툴패스 사이에 일정한 <스텝오버(Stepover)>가 적용된다.
※ 옵티마이즈 등고선 가공은 일반적으로 45도 영역을 기준으로 스팁과 쉘로우 영역

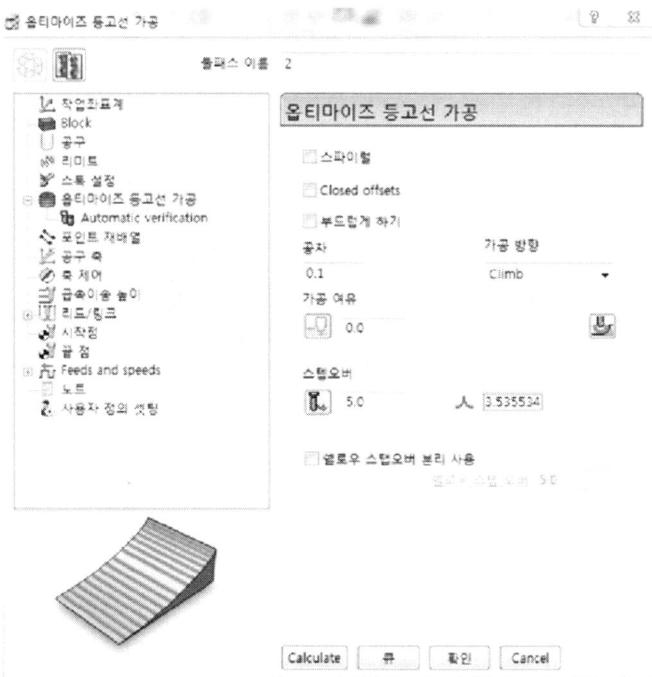


그림 8.27 옵티마이즈 등고선 가공 설정

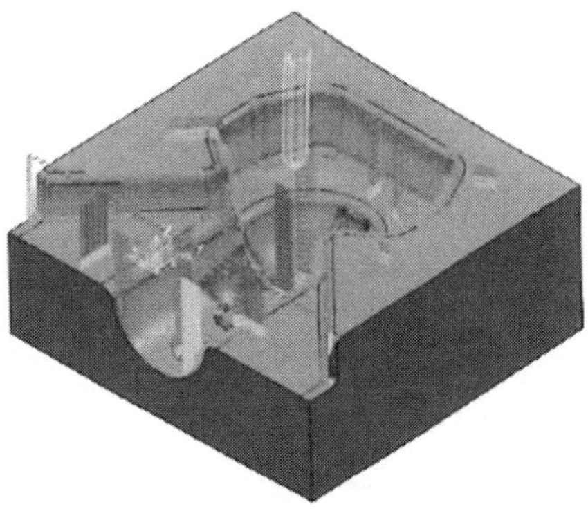

그림 8.28 전체 모델에 대한 옵티마이즈 툴패스 결과

이 동시에 있는 모델에 적당하다.

⑦ 링크 설정

- <리드/링크> 아이콘을 선택한 후 폼에서 <링크> 탭을 선택한다.
- <짧은/긴> 구분을 2로 변경한다.

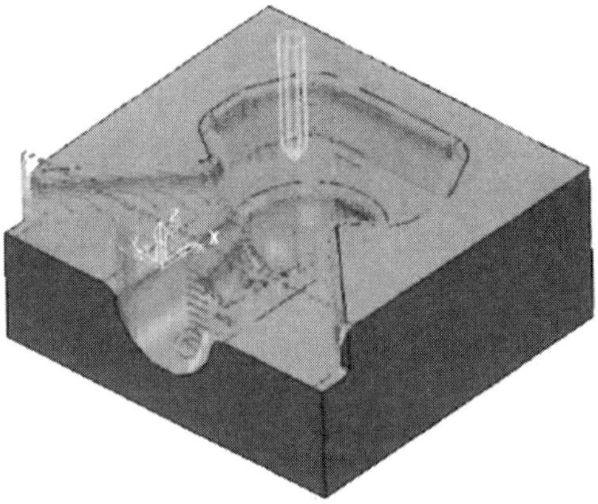

그림 8.29 링크 설정에 따른 툴패스 조정

- <짧은>을 <스텝다운>으로 바꾼다.
- <긴>과 <초깃값>을 증분으로 바꾼다.
- <적용>을 클릭하고 <확인> 버튼을 누른다(자동으로 <활성화>되게 됨).

## 8.4 스팁과 쉘로우 가공

### (1) 정의 및 설정

이 가공 방법은 <옵티마이즈 등고선 가공> 폼에 추가적으로 <오버랩> 값과 툴패스 영역에 정의될 <출력 경계 각도>를 설정하여 툴패스를 생성하는 가공 방법이다. 경사가 급한 영역과 완만한 영역을 작업자가 판단하여 경계 각도로 분리 지정하는 데에 사용된다.

### (2) 스팁과 쉘로우 가공 설정

① <스파이럴> 옵션 박스에 체크하고 <타입>을 <3D 옵셋>, <부드럽게 하기>에 체크한다.

② <순서>는 <Top First>로 설정한다.

③ <출력 경계 각도> 값을 50으로 입력한다.

④ <스팁과 쉘로우 오버랩>을 2.0으로 입력한다.

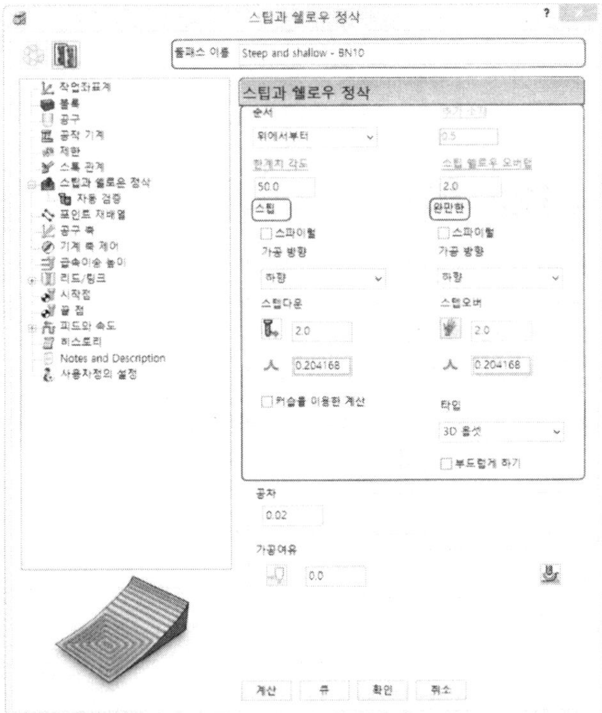


그림 8.30 스팁과 쉘로우 가공 설정 폼

⑤ 공차를 0.02로 입력하고 <가공 방향>을 <하향>으로 한다.

⑥ <스텝오버>와 <스텝다운>을 모두 2로 한다.

⑦ <계산>을 눌러 툴패스를 생성하고 <닫힘>을 눌러 장을 종료한다.

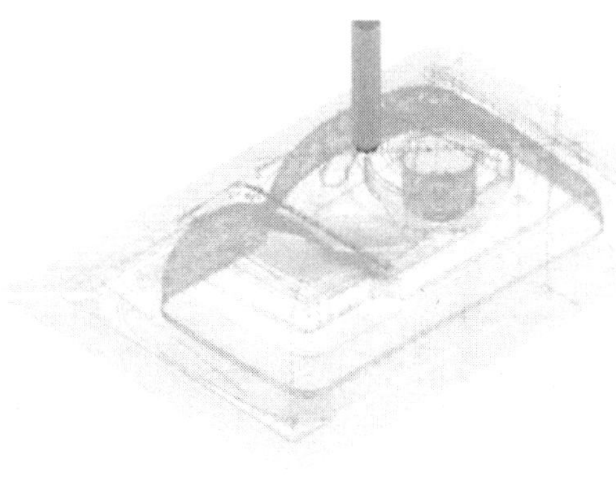

그림 8.31 스팁과 쉘로우 가공에 의한 툴패스

이때, 사용자는 출력 경계 각도를 기준으로 <3D 옵셋>과 <등고선> 사이에 복합적인 <스텝과 쉘로우 가공>을 지정할 수 있다.

## 8.5 파라메트릭 옵셋 가공

### (1) 정의 및 설정

폼 시작 커브와 마지막 커브를 정의해서 두 커브 사이를 가공하는 방법이다. 이를 사용하기 위해서는 두 개의 커브가 필요하다. 정의하여 있는 도형 중의 단면 곡선 등을 지정하여 활용한다.

### (2) 패턴 생성

① 모델 외광의 라운드 부위를 선택해 패턴을 만든다.

② 패턴 편집 → 패턴 복사를 실행한다.

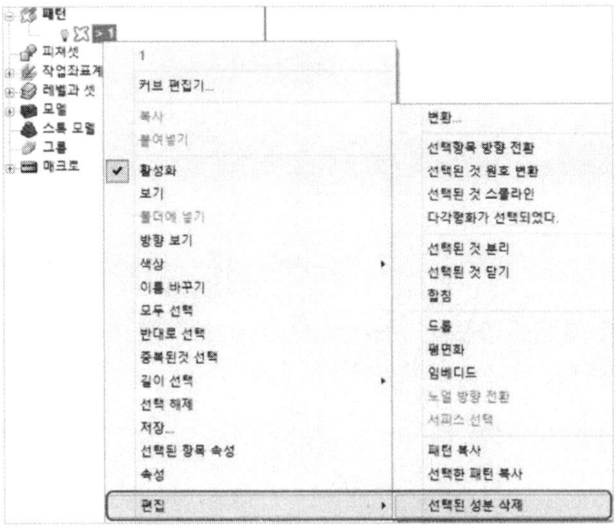


그림 8.32 모델의 패턴 편집 설정창

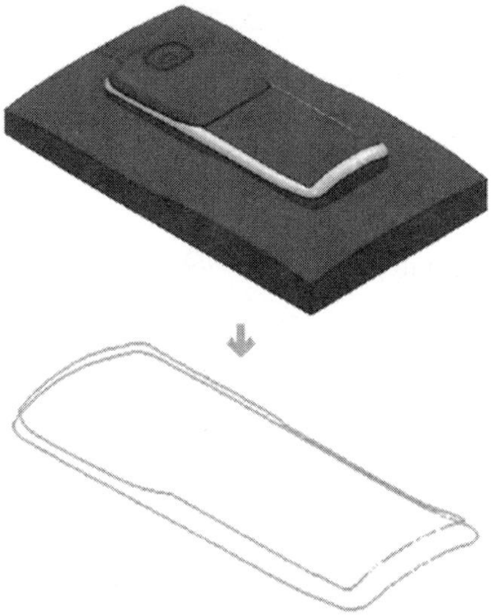

그림 8.33 편집된 시작과 끝 커브 모양

## (3) 파라메트릭 옵셋 가공 설정

① 시작 커브: 툴패스의 시작을 정의하는 패턴이다.

② 커브의 끝: 툴패스의 마지막을 정의한 패턴이다.

③ 옵셋 방향 옵션

- 옵셋 방향(Offset Direction): 두 개의 커브를 합치기 위한 방향을 정의한다.
- 교차(Across): 시박 커브의 한 포인트와 마지막 커브의 한 포인트를 연결하면서 툴패스를 생성한다.
- 방향(Direction): 두 개의 커브를 따라가면서 옵셋이 되는 툴패스가 생성된다.

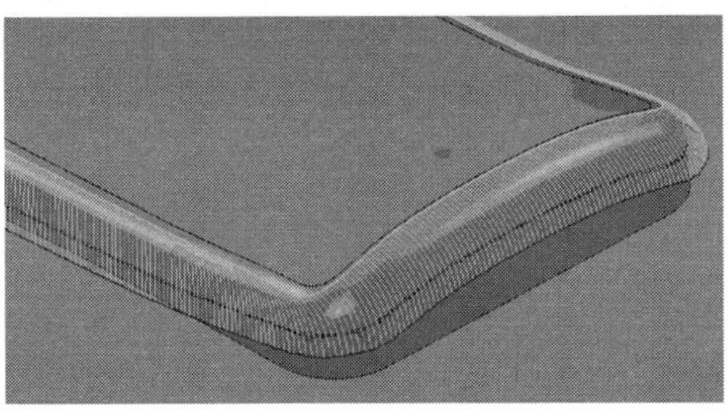

(a) 교차(Across)

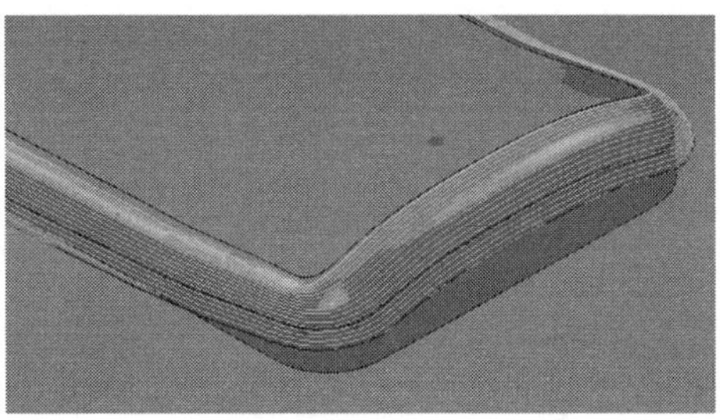

(b) 방향(Direction)

그림 8.34 옵셋 방향 옵션에 따른 툴 패스

④ 리밋 방법: 툴패스의 제한 방법을 정의한다.

- 팁 위치(Tip Position): 공구의 끝단이 패턴을 따라간다.
- 접촉 위치(Contact Position): 공구 접촉 위치가 패턴을 따라간다.

⑤ 스텝오버

- 최소 스텝오버(Minimum Stepover): 사용된 공구의 반경과 공차에 의해 스텝오버가 정의된다.
- 최대 스텝오버(Maximum Stepover): 최대 옵션 횟수를 조절한다.

⑥ 가공 방향: 가공 방향을 하향, 상향 또는 양방향으로 정의할 수 있다.

## (4) 파라메트릭 옵셋 가공의 활용 예시

① 모델 불러오기를 실행한다.

② 원형 형상 부분을 <지름> 8인 <볼엔드밀> 공구를 사용하여 <파라메트릭 옵셋 가공>을 적용하여 <가공 패턴>을 생성해 보도록 한다.

그림 8.35 파라메트릭 옵셋 가공의 설정 폼

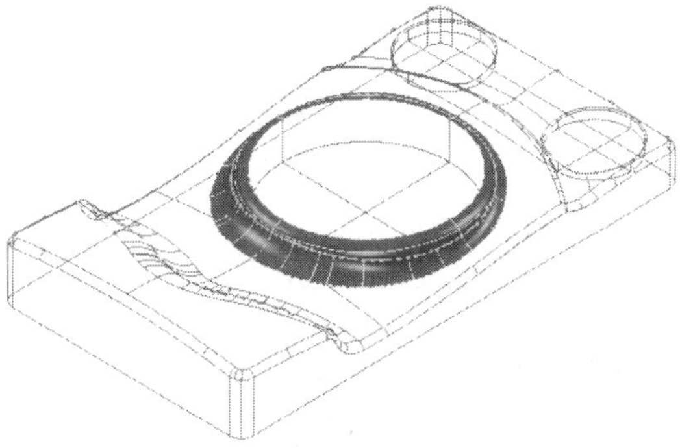

그림 8.36 파라메트릭 옵셋 가공의 툴패스 예시

③ 가공용 공구를 생성하기 위해 <지름> 8인 볼엔드밀 공구를 만들고 <이름>을 지정한다.(BN8) <블록>을 설정하고 그림 8.36의 곡면을 선택하여 <사용자 정의 바운더리>를 <공차> 0.02로 지정하여 만들기 한다.

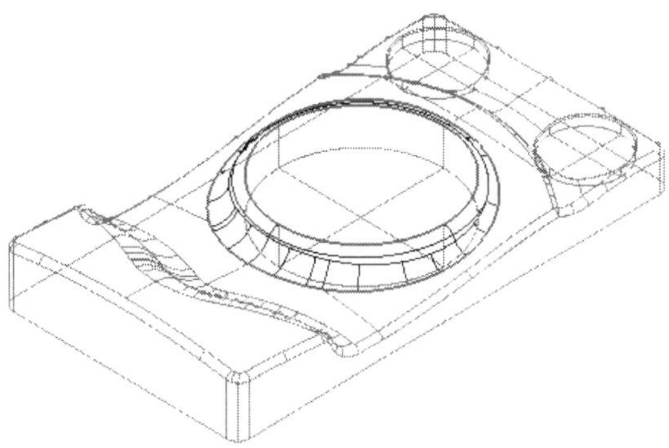

그림 8.37 사용자 바운더리의 설정

④ 그림 8.37과 같이 선택한 서피스의 외곽 형상을 따라서 <사용자 정의 바운더리>가 생성된 것을 알 수 있다. 이때, 만들어진 <바운더리>를 <패턴>으로 변환하여 새로운 <패턴>을 생성한다.

⑤ 파라메트릭 옵셋 가공을 위해서는 두 개의 패턴 라인이 필요하므로,

- 패턴을 <1번 패턴>과 <2번 패턴>으로 분리하고,
- <패턴>의 <방향 보기>로 두 개의 패턴이 같은 방향으로 진행하는지 확인한다. (만약 다르다면 방향을 전환한다.)

⑥ <가공 패턴>에서 <파라메트릭 옵셋 가공>을 선택하여 아래와 같이 설정한다.

- 공차는 0.005를 입력한다.
- 가공여유는 0으로 한다.
- 시작 커브는 <패턴 1>을 지정하고,
- 커브의 끝은 <패턴 2>로 지정한다.
- 최소 스텝오버, 최대 스텝오버는 0.1로 입력한다.
- <적용>을 선택하여 툴패스를 확인한다.

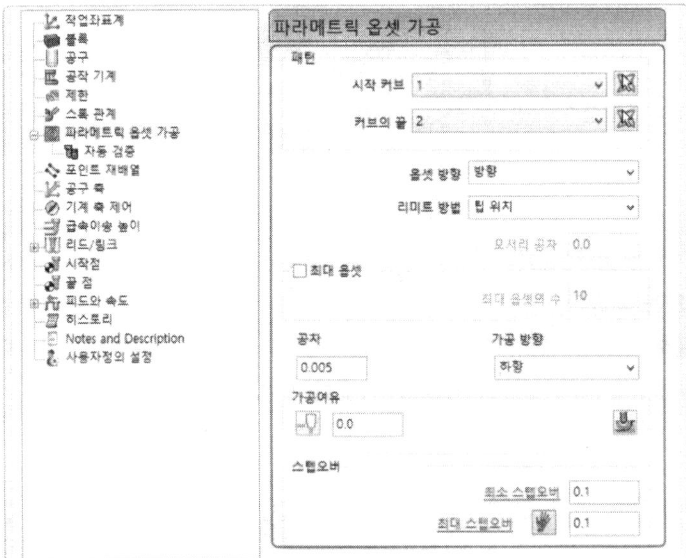


**그림 8.38** 파라메트릭 옵셋 가공의 패턴과 가공조건 설정 폼

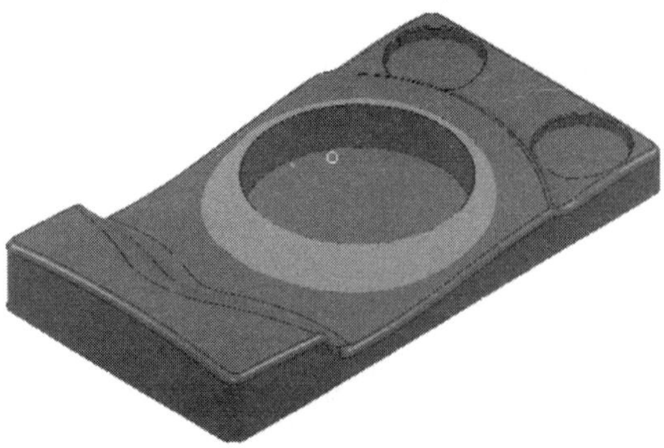

**그림 8.39** 파라메트릭 옵셋 가공의 툴패스 결과

# 8.6 평면 가공

## (1) 개요

<평면 가공> 방법은 정삭 평면 구간에서만 <평면 공차(FlatTolerance)> 값을 정의하고 <황삭(Model Area Clearance)> 가공 후 바로 적용이 가능하다.

## (2) 평면 옵셋 가공(Offset Flat Finishing) 설정

① <가공 패턴> 창에서 <평면 옵셋> 가공을 선택한다.

② 평면 공차, 진입 허용 거리, 가공 방향, 가공여유, 스텝오버 등을 입력하고 <계산>을 누르게 되면 다음과 같은 가공이 생성된다.

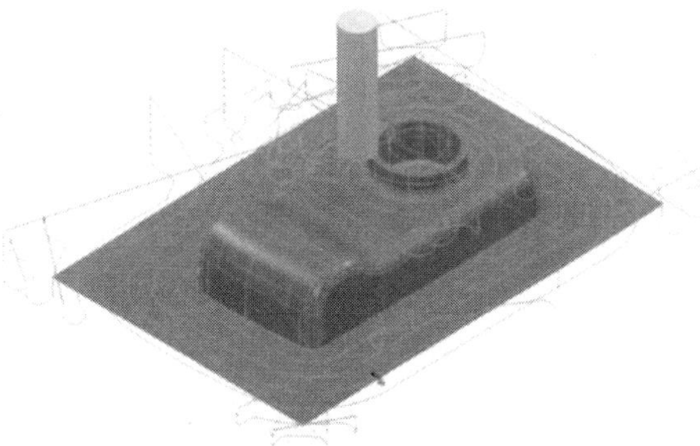

그림 8.40 툴 패스

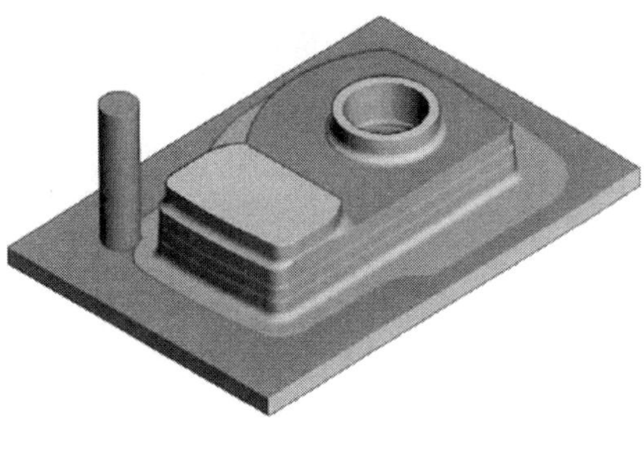

그림 8.41 모의 가공

## (3) 평면 라스터 가공(Raster Flat Finishing) 설정

① <가공 패턴> 창에서 <평면 라스터> 가공을 선택한다.

② 평면 공차, 진입 허용 거리, 가공 방향, 가공여유, 스텝오버 등을 입력하고 <계산>을 누르게 되면 다음과 같은 가공이 생성된다.

그림 8.42 평면 라스터 가공 폼

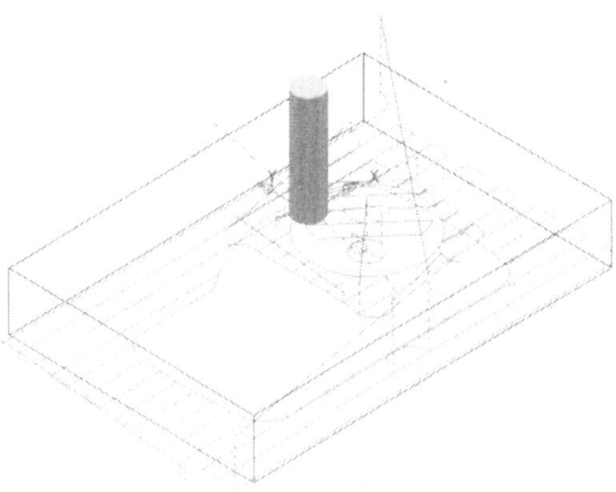

그림 8.43 평면 가공 툴패스

# 8.7 서피스 가공

## (1) 개요

<서피스 가공> 방법은 선택된 서피스에 서피스 커브를 만들어서 툴패스를 생성하는 가공 방법이다.

## (2) 서피스 가공(Surface Finishing) 설정

① <서피스 가공> 창에서 설정 값을 그림 8.44와 같이 입력한다(툴패스 이름, 공차, 스텝오버 등).

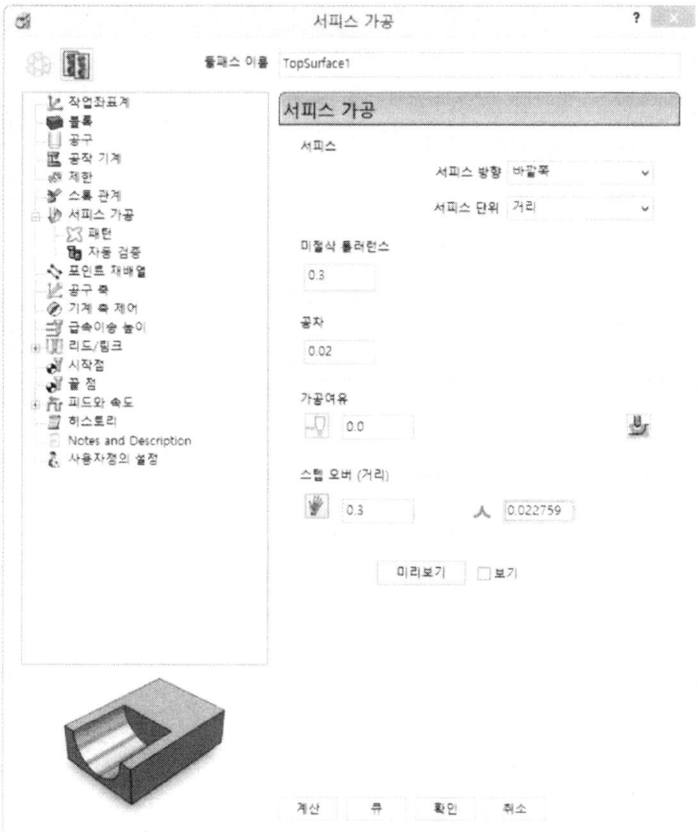


그림 8.44 서피스 가공 설정 폼

② 패턴 옵션 설정: 툴패스 탐색기에서 패턴 옵션을 설정하고, 패턴 방향(U), 순서(양방향), 시작 코너(최소 U, 최대 V)를 설정한 후에 <계산>을 누르고 창을 닫는다.

③ 툴패스 편집: 툴패스 <편집> - 툴패스 <재정렬(Reorder)> 옵션을 선택하여 툴패스를 재정렬한다. 위에서 생성한 툴패스에 마우스 오른쪽 버튼을 누르고 팝업 메뉴에서 <편집> - <재정렬>을 선택하고 <자동 재정렬> 아이콘을 누른다.

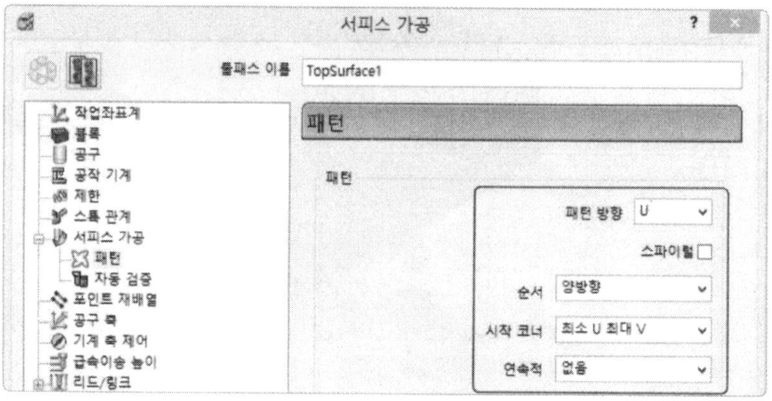


그림 8.45 서피스 가공의 패턴 설정

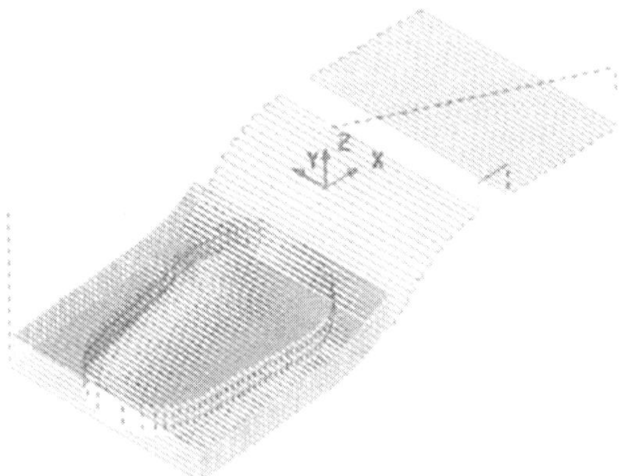

그림 8.46 서피스 가공에 의한 툴패스

# 8.8 패턴 가공

## (1) 개요

패턴은 2D 또는 3D 커브를 이용하여 툴패스를 생성하는 기능이다. 패턴은 <PS_Sketcher>를 이용하여 서피스의 외곽 모서리 커브를 툴패스로 생성할 수 있다. 그리고 패턴은 <패턴 툴바(Pattern Toolbar)>를 이용해서 만들 수 있다.

## (2) 패턴 가공(Pattern Finishing)의 설정

① <패턴 가공> 툴바를 선택한다.

② 패턴 가공 툴패스 창이 열리면 그림 8.47에서 보이는 바와 같이 값을 설정하고 <계산>을 선택해 툴패스를 생성한다.

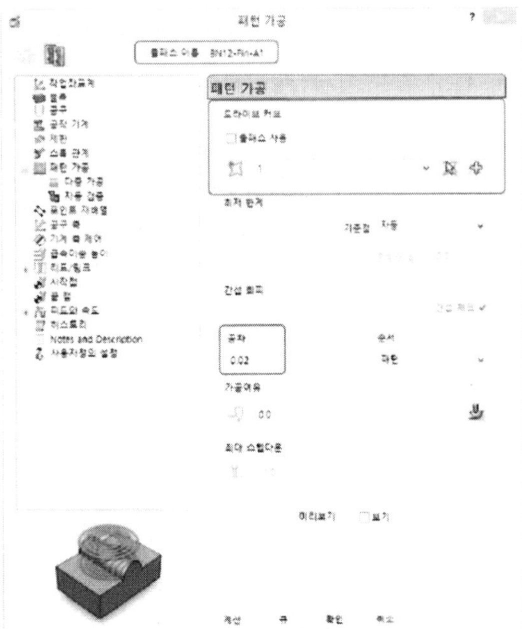

그림 8.47 패턴 가공 툴패스 창

③ 툴패스 이름을 입력하고, 드라이브 커브를 위에서 생성된 패턴을 선택한다. 그리고 공차, 모델, 바운더리 그리고 패턴을 숨기고 툴패스를 그림 8.48과 같이 보이게 한다.

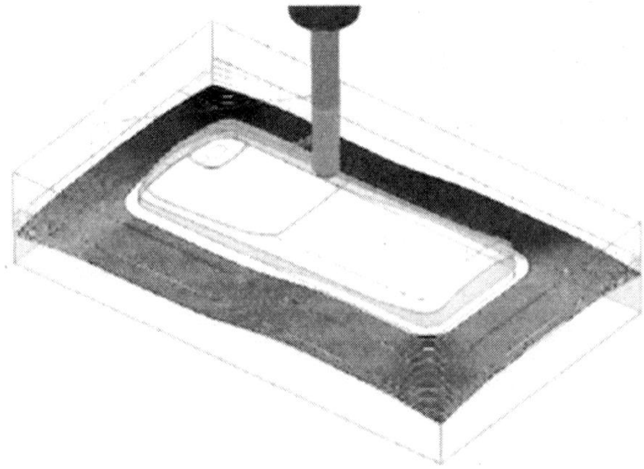

그림 8.48 패턴 가공에 의한 툴패스

④ 필요에 따라서는 패턴 메이커(Automatic pattern generation) 폼에서 다양한 모양을 선택할 수 있다. 패턴 메이커(Automatic pattern generation) 폼에서 그림 8.49와 같이 커브를 따라가는 패턴 생성, 양방향(Create pattern along curves, two way), 스텝오버(Stepover) 1의 조건 등을 입력하여 사용할 수 있다.

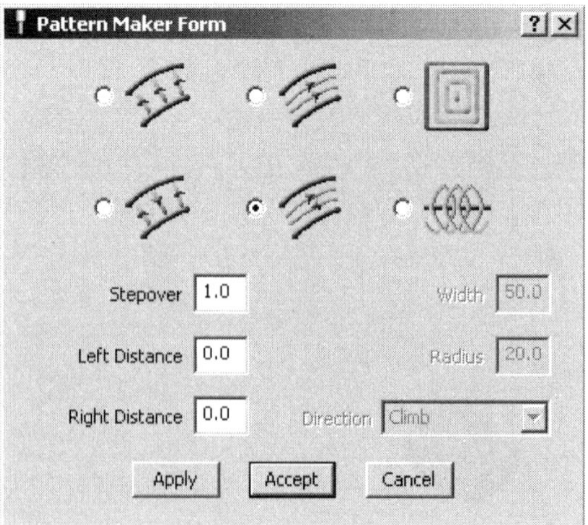


그림 8.49 패턴 메이커

# 8.9 중·정삭 가공 연습

지금까지 살펴보았던 중삭 및 정삭 가공 방법들을 실무적으로 익히기 위해 종합적 가공 예제의 연습을 통해 실무 적용 능력을 키워보기로 한다. 이는 앞에서 알아보았던 황삭 가공과 황중삭 가공의 후속 가공단계로서 그림 8.50과 같은 가공상의 공정 단계에 해당한다고 할 수 있다.

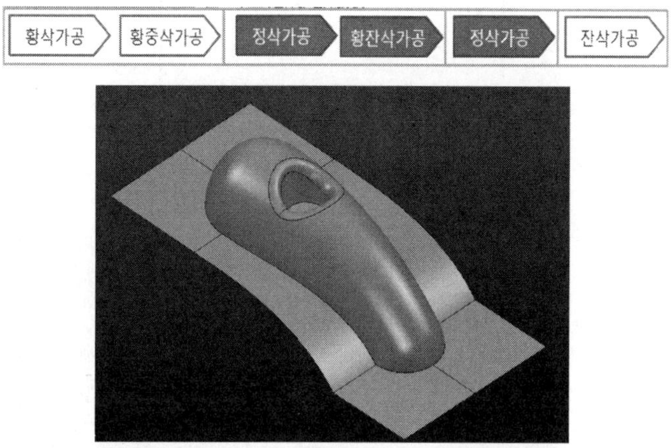


**연습모델**
- 소재 : 알루미늄
- 사이즈: 105 X 98 X 100

**12차시**
- 바운더리 생성 및 조건
- 정삭 가공

**필요 가공 조건**
- 황삭 : ø12엔드밀
- 황중삭 : ø10볼엔드밀
- 중삭 : ø10볼엔드밀
- 황잔삭 : ø4볼엔드밀
- 정삭 : ø10볼엔드밀
- 잔삭 : ø4볼엔드밀
- 잔삭 : ø2볼엔드밀

**그림 8.50 중·정삭 연습 과제**

## (1) 중삭 가공 조건의 설정

다음과 같은 중삭 가공조건들을 토대로 그림 8.51의 화면과 같이 연습해 보기로 한다[실행되는 단계별 기능 요소와 디스플레이 결과들은 **관련 동영상**(http://www.delcam.co.kr)을 참조].

**<중삭 가공조건>**

- 가공방법 : **옵티마이즈 등고선 가공**
- 공구 : ø10 볼엔드밀
- 가공여유 : 0.15 mm
- 스텝오버 : 1.2 mm
- 공차 : 0.01mm
- 리드인 : 서피스에 수직한 원호
- 리드아웃 : 서피스에 수직한 원호
- 짧은링크 : **부드러운 원호**
- 긴링크 : 증분
- 초기값 : 증분

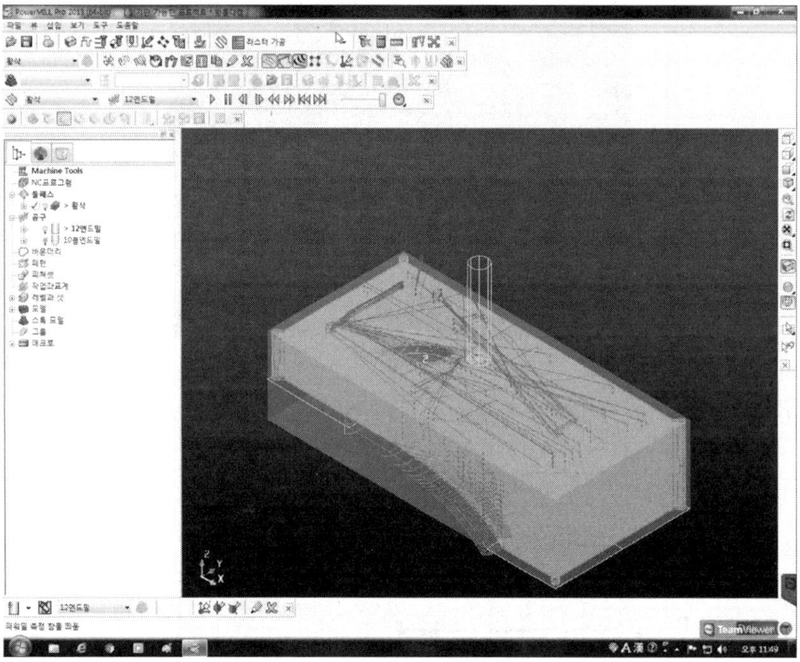

그림 8.51 중삭 가공 조건과 작업 창

## (2) 쉘로우 바운더리 생성

① <바운더리 오른쪽 클릭> → <바운더리 만들기> → <쉘로우 바운더리>의 순서대로 툴바를 설정한다.

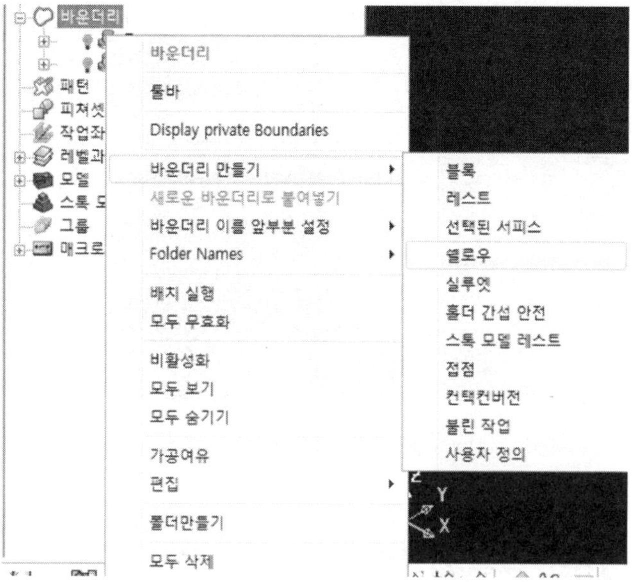


② 다음과 같은 <바운더리 조건값> 수치를 입력한 후 <적용>을 누른다.

**바운더리 조건**

- 바운더리 : 쉘로우 바운더리
- 최고각도 : 27
- 최저각도 : 0
- 공차 : 0.01 mm
- 가공여유 : 0 mm
- 참조공구 : ø10 볼엔드밀
- 공구 : ø10 볼엔드밀

③ 이때, 그림 8.52와 같이 바운더리의 설정 결과는 흰 실선으로 적용된 바운더리 형태로 표시된다.

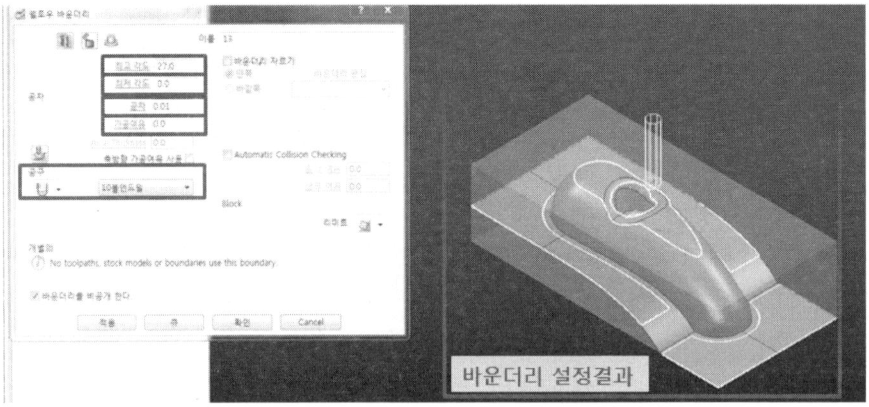


그림 8.52 바운더리의 지정 폼

## (3) <정삭 1>과 <정삭 2>의 가공조건 설정과 실행

**<정삭1의 가공조건>**

- 가공 방법 : **등고선 가공**
- 공구 : ø10 볼엔드밀
- 가공여유 : 0.0 mm
- 공차 : 0.01mm
- 스텝다운 : 0.25mm
- **리드인** : 서피스에 수직한 원호
- **리드아웃** : 서피스에 수직한 원호
- 바운더리 : **헬로우 바운더리 바깥쪽**

**<정삭2 가공조건>**

- 가공 방법 : **3D 옵셋가공**
- 공구 : ø10 볼엔드밀
- 가공여유 : 0.0 mm
- 공차 : 0.01mm
- 스텝오버 : 0.2mm
- 리드인 : 서피스에 수직한 원호
- 리드아웃 : 서피스에 수직한 원호
- 바운더리 : **헬로우 바운더리 안쪽**

그림 8.53 정삭 1과 정삭 2의 가공조건

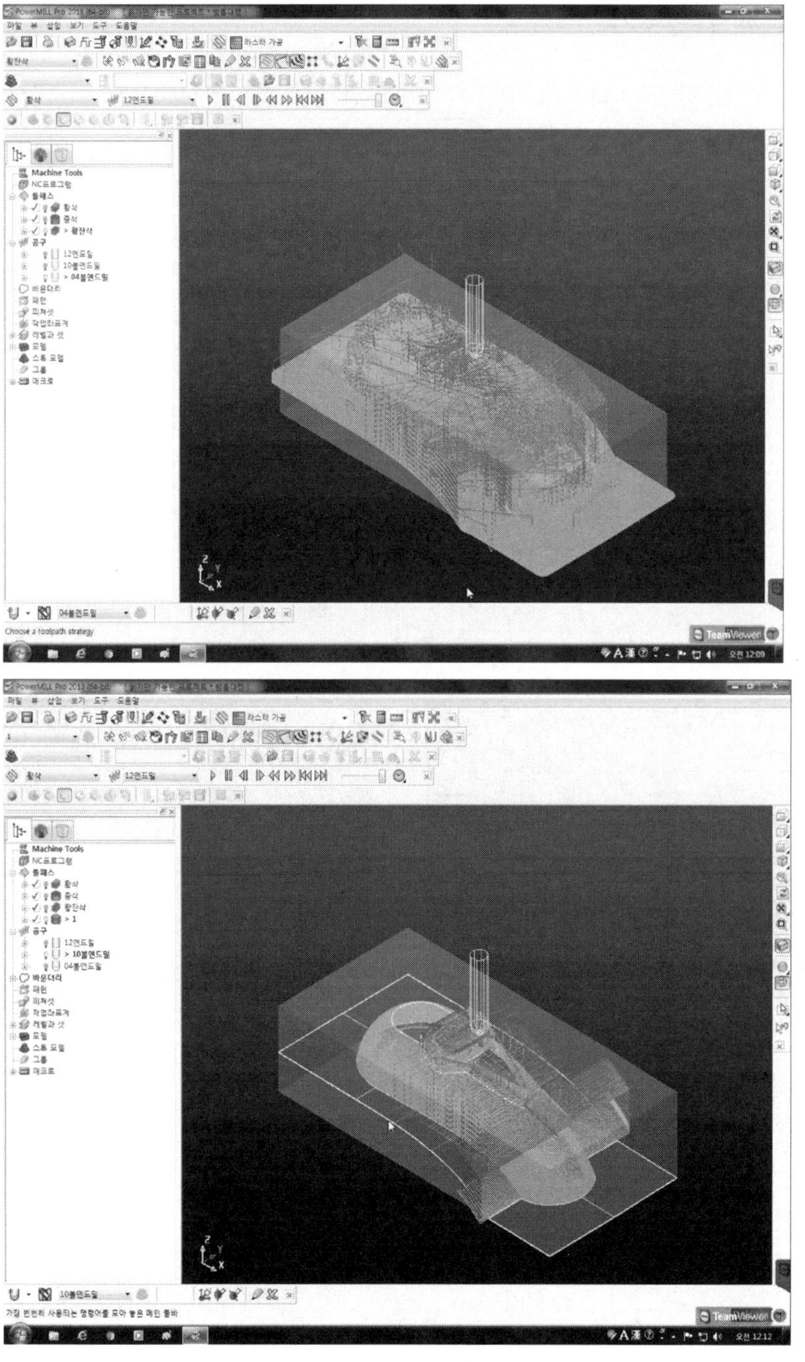

그림 8.54 〈정삭 1〉과 〈정삭 2〉의 툴패스 산출 과정

### (4) 정삭 툴패스 합치기

툴패스를 서로 합치는 과정은 다음과 같이 컨트롤 버튼을 누른 뒤 <정삭 2> 아이콘을 <정삭 1> 툴패스 위에 드래그함으로써 실행된다.

그림 8.55 정삭 1 툴패스

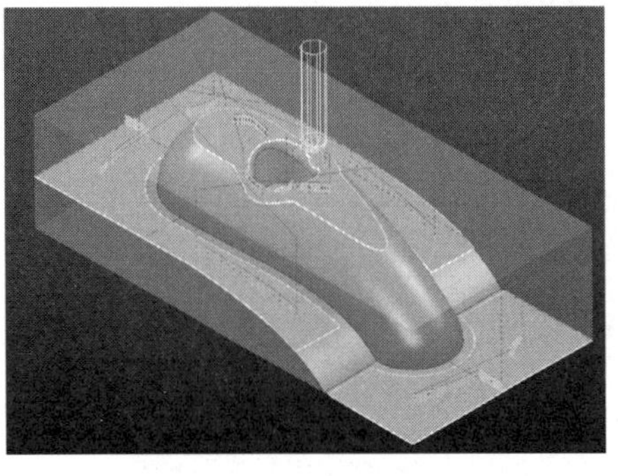

그림 8.56 정삭 2 툴패스

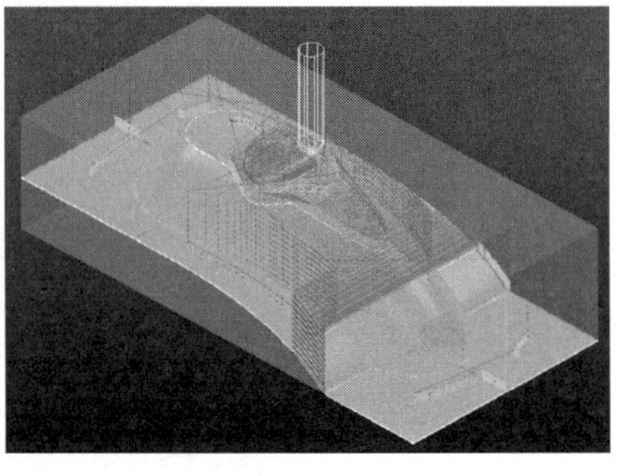

그림 8.57 합친 정삭 툴패스

## 복습문제

**01.** CAM 시스템의 중삭 및 정삭용 가공 패턴에서 스팁(Steep) 영역에서만 주로 사용하는 데에 가장 적절한 것은?

㉮ 스파이럴 가공　　㉯ 방사선 가공
㉰ 등고선 가공　　㉱ 옵티마이즈 등고선 가공

➜ ㉮

**설명** 스파이럴 가공과 방사선 가공은 쉘로우(Shallow) 영역에서만 사용되며, 등고선 가공은 경사각이 큰 스팁(Steep) 영역에서 주로 사용된다. 옵티마이즈 등고선 가공은 스팁과 쉘로우 영역 모두에서 각각 이에 대응하는 2가지 패턴을 사용한다.

**02.** 다음의 정삭용 가공경로 산출 방법 중, 2개의 곡선(curve)을 정의하여 이들 곡선 사이의 영역을 가공하는 방법은?

㉮ 3D 옵셋 가공　　㉯ 파라메트릭 옵셋 가공
㉰ 서피스 가공　　㉱ 패턴 가공

➜ ㉯

**설명** 파라메트릭 옵셋 가공은 폼 시작 곡선과 마지막 곡선을 정의해서 두 곡선 사이를 가공하는 것으로서 가공 전에 해당 곡선을 정의하거나 모델의 도형 등에서 단면곡선을 지정하여 활용하기도 한다.

**03.** CAM 시스템에서 중삭 및 정삭 가공을 위해 2D 또는 3D 커브를 이용하여 툴패스를 생성하는 기능을 사용하는 가공 방법은?

㉮ 3D 옵셋 가공　　㉯ 파라메트릭 옵셋 가공
㉰ 패턴 가공　　㉱ 스팁과 쉘로우 가공

➜ ㉰

**설명** 패턴 가공은 2D 또는 3D 커브를 이용하여 툴패스를 생성하는 기능이다. 패턴은

<PS_Sketcher>를 이용하여 서피스의 외곽 모서리 커브를 툴패스로 생성할 수 있다. 그리고 패턴은 <패턴 툴바(Pattern Toolbar)>를 이용해서 만들 수 있다.

**04.** CAM 시스템에서 옵티마이즈 등고선 가공 폼에 추가적으로 오버랩 값과 출력 경계 각도를 설정하여 툴패스를 생성하는 가공 방법은?

㉮ 3D 옵셋 가공 ㉯ 파라메트릭 옵셋 가공

㉰ 패턴 가공 ㉱ 스텝과 쉘로우 가공

➜ ㉱

**설명** 스팁과 쉘로우 가공은 <옵티마이즈 등고선 가공> 폼에 추가적으로 <오버랩> 값과 툴패스 영역에 정의될 <출력 경계 각도>를 설정하여 툴패스를 생성하는 가공 방법이다. 경사가 급한 영역과 완만한 영역을 작업자가 판단하여 경계 각도로 분리 지정하는 데에 사용된다.

09 장

# CAM 시스템 잔삭 가공 방법

이 단원에서는 CAM 시스템의 잔삭 가공 방법에 있어서 단계별 공구 크기에 따른 잔삭 부위의 자동 산출 방법과 적절한 툴패스 패턴을 실무적으로 활용하는 기법에 대해 살펴보기로 한다.

코너 잔삭 가공의 작업 순서와 해당 가공 옵션들을 지정하는 방법론을 알아보고, 자동 인식 기능으로 산출된 바운더리 내에서 얼롱(along), 스티치(stitch), 자동 등 3가지 잔삭 가공하는 방향을 절삭성이 원활하도록 적용해 본다.

한편 과대하게 두툼한 미절삭 군살 부위를 피봇(pivot) 공구를 사용한 코너 (멀티) 펜슬가공 방법을 통해서 한두 가지의 절삭 경로로 제거하는 방법을 응용해 보며, 이를 황삭, 중삭, 정삭 또는 여러 지역 영역에 대한 절삭 경로 파일들을 편집하거나 합성하는 방법을 알아보기로 한다.

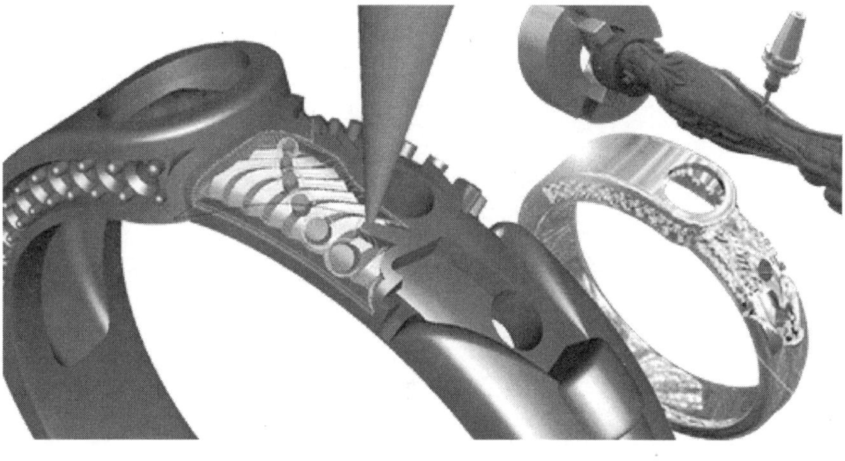

**그림 9.1** 잔삭 가공 및 펜슬 가공 사례(www.byrhino3d.com)

# 9.1 코너 가공의 개요

코너 가공(Corner Finishing)은 바로 전에 가공했었던 큰 공구를 인식하고 현재 작은 공구를 이용하여 코너 구간을 제거하는 가공이다. 코너 잔삭 가공은 **얼롱(방향, Along)**, **스티치**(Stitch), **자동**(automatic) 등의 3가지 방법이 사용된다. 이들은 모두 모델 내부에 큰 공구가 들어가기 어려운 구간을 가공한다.

모든 코너 가공은 **출력 경계 각도**(Threshold Angle)의 설정으로 가공이 이루어지는데, 이 출력 경계 각도(Threshold Angle)에 따라 툴패스를 만들기 위한 과정이 분석되는 것이다.

출력 경계 각도(Threshold Angle)로 **스팁(급한, Steep)**은 경사가 급한 부위를 위해 사용되는 것이고, **쉘로우(완만한, Shallow)**는 평탄한 부위를 가공하기 위한 것이며, 때에 따라서 전체 면을 가공하기를 원한다면 출력(output) 박스에서 양쪽(Both)을 선택하기도 한다. 그리고 출력 경계 각도(Threshold Angle)를 90도로 설정하는 경우에는 전체 코너 영역에 대해서 연결된 툴 패스가 형성(이때 양방향(Both))된다.

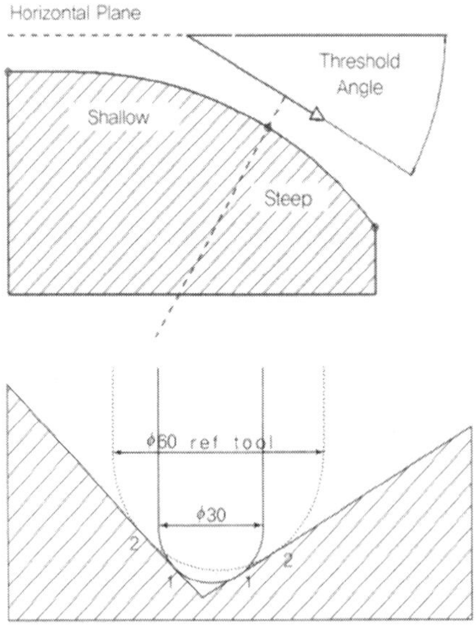


**그림 9.2** 출력 경계 각도의 설정

# 9.2 스티치(Stitch) 코너 잔삭

## (1) 스티치 코너 잔삭 가공 설정

① 코너 잔삭 설정 창에서 <방법>을 <스티치(stitch)>로 선택한다.

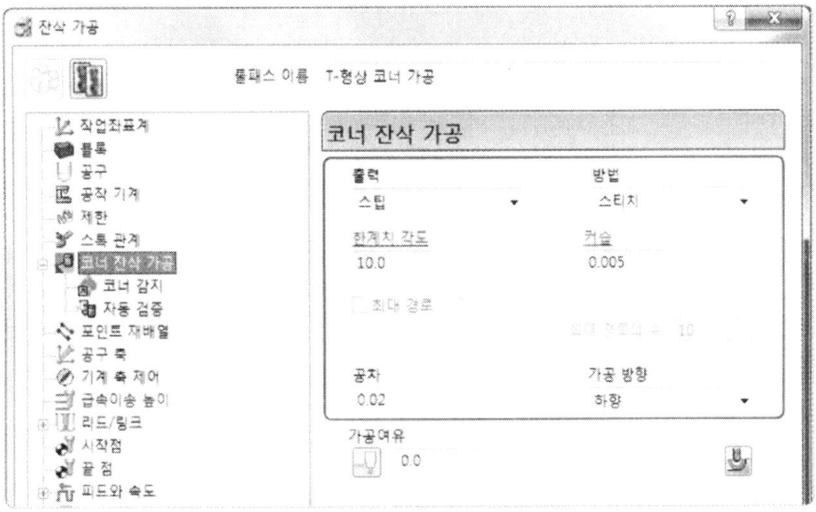


그림 9.3 코너 잔삭 가공 입력창

② 툴패스 이름을 입력한다.

③ <출력>을 <스텝(Steep)>으로 변경한다.

④ <탐색기 공구> 옵션에서 BN5 공구를 설정한다.

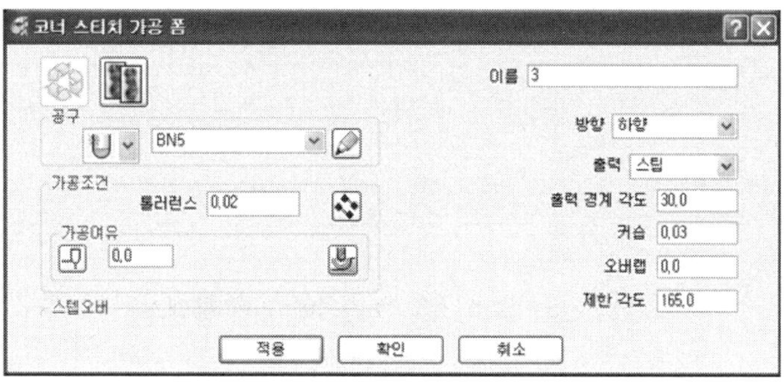


그림 9.4 코너 스티치 가공 폼

## (2) 코너 감지 옵션 설정

① <코너 감지> 페이지에서 참조 공구를 BN10으로 설정한다.

② <툴패스>를 <계산>하고 <취소>를 선택해 창을 닫는다.

③ 이때 그림 9.6과 같이 <스팁(Steep)> 부분이 가공된다.

그림 9.5 코너 감지 옵션의 설정

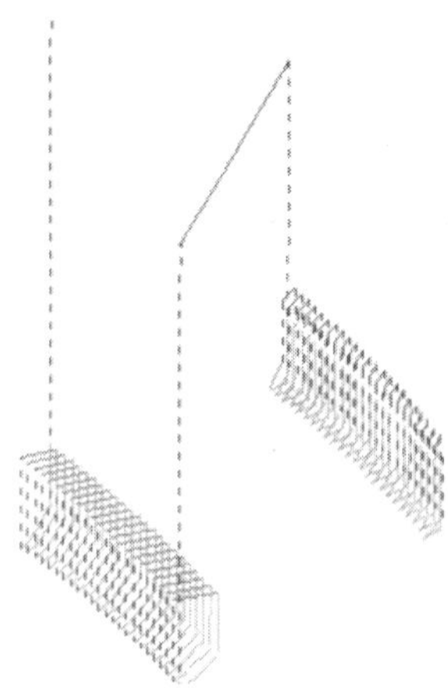

그림 9.6 코너 스티치 가공에 의한 툴패스

## (3) 툴패스 재정렬

① <툴패스>에서 오른쪽 마우스 버튼을 클릭하여 팝업 메뉴에서 <편집> - <재정렬(Reorder)>을 선택한다.

② <일방향> ⇄ <양방향(Alternatice Diretion)>을 선택한다.

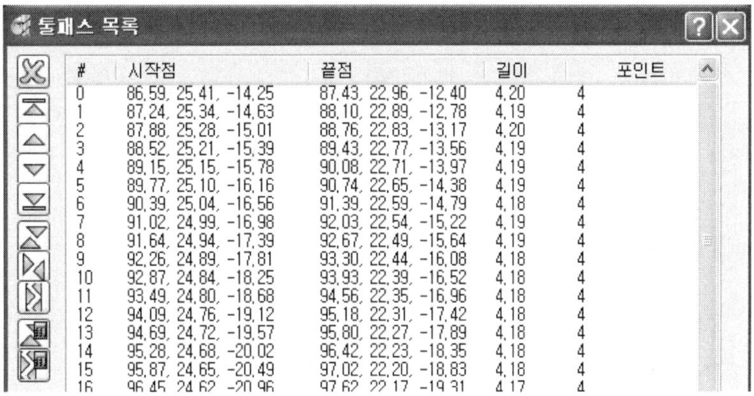


| # | 시작점 | 끝점 | 길이 | 포인트 |
|---|---|---|---|---|
| 0 | 86,59, 25,41, -14,25 | 87,43, 22,96, -12,40 | 4,20 | 4 |
| 1 | 87,24, 25,34, -14,63 | 88,10, 22,89, -12,78 | 4,19 | 4 |
| 2 | 87,88, 25,28, -15,01 | 88,76, 22,83, -13,17 | 4,20 | 4 |
| 3 | 88,52, 25,21, -15,39 | 89,43, 22,77, -13,56 | 4,19 | 4 |
| 4 | 89,15, 25,15, -15,78 | 90,08, 22,71, -13,97 | 4,19 | 4 |
| 5 | 89,77, 25,10, -16,16 | 90,74, 22,65, -14,38 | 4,19 | 4 |
| 6 | 90,39, 25,04, -16,56 | 91,39, 22,59, -14,79 | 4,18 | 4 |
| 7 | 91,02, 24,99, -16,98 | 92,03, 22,54, -15,22 | 4,19 | 4 |
| 8 | 91,64, 24,94, -17,39 | 92,67, 22,49, -15,64 | 4,19 | 4 |
| 9 | 92,26, 24,89, -17,81 | 93,30, 22,44, -16,08 | 4,18 | 4 |
| 10 | 92,87, 24,84, -18,25 | 93,93, 22,39, -16,52 | 4,18 | 4 |
| 11 | 93,49, 24,80, -18,68 | 94,56, 22,35, -16,96 | 4,18 | 4 |
| 12 | 94,09, 24,76, -19,12 | 95,18, 22,31, -17,42 | 4,18 | 4 |
| 13 | 94,69, 24,72, -19,57 | 95,80, 22,27, -17,89 | 4,18 | 4 |
| 14 | 95,28, 24,68, -20,02 | 96,42, 22,23, -18,35 | 4,18 | 4 |
| 15 | 95,87, 24,65, -20,49 | 97,02, 22,20, -18,83 | 4,18 | 4 |
| 16 | 96,45, 24,62, -20,96 | 97,62, 22,17, -19,31 | 4,17 | 4 |

그림 9.7 툴패스의 재정렬 결과

## (4) 리드/링크 설정

① <리드/링크>의 <링크> 탭에서 <원 및 원호(Circular Arc)>를 선택한다.

② 이때 <스텝(Steep)> 부분은 <양방향>으로, <링크>는 <원 및 원호>로 부드럽게 형성된다.

③ 메인 메뉴 <파일>에서 <프로젝트 저장(Save Project)>한다.

그림 9.8 리드/링크의 설정으로 부드러운 툴패스 형성

# 9.3 방향(얼롱, Along) 코너 잔삭

## (1) 방향(Along) 코너 잔삭 가공 설정

<코너 잔삭 가공> 폼을 열고, <출력>에서 <완만한(Shallow)>을 선택하고 <방법>은 <방향>을 선택한다.

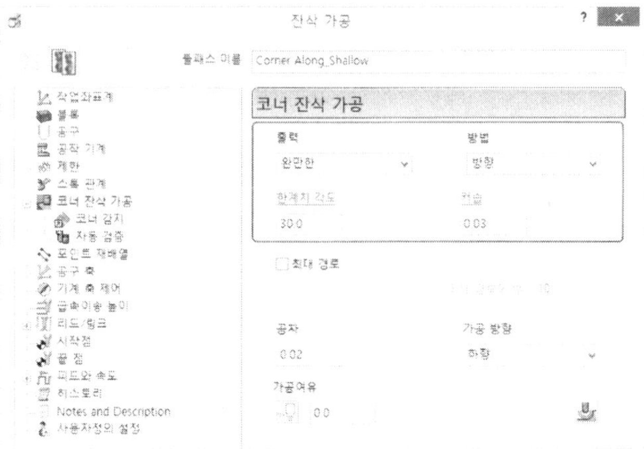


그림 9.9 방향 코너 잔삭의 설정

## (2) 코너 감지 설정

① <코너 감지> 페이지에서 참조 공구를 BN10으로 선택하고 <오버랩>을 0.3으로 입력한다.

② <적용> 버튼을 누르면 그림 9.10과 같이 완만한 영역에 툴패스가 생성된 것을 확인할 수 있다.

## (3) 출력 경계 각도 변경

① <코너 잔삭 가공> 폼을 열고 <출력>에서 <완만한(Shallow)>을 선택한다.

② <출력 경계 각도>를 90으로 변경한다. 이는 툴패스를 만들 하부의 <스텝>, <완만한>을 지정하지 않고 무시하는 효과를 가져온다. 이때 상하향이 번갈아 생김으로써 들뜰 수 있음을 주의하여야 한다.

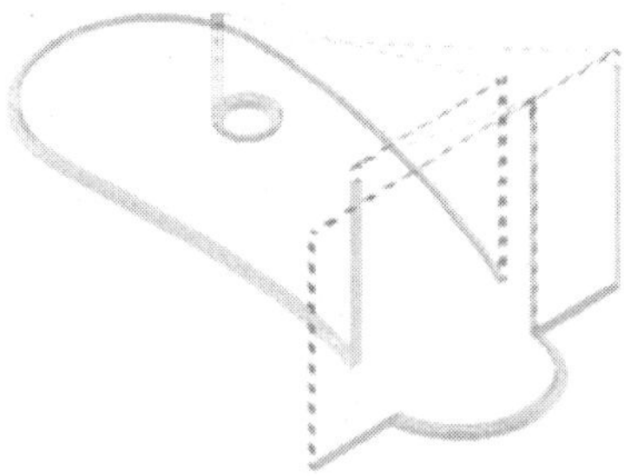

그림 9.10 완만한 영역의 툴패스 생성

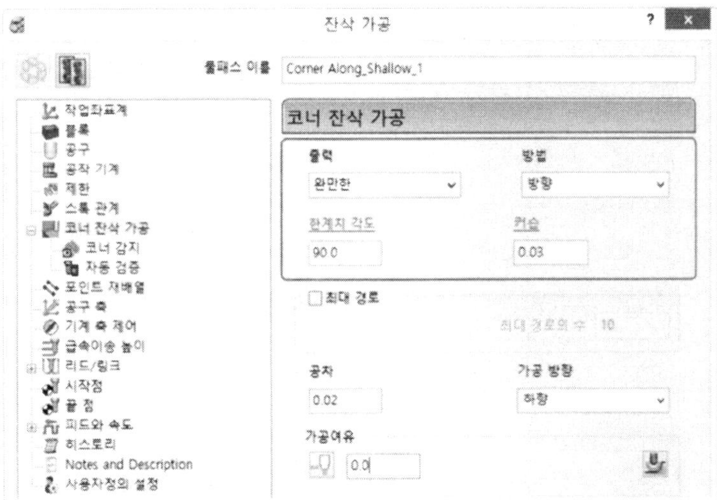


그림 9.11 출력 경계 각도의 변경

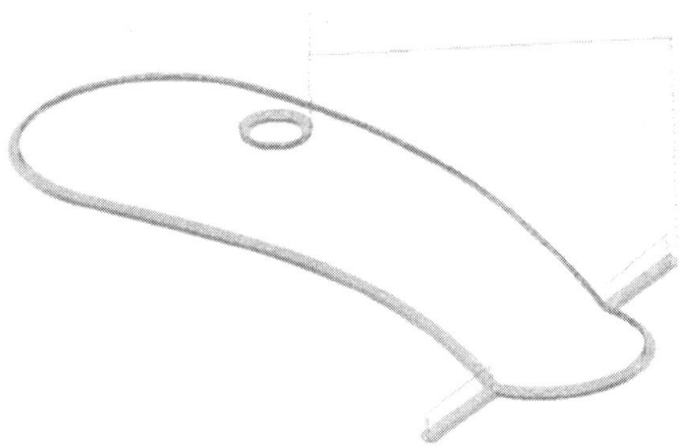

그림 9.12 출력 경계 각도 변경에 따른 툴패스

# 9.4 코너 펜슬 가공

## (1) 코너 펜슬 가공(Corner Pencil Finishing) 개요

코너에 남은 군살을 효과적으로 제거하기 위한 가공 방법으로, 주로 공구의 파손 방지하기 위해서 사용한다. 인접한 면들이 접하는 부위에 대하여 <펜슬(Pencil)> 툴패스를 생성할 수 있으며, 만약 <바운더리>가 활성화되어 있다면 바운더리 내에서 툴패스가 계산된다.

## (2) 코너 펜슬 가공 설정

① <툴패스> 아이콘을 선택하여 창을 띄우고, <정삭> 탭에서 <코너 펜슬 가공>을 선택한다.

② 툴패스 이름을 입력한다.

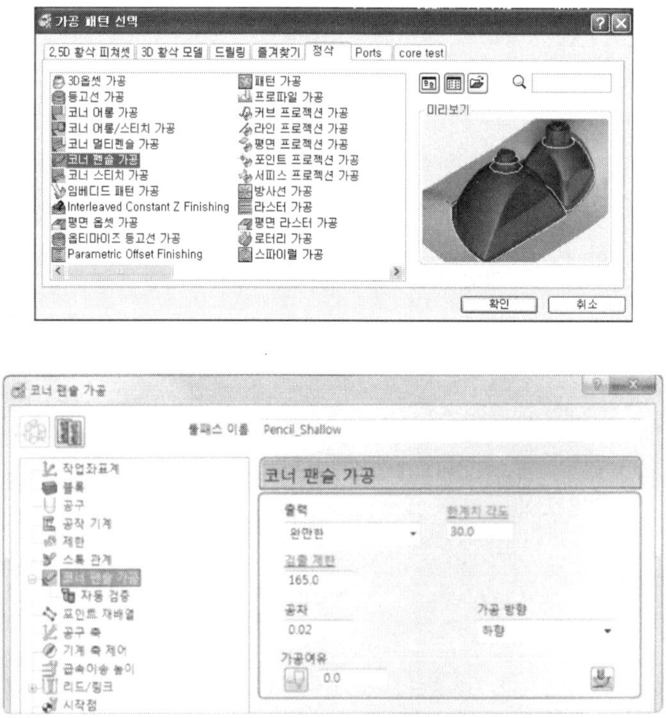


그림 9.13 코너 펜슬 가공 설정 창

③ <출력>을 <완만한>으로 선택한다.

④ <공차>는 0.02로, <출력 경계 각도>는 30으로 입력한다. 이때, 30도 이내의 구간을 <완만한>으로 인식하고 30도 이상의 구간은 <스텝>으로 인식한다.

### (3) 코너 펜슬 가공의 공구 옵션과 툴패스 시뮬레이션

① <코너 펜슬 가공 탐색기>에서 공구 옵션을 선택하고 BN10 공구를 선택하고 <활성화>한다.

② <적용>, <닫기>를 누른다.

③ 툴패스를 <시뮬레이션>한다. 이때 그림 9.15와 같이 툴패스가 생성되고 이 툴패스는 스텝 영역은 가공할 수 없다.

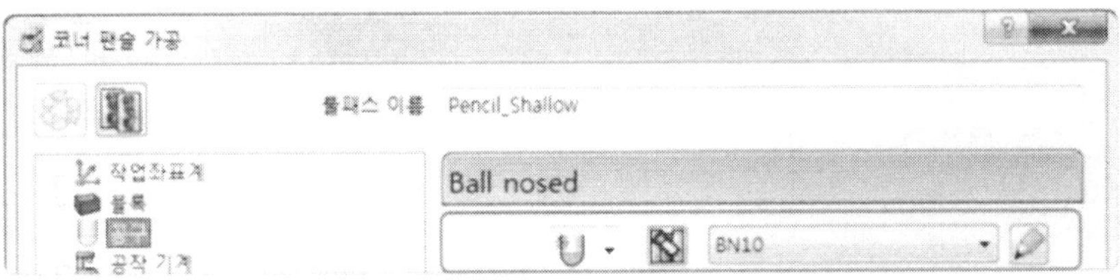


그림 9.14 코너 감지를 위한 공구의 설정

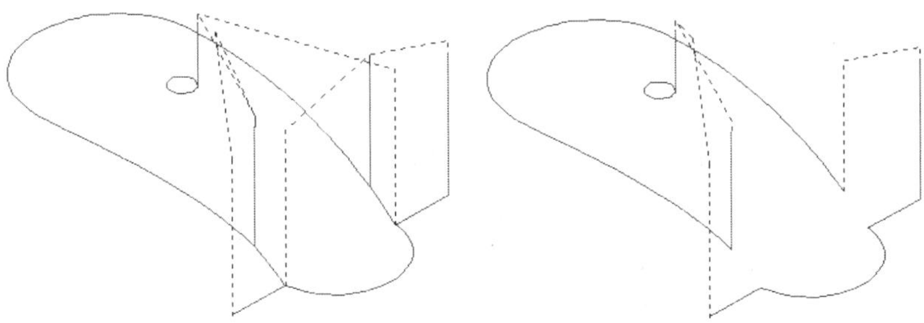

(a) 쉘로우 적용 전 (b) 쉘로우 적용 후

그림 9.15 코너 펜슬 가공 툴패스

# 9.5 코너 멀티 펜슬 가공

코너 부위에 많은 양의 형상이 존재하는 경우에 효과적으로 코너를 잔삭 가공할 수 있는 가공방법이다. 코너에 많은 양의 형상이 존재하여 코너 펜슬 가공(Corner Pencil Finishing)으로 모든 형상을 처리할 수 없는 경우에 사용하면 효과적이다.

## (1) 코너 멀티 펜슬 가공(Corner Multi Pencil Finishing) 설정

① <툴패스> 아이콘을 선택하여 창을 띄우고, <정삭> 탭에서 <코너 멀티 펜슬 가공>을 선택한다.

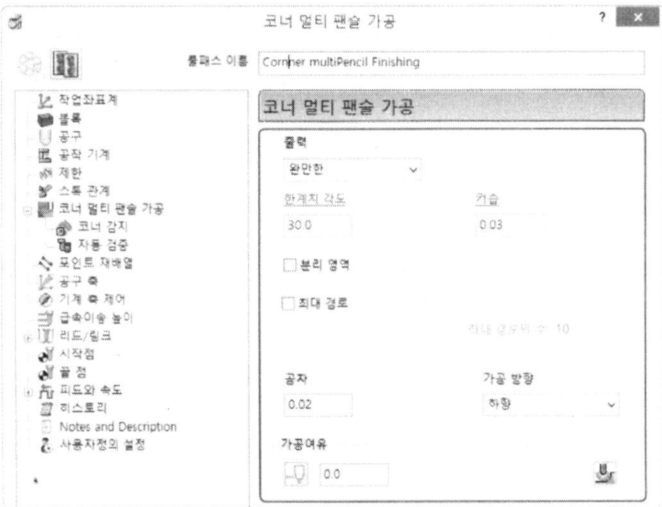


그림 9.16 코너 멀티 펜슬 가공의 설정 창

② <출력>을 <완만한>으로 변경하고 <적용>을 클릭한다.

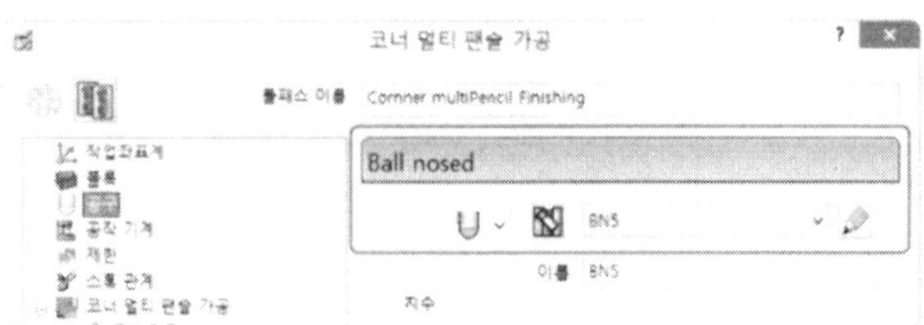


그림 9.17 코너 감지 공구 설정

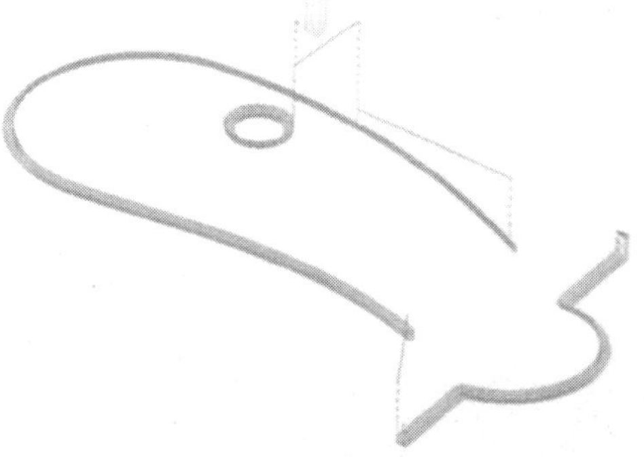

그림 9.18 코너 멀티 펜슬 가공의 초기 툴패스

③ 공구 BN5를 활성화시킨다.

④ <참조 공구>를 BN10으로 설정하고 툴패스를 <계산>한다. 이 툴패스는 <코너 잔삭 가공>과 비슷하지만 상향 정삭과 하향 절삭이 동시에 이루어지고 있어서 급속 이송이 많이 발생하지 않는다. 일반적으로 <코너 펜슬 가공>으로 처리하기에는 코너 부위의 양이 많다고 판단될 때 사용하면 효과적이다.

⑤ <툴패스 복사> 아이콘을 선택한다.

⑥ <출력 경계 각도>를 90으로 입력한다. 이와 같이 설정하면 완만한 영역에만 한정되지 않는 가공 툴패스가 생성된다. 이 툴패스는 <출력>을 <양쪽>으로 설정한 것과 같은 결과를 가져오고, 만양 <출력>을 <스텝>으로 설정하면 툴패스는 생성되지 않는다.

⑦ 툴패스 <계산>하고 <닫기>를 선택한다.

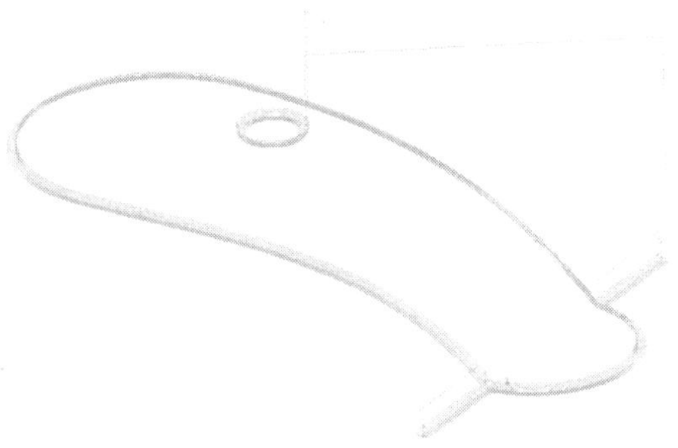

그림 9.19 코너 멀티 펜슬 가공의 출력 경계 각도 적용 후의 툴패스

# 9.6 잔삭 가공 과제 연습

## (1) 과제 개요

황삭가공 > 황중삭가공 > 중삭가공 > 황잔삭가공 > 정삭가공 > **잔삭가공**

10차시: 황삭가공, 황중삭가공 | 11차시: 중삭가공, 황잔삭가공 | 12차시: 정삭가공 | 13차시: 잔삭가공

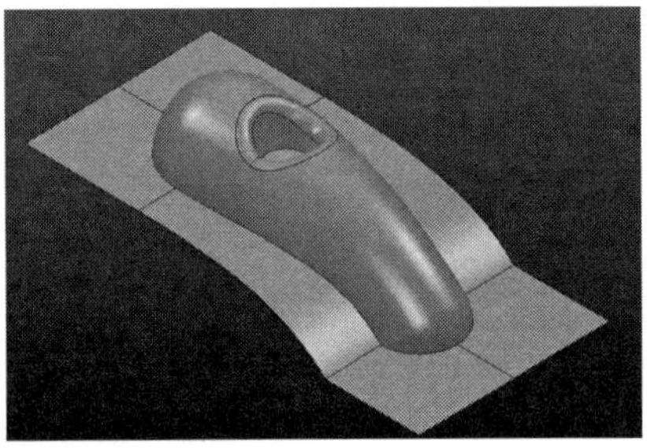

**연습모델**
- 소재 : 알루미늄
- 사이즈: 105 X 98 X 100

**13차시**
- 패턴설정
- 잔삭 가공
- 홀더체크

**필요 가공 조건**
- 황삭 : ø12엔드밀
- 황중삭 : ø10볼엔드밀
- 중삭 : ø10볼엔드밀
- 황잔삭 : ø4볼엔드밀
- 정삭 : ø10볼엔드밀
- 잔삭 : ø4볼엔드밀
- 잔삭 : ø2볼엔드밀

- 잔삭 툴패스 패턴 생성의 연습
  - 잔삭을 수행하기 위해 툴패스 패턴 생성
  - 정삭에 코너 펜슬 가공 생성
- 잔삭의 필수 정의 값 설정 연습

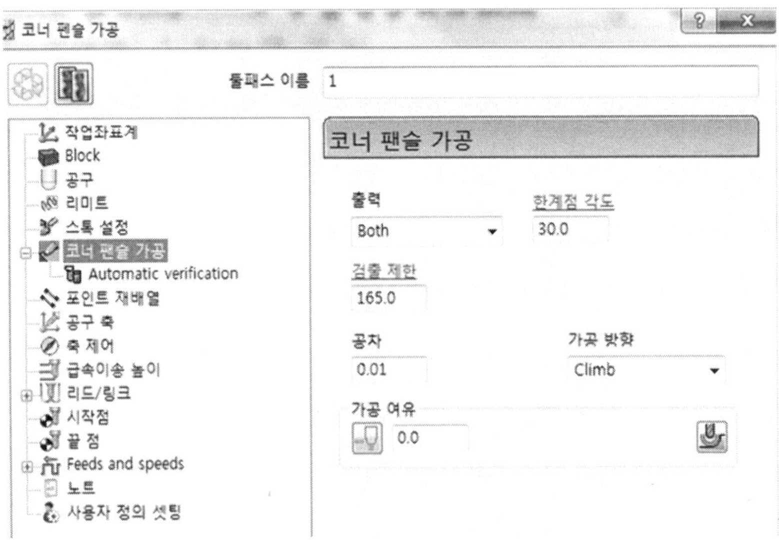

## (2) 과제 연습

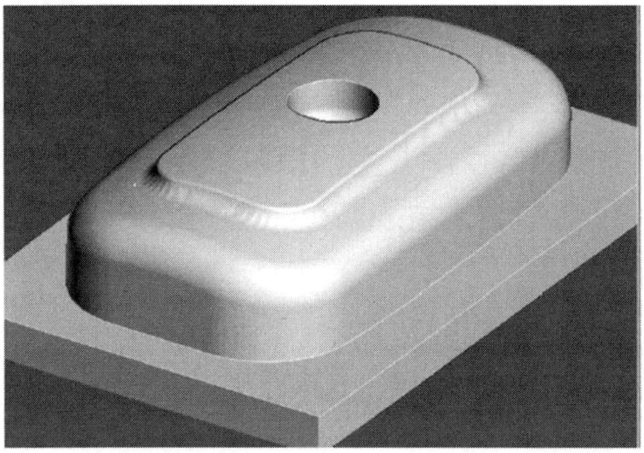

**잔삭 1 툴패스 생성법**

- 코너 멀티 팬슬 가공 활성화
- 패턴 생성
- 활성화된 툴패스로 패턴 생성 클릭

① 코너 부분의 가공을 위해 4 mm 볼엔드밀 공구를 생성한다.

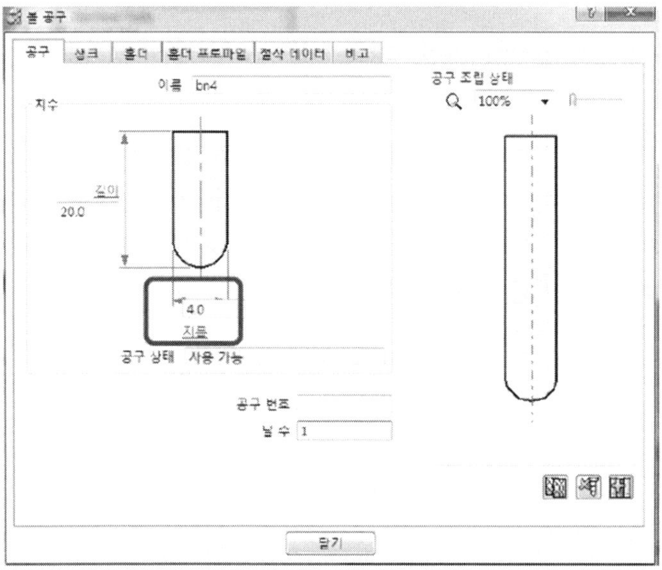


공구 이름 – bn4

지름 – 4.0

볼공구를 생성한다.

② 툴패스 선택 창에서 정삭 탭을 선택하고 코너 잔삭 가공 방법을 선택한다.

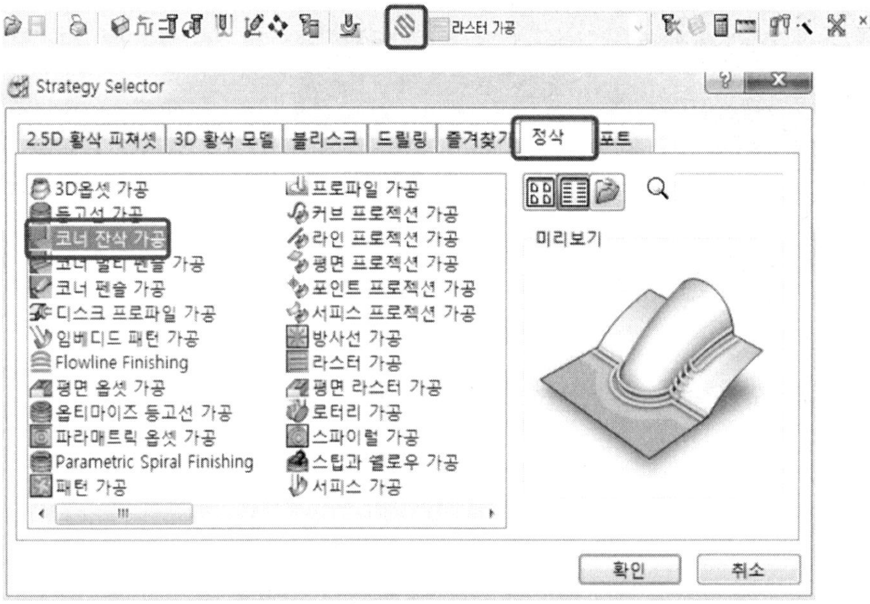

확인 버튼을 눌러 코너 잔삭 가공 창을 연다.

툴패스 이름 – 코너잔삭 – 1
출력 – 양쪽
출력경계각도 (Threshold angle) – 30
커습 – 0.02
공차 – 0.02
가공방향 – 하향
가공여유 – 0.0
으로 설정한다.

③ 코너 감지 창에서 참조 공구를 형상부 정삭에 사용했던 BN8공구를 선택한다.

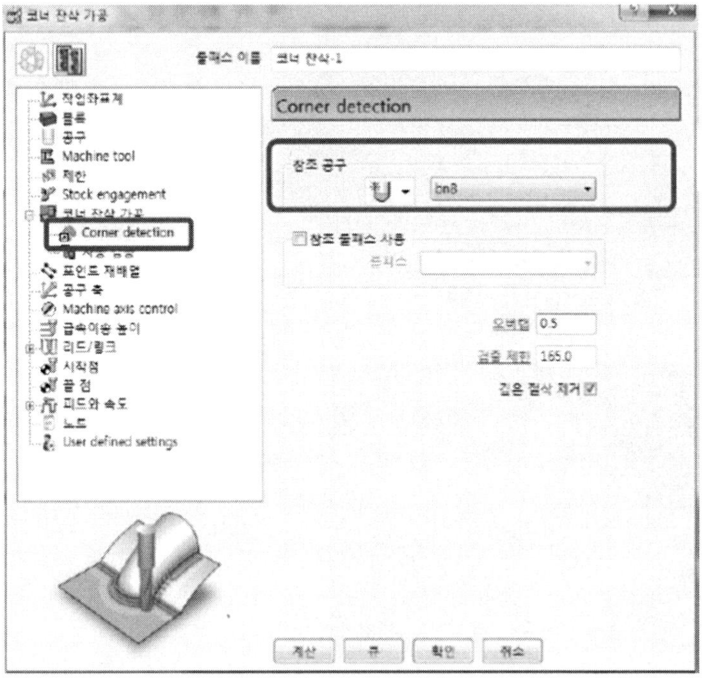


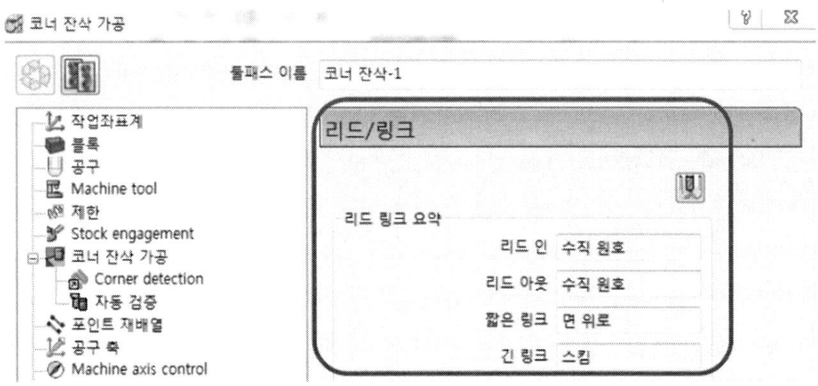

④ 링크는 다음 그림과 같이 설정한다.

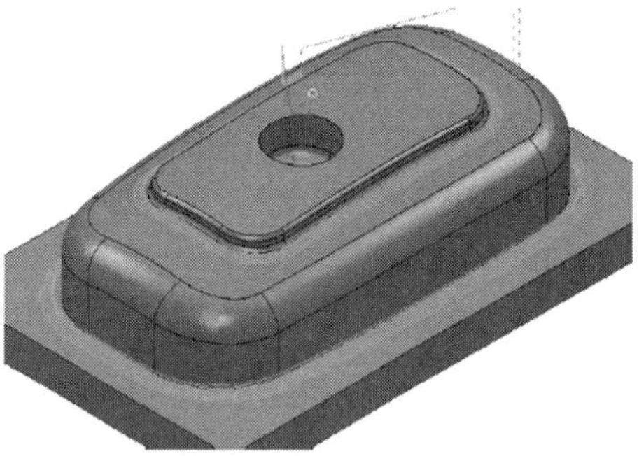

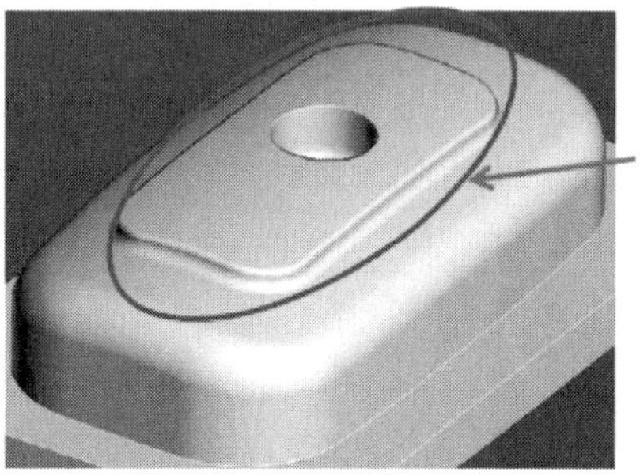

그렇지만 이 부분의 코너는 처음 모델 측정 시 지름이 2mm였기 때문에 아직 완벽하게 가공되지 않는다.

⑤ 이 부분의 가공을 위해 지름 2 mm 볼엔드밀 공구를 생성한다.

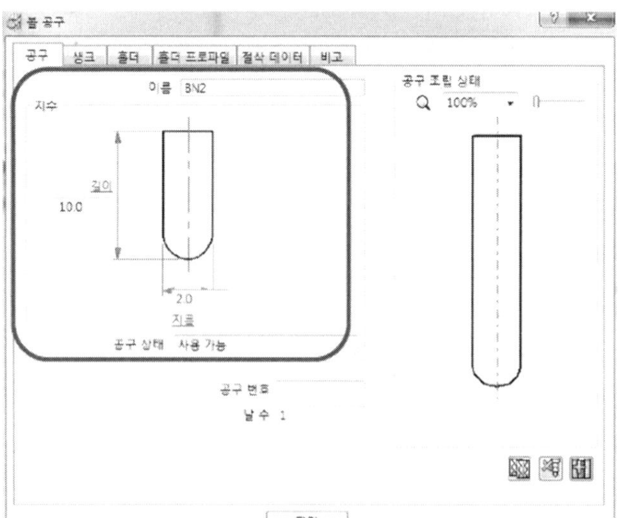


공구이름 – BN2
지름 – 2
볼공구를 생성한다.

⑥ 앞의 코너 잔삭 가공과 동일한 툴패스 방법을 선택한다.

툴패스 이름-
코너잔삭-2
출력-양쪽
출력경계각도
(Threshold angle)-30
커습-0.02
공차-0.02
가공방향-하향
가공여유-0.0
으로 설정한다.

⑦ 코너 감지 창에서 참조 공구를 이전 코너 잔삭에서 사용했던 BN4 공구를 선택한다.

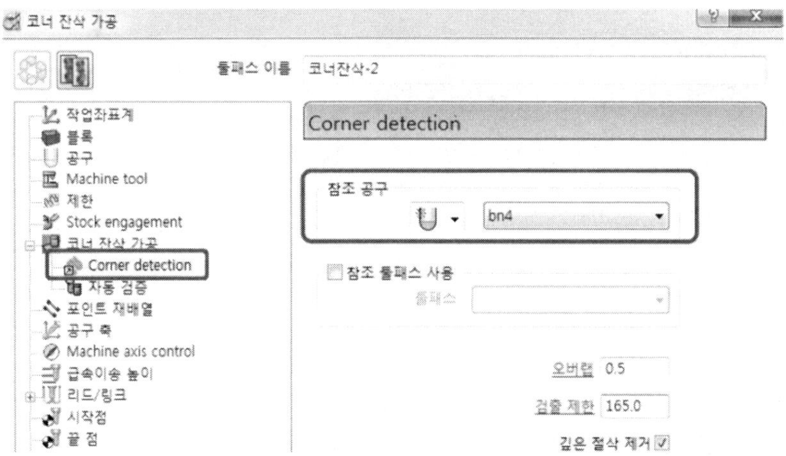

⑧ 다음 그림과 같이 리드와 링크를 설정한다.

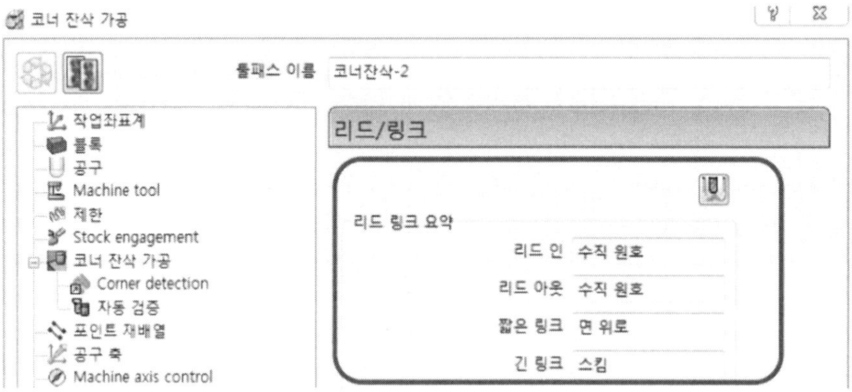


모의 가공을 통해 모든 가공이 완료된 가공 형상을 확인할 수 있다.

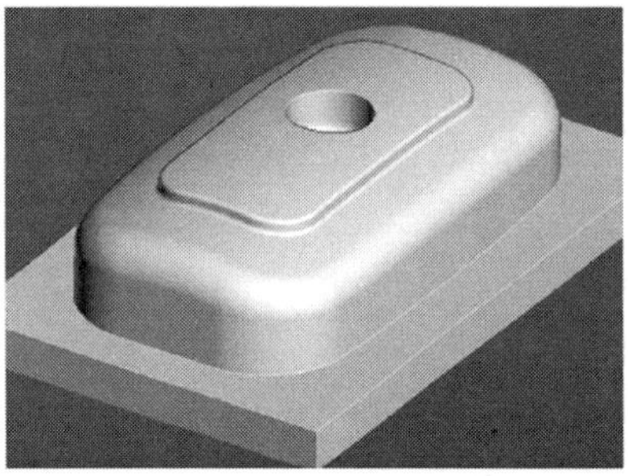

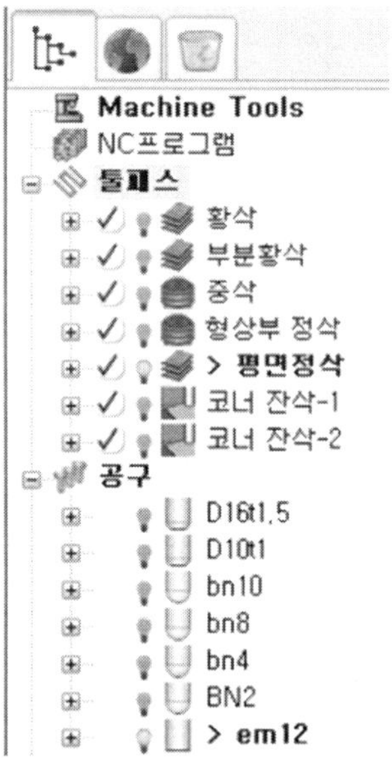


## 9.7 가공 경로 편집

툴패스 편집을 위해 활성화된 툴패스 위에서 오른쪽 마우스 버튼을 누르면 그림 9.20과 같은 팝업 메뉴가 나타나며, <편집(Edit)>을 선택하면, 그림과 같이 하위 메뉴가 나타난다.

그림 9.20 툴패스 팝업 메뉴

- 활성화되어 있는 툴패스를 편집하기 위해 툴바를 사용할 수 있다.
- 탐색기의 <툴패스>에서 오른쪽 마우스 버튼을 클릭한 후 <툴바(ToolBar)>를 선택한다.

- 여기서 <편집>→<툴패스 변환>을 실행하여 보다 쉽게 툴패스 변환 기능을 사용할 수 있다.
- 툴패스 변환 툴바를 통해 활성화되어 있는 툴패스를 **이동**(Move), **회전**(Rotate), **대칭이동**(Mirror)할 수 있다.

## 복습문제

**01.** CAM 시스템의 코너 잔삭 가공 단계에서 〈코너 감지〉 옵션을 선택하여 가공할 코너 영역을 자동 산출하려고 한다. 이 코너 영역을 산출하기 위해 주로 참조하는 인자는?

㉮ 바로 전에 사용한 공구 크기

㉯ 이웃한 두 곡면의 교차 곡선

㉰ 곡면의 최소 곡률 반경과 연장 곡선

㉱ 기준곡선에 대한 단면곡선의 이동궤적

➜ ㉮

**설명** <코너 감지> 옵션에서는 바로 전에 사용한 공구 파일을 지정하여 이를 참조로 현재 사용할 공구로 가공할 수 있는 미절삭 체적을 감지한다.

**02.** CAM 시스템에서 코너에 남은 미절삭 체적의 군살을 제거하기 위해 〈코너 펜슬 가공〉을 실시한다. 이 가공은 어떠한 효과를 기대하기 위해 실시하는 것인가?

㉮ 가공 시간의 단축　　㉯ 표면거칠기의 향상

㉰ 공구의 파손 방지　　㉱ 가공 여유값의 감소

➜ ㉰

**설명** <코너 펜슬 가공>은 코너를 따라 두툼하게 남은 미절삭 체적을 제거하는 가공으로, <코너 펜슬 가공>을 하지 않고 직경이 작은 공구로 <코너 잔삭 가공>을 하게 되면 공구에 무리가 생겨 파손이 일어날 수 있기 때문에 미리 군살을 없애 주는 가공이다.

10 장

# 간섭 체크와 포스트프로세싱

이 단원에서는 CAM 시스템의 마지막 작업 단계로서 간섭 체크와 포스트 프로세서, 작업지시서 출력 기능들을 익히고 지금까지 공부한 여러 개별적 기능을 종합적으로 연습하는 프로젝트를 연습하기로 한다. CAM 시스템에서 공구 홀더를 정의하는 방법과 이에 따라 발생할 수 있는 간섭을 체크하고 이를 방지하기 위해 회피하는 방법에 대해 알아보고, 최종 산출된 툴패스가 포스트 프로세싱을 통해 CNC 프로그램으로 변환되는 절차와 제대로 변환되었는지를 검토하는 요령에 대해 살펴보기로 한다. 그리고 작업지시서 항목들과 이들 데이터를 작업 지침과 매칭시키는 방법을 알아보고, 마지막으로 코어 제품의 모델을 대상으로 CAM 시스템 작업 단계를 순서대로 적용 연습을 하면서 각 단계별로 가공지침 파라미터들을 설정하는 능력을 쌓기로 한다.

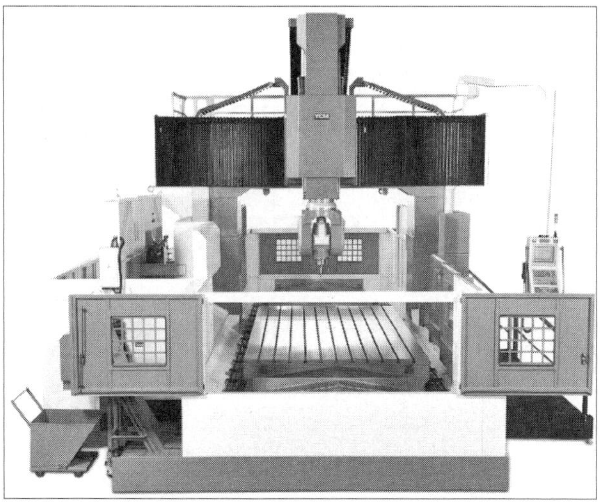

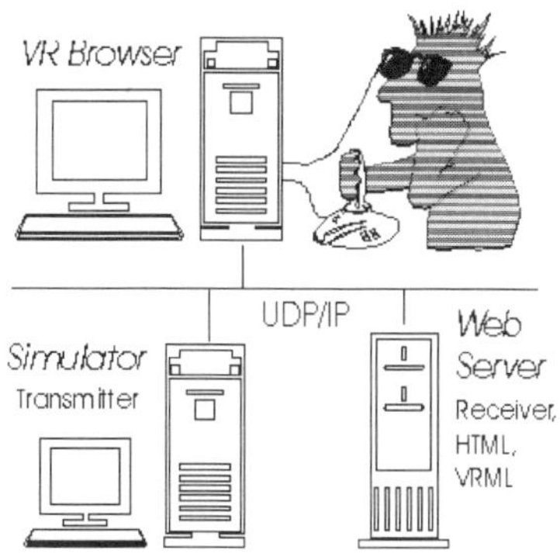


그림 10.1 CAM을 통한 자동 운영 시스템

# 10.1 홀더 간섭 체크

<홀더 간섭 체크(Collision Checking)>는 툴패스를 만든 후에 홀더와 생크가 설정된 공구에 대해서 <홀더 간섭>이 발생하는지 체크하는 것이다. 툴패스 생성 시 홀더 간섭(Colision)이 발생하는 부분은 툴패스가 생성되지 않도록 하는데, 이를 만드는 데에는 <홀더 간섭 바운더리(Collision Safe Boundary)>를 잘 이용하면 좋다.

① 모델 불러오기와 블록 및 안전 높이, 시작 높이를 설정한다.

② 공구를 설정한다.

③ 생크의 설정: 생크 탭을 선택한 후, <생크 구성 요소 추가> 아이콘을 누른 다음, 상단지름, 하단지름, 길이 등을 설정한다.

④ 홀더의 설정: 홀더 탭을 설정한 후, <홀더 구성 요소 추가> 아이콘을 누른 다음, 상단지름, 하단지름, 길이 등을 설정한다. 공구 모양이 오른쪽에 나타난다. 같은 방법을 반복하여 홀더를 생성하고, 필요에 따라서는 중간과정에서 수정할 수도 있

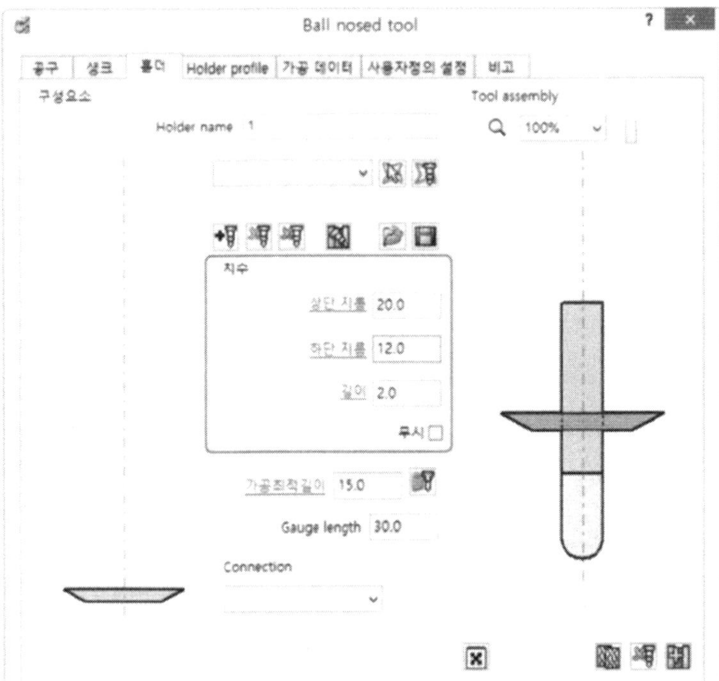


그림 10.2 생크 구성요소 추가 창

으며 생크도 같은 방법으로 완성할 수 있다. 완성이 되면 생성된 홀더를 저장한다.

⑤ 가공 방법(라스터 가공 등)을 설정하고, 툴패스 이름과 각도 스텝오버 등을 입력한다.

⑥ 링크를 설정하여 <적용>, <닫기>를 하여 툴패스를 생성시킨다(아직은 홀더 간섭 체크가 되지 않았음).

⑦ 홀더 간섭 체크를 설정하기 위해서 <홀더 간섭 체크> 아이콘을 클릭한다. 옵션에는 <홀더 간섭>과 <과절삭> 체크가 있다. 그런 다음 <적용> 버튼을 누른다.

⑧ 툴패스 확인: 홀더 간섭이 깊이 6 mm에서 발생 가공 최적 길이(Over hang: 홀더에 물리고 난 후의 날 길이)가 2 mm는 되어야 한다는 정보 등을 제공한다. 그림 10.4와 같이 원본 툴패스와 같은 형상을 가지지만 <홀더 간섭>이 발생하지 않는 <최적 길이> 값을 갖는 새로 만들어진 공구를 이용하여 만들어졌다.

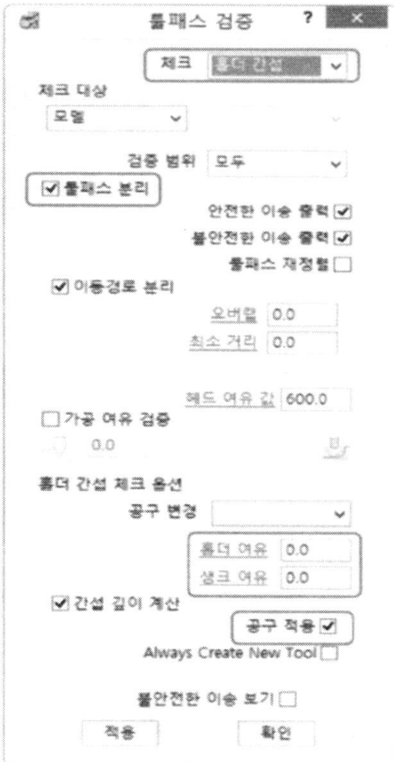


그림 10.3 툴패스 검증 확인 폼

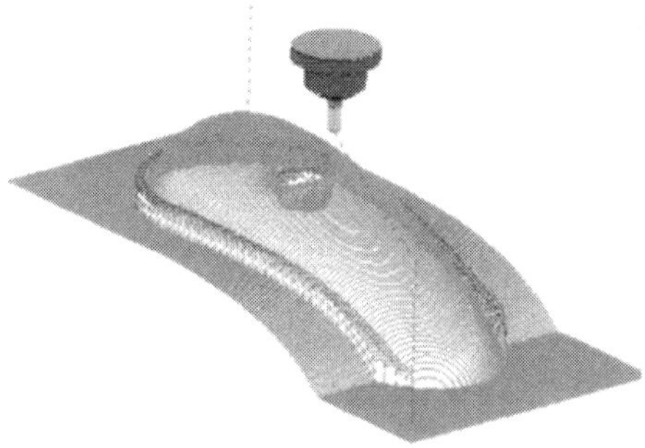

(a) 코너부 홀더 간섭 발생 영역

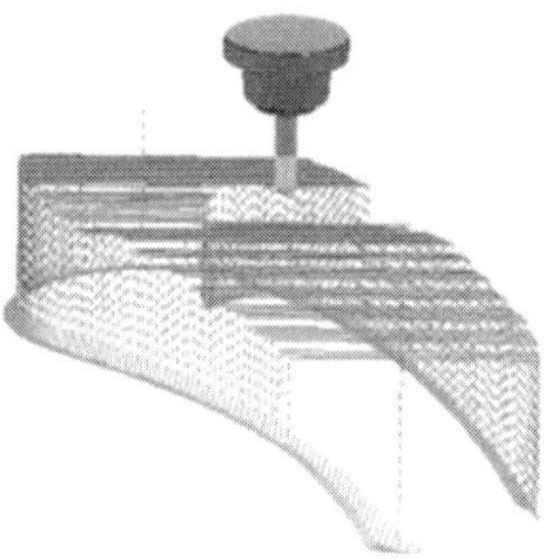

(b) 긴 공구로 코너부 간섭 회피

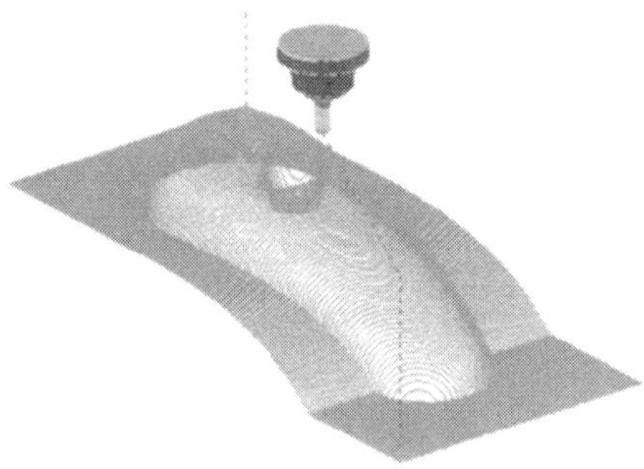

(c) 코너부 이외의 영역 가공

**그림 10.4** 코너부 간섭 영역의 발생과 회피 방안

⑨ <파일>-<다른 이름으로 저장>을 선택하고 해당 저장 경로에 프로젝트를 저장한다.

## 10.2 홀더 간섭 안전 영역 바운더리

현재 공구를 적용한 <**홀더 간섭 안전 영역 바운더리(Collision Safe Boundary)**>를 설정해 추가된 가공 툴패스를 생성하는 기능이다.

① <탐색기> 영역의 <바운더리>에서 오른쪽 마우스 버튼을 선택하고 팝업 메뉴에서 <바운더리 만들기>를 클릭하고 **〈홀더 간섭 안전(Collision Safe)〉**을 선택한다.

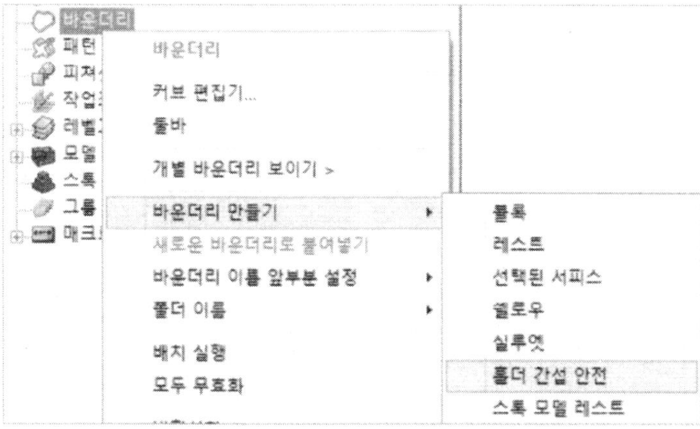


그림 10.5 홀더 간섭 안전 영역 바운더리의 설정

그림 10.6 홀더 간섭 안전 영역 바운더리 설정을 위한 파라미터 지정

이때 그림 10.7처럼 화살표가 가리키는 중심 포켓과 외곽 두 개의 바운더리 영역을 선택해서 삭제한다.

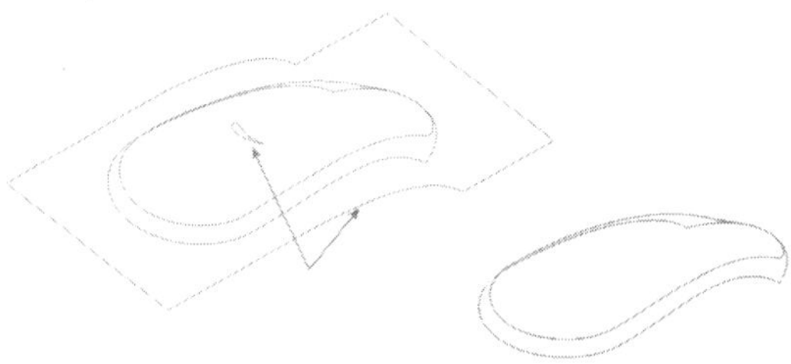

**그림 10.7** 바운더리 영역의 선택

② 공구 복사 및 홀더 설정: <탐색기> 영역의 <공구 BN5>에 오른쪽 마우스 버튼을 클릭하고 팝업 메뉴에서 <편집> - <공구 복사>를 선택한다.

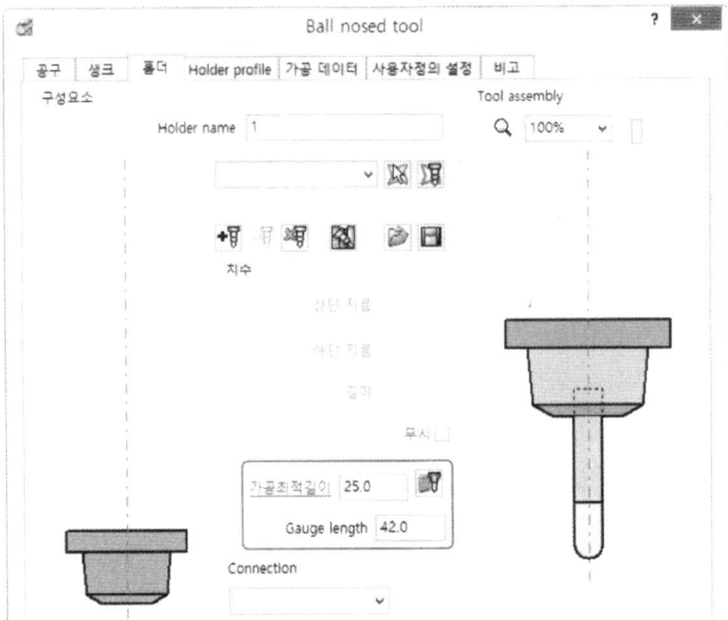


**그림 10.8** 안전 영역을 위한 공구 및 가공 최적 길이 설정

③ 가공 제한 옵션 설정: 툴패스를 활성화시키고 팝업 메뉴에서 <설정>을 선택하여 창으로 오픈하고 <툴패스 복사> 아이콘을 선택한다. 그러고 나서 툴패스 탐색기의 <제한> 옵션에서 <바운더리 1>을 선택하고 <사용 영역(Trimming)>을 <안쪽 사용(Keep Outside)>으로 선택한다.

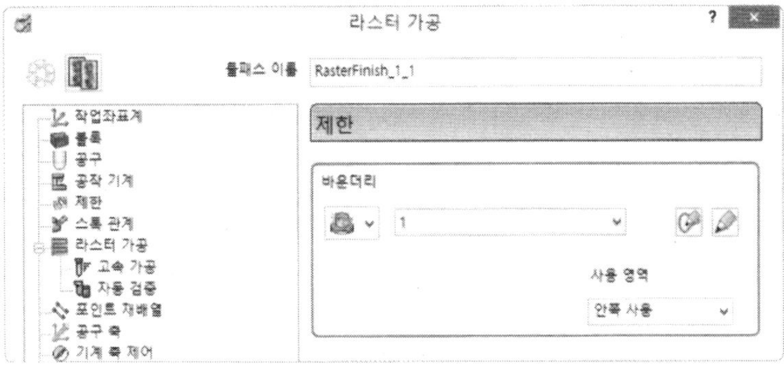


그림 10.9 제한 옵션의 설정

④ 자동 검증 옵션 설정: <자동 검증> 옵션을 선택하여 그림 10.10처럼 설정한 후 <적용>을 누르면 그 결과가 디스플레이된다.

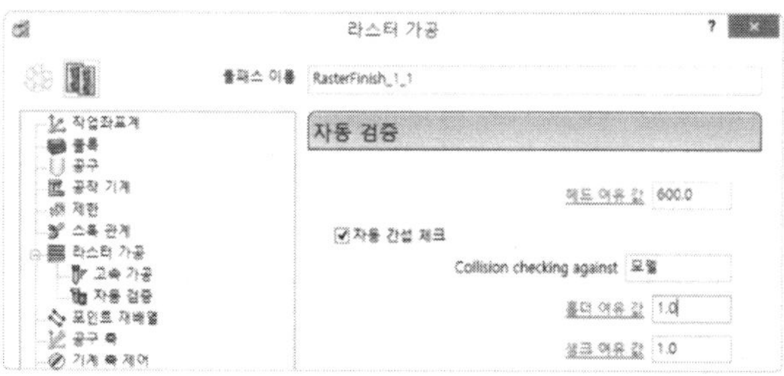


그림 10.10 자동 검증 옵션의 설정

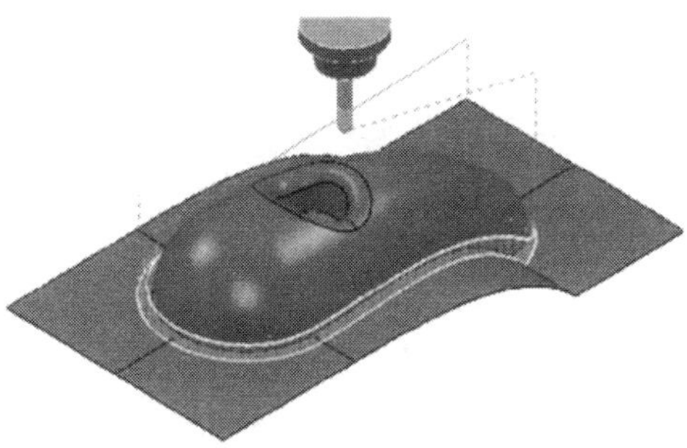

그림 10.11 자동 검증 결과

# 10.3 포스트 프로세싱

산출된 툴패스를 이용하여 가공하기 위해서는 각 NC기계의 컨트롤러와 환경에 맞는 적합한 코드로 변환하는 과정이 필요하다. 툴패스를 만들 때는 어떤 NC기계에서 가공할 것인지 미리 알 필요는 없으나, 툴패스를 만든 후 마지막에는 가공 기계를 결정하여 해당되는 NC기계가 인식할 수 있는 코드로 변환해 주어야 한다.

이와 같이 CAM 시스템에서 만든 툴패스를 NC기계가 인식하는 코드로 변환하는 과정을 <포스트 프로세서(Post - processor)>라고 한다.

## (1) NC 프로그램 출력 경로

메인 툴바에서 <도구> - <사용자 정의> - <폴더 경로>를 선택한 연후에 <NC 프로그램 출력(NC Program Output)>을 선택한다.

그림 10.12 NC 프로그램 출력을 위한 경로 선택

## (2) 환경 설정 및 옵션 파일 선택

탐색기 가장 윗줄에 있는 <NC 프로그램>에서 오른쪽 마우스 버튼을 클릭하여 <팝업 메뉴>에서 <환경 설정(Preferences)>을 선택한다.

그리고 <옵션 파일>을 불러오기 위해 <폴더> 아이콘을 클릭한다. 이 옵션 파일은 서로 다른 출력 형식을 가지고 있다.

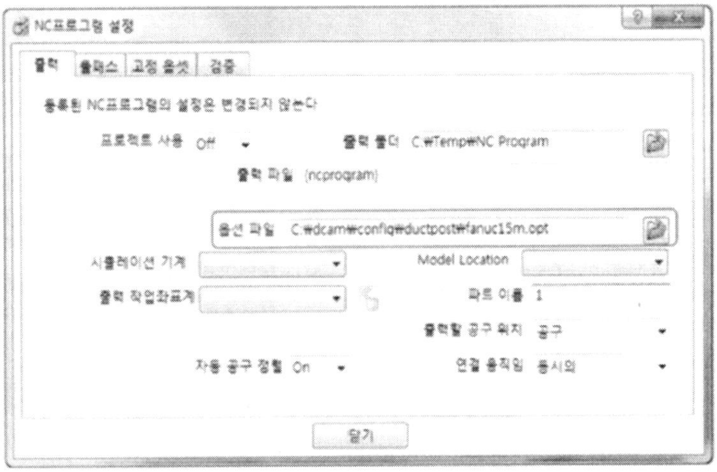

그림 10.13 NC 프로그램 옵션 파일 선택

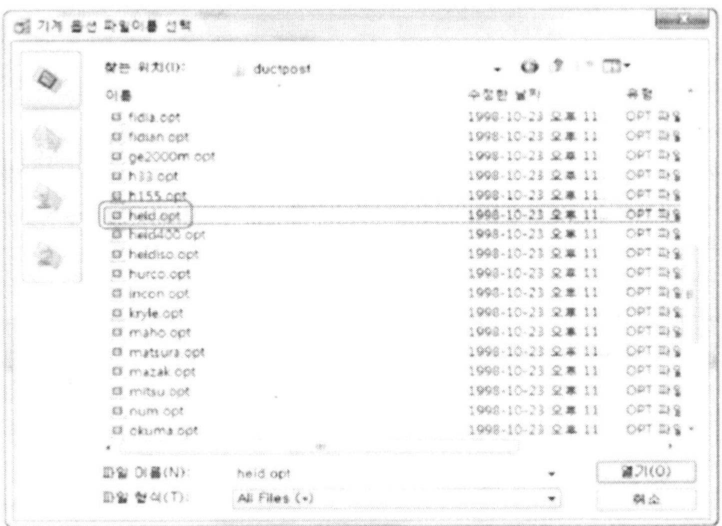

그림 10.14 기계 옵션 파일이름 선택

### (3) NC 프로그램 설정

<탐색기>의 <NC 프로그램>에서 오른쪽 마우스 버튼을 클릭하여 <팝업 메뉴>에서 <NC 프로그램 만들기>를 선택한다. 이름을 입력한 후 <확인> 버튼을 누른다.

### (4) NC 프로그램의 전부 또는 일부 툴패스 더하기

전부 또는 일부의 툴패스가 현재 활성화되어 있는 <NC 프로그램>에 더해질 수 있다. 다른 툴패스들도 드래그하여 차례대로 활성화된 NC 프로그램에 옮겨 놓을 수 있다.

그림 10.15 전부 또는 일부 툴패스 더하기

### (5) NC 프로그램의 설정 값 넣기

활성화된 NC 프로그램에서 오른쪽 마우스 버튼을 클릭하고 <설정>을 선택한다. 각각의 툴패스를 선택하여 수정한 후 <적용> 버튼을 클릭하여 새로운 값을 다시 설정할 수 있다. 적절한 값을 넣고 <적용>을 누른 후 <닫기>를 눌러 폼을 닫는다.

### (6) NC 프로그램 출력

활성화된 NC 프로그램에서 오른쪽 마우스 버튼을 클릭하고 <설정>을 선택한다. 각각의 툴패스를 선택하여 수정한 후 <적용> 버튼을 클릭하여 새로운 값을 다시 설정할 수 있다. 적절한 값을 넣고 <적용>을 누른 후 <닫기>를 눌러 폼을 닫는다.

## (7) 개별 NC 프로그램 생성

<탐색기>의 <NC 프로그램>에서 오른쪽 마우스 버튼을 클릭하여 <출력(Write)>을 선택해서 <포스트 프로세싱(Post Processing)>을 한다.

툴패스를 개별적으로 출력하기 위해 그 툴패스가 <활성화>되어 있는지를 확인해야 한다. 새롭게 활성화된 툴패스에서 오른쪽 마우스 버튼을 클릭한 후 팝업 메뉴에서 <개별 NC 프로그램 생성(Create Individual NC Program)>을 선택한다.

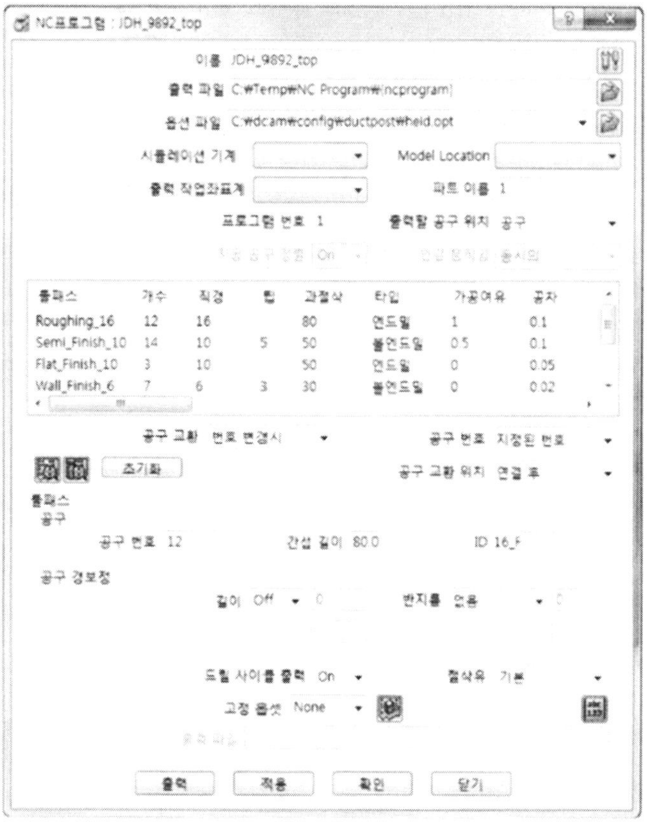


그림 10.16 출력된 NC 프로그램의 출력 환경 폼

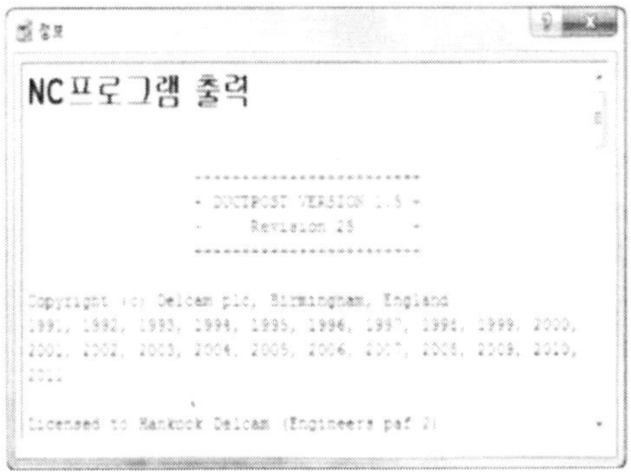


그림 10.17 출력된 NC 프로그램 리스트

## (8) NC 코드 보기와 편집하기

출력(Write)해서 포스트 프로세싱하고 나면 언제나 문서 편집기로 열어 볼 수 있으며, 필요하다면 수정도 가능하다.

그림 10.18 출력된 NC 프로그램의 내용 확인창

이때는 활성화된 NC 프로그램에 오른쪽 마우스 버튼을 누르고 <파일 보기(View File)> 메뉴를 선택한다.

그리고 <윈도우 탐색기>에서도 언제나 NC 출력 파일을 더블 클릭한 후 <워드 패드(Wordpad)>에서 파일을 열어 그림 10.18과 같이 NC 코드를 볼 수도 있다.

## 10.4 작업지시서 설정 및 활용

### (1) 선택 툴패스

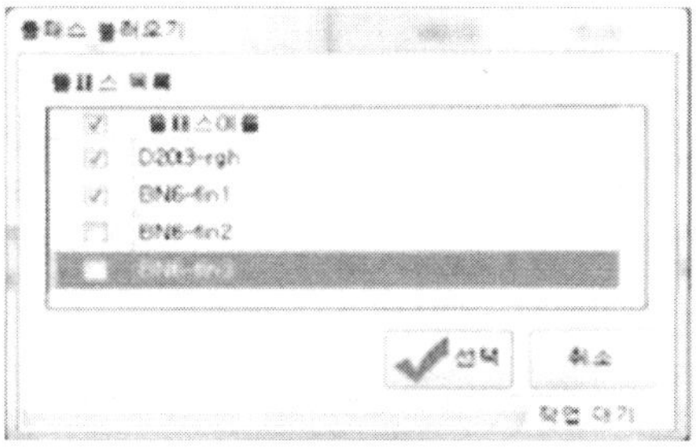

그림 10.19 툴패스 불러오기 및 선택

### (2) 전체 툴패스

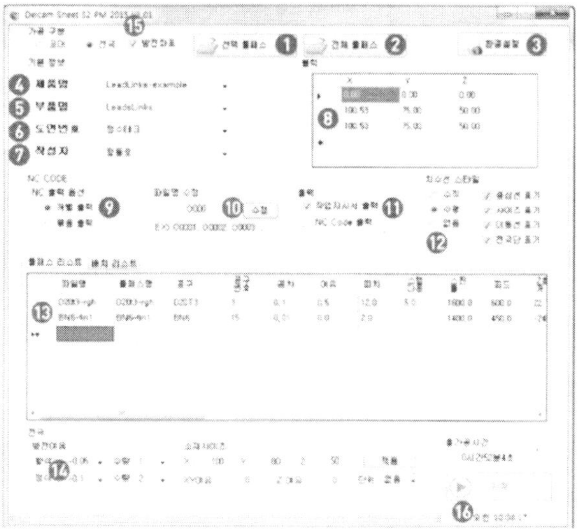

그림 10.20 출력된 전체 툴패스의 확인

# 10.5 실무 과제 연습: 코어 제품 모델 설정

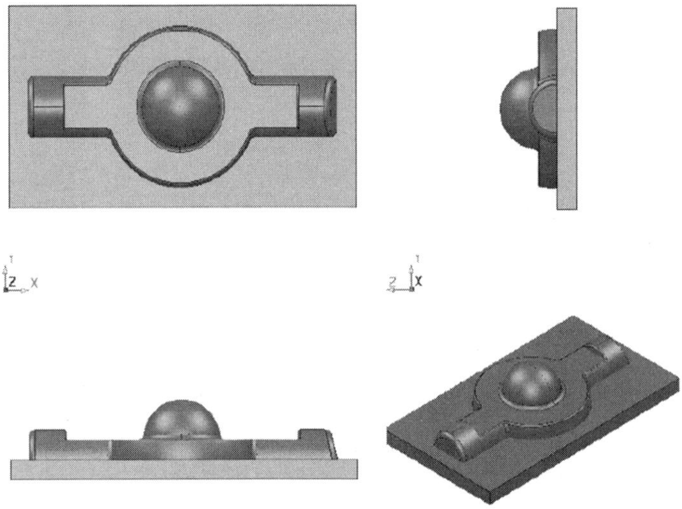

▶ **실습 목적: 다양한 가공 방법을 이용해 모델 가공 데이터를 생성한다.**

| | | |
|---|---|---|
| 가공순서 | 1. 모델 측정 | 모델의 크기, 최소 반경 및 언더컷 등을 측정한다. |
| | 2. 가공을 위한 준비 | 가공 속도, 스핀들, 안전 높이 및 시작 위치 등을 설정한다. |
| | 3. 황삭 | 황삭 가공에 알맞은 조건을 설정한다. |
| | 4. 중삭 | 중삭 가공 데이터를 생성하고 툴패스를 편집한다. |
| | 5. 정삭 | 정삭 가공 데이터를 생성하고 툴패스를 편집한다. |
| | 6. 코너 잔삭 | 코너 가공을 위한 공구를 생성하고 가공 조건을 설정한다. |

## (1) 모델 불러오기

① 파일에서 모델 불러오기를 선택한다.

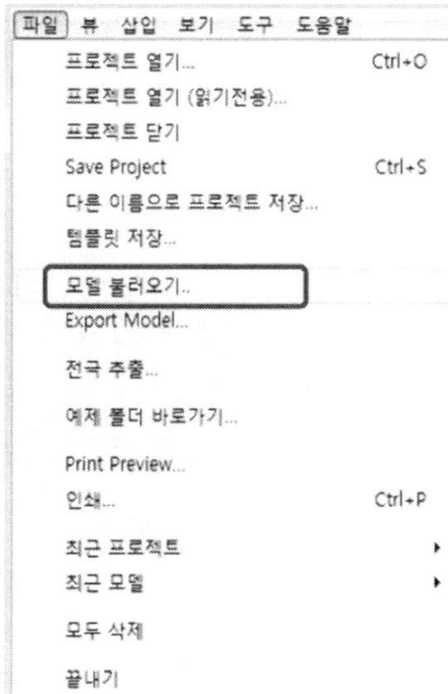


② 열리는 모델 폴더에서 가공할 모양을 선택하고 열기 버튼을 누른다.

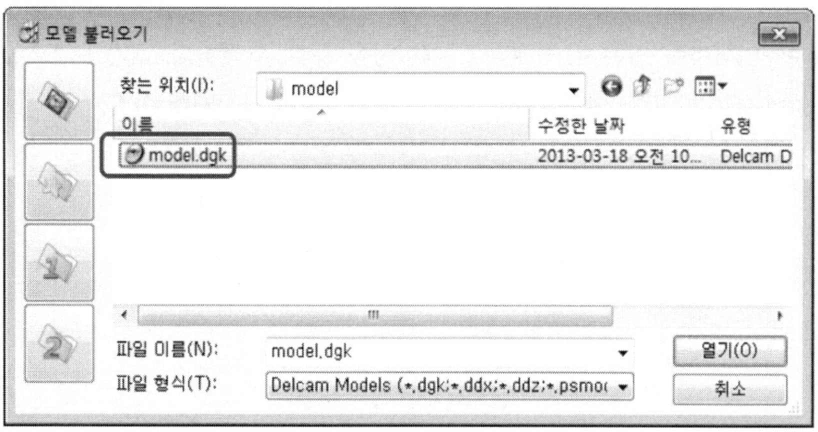

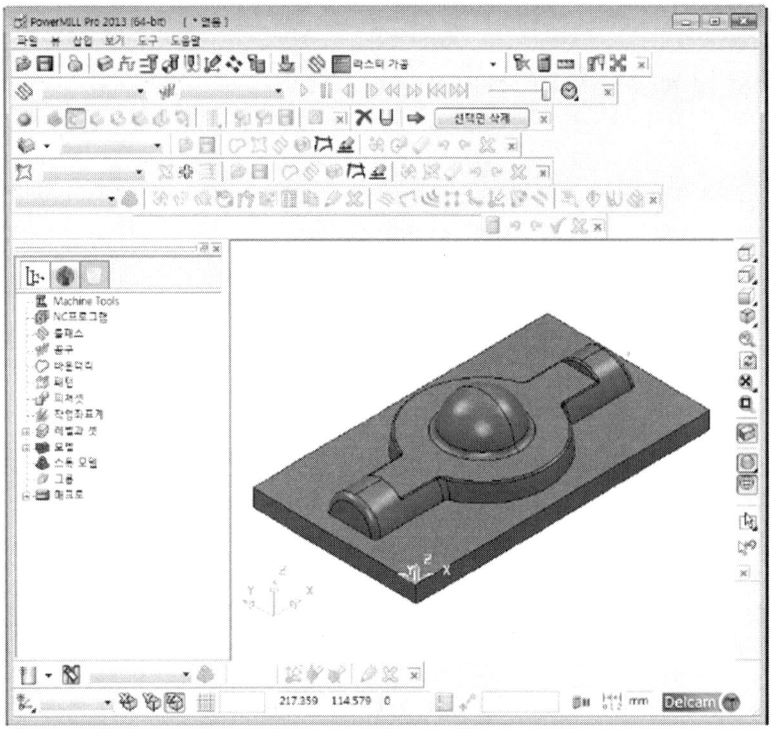

## (2) 모델 체크

① 모델에 언더컷이 있는지 구배각도 쉐이딩을 통해 확인한다.

② 뷰 툴바 쉐이딩 항목에서 구배 각도 쉐이딩 아이콘을 선택한다.

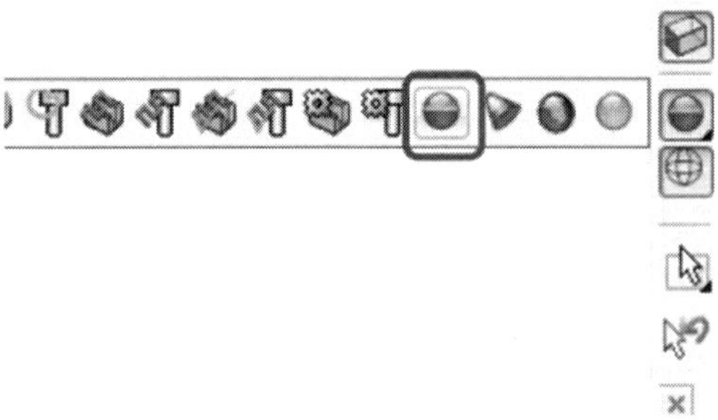

③ 메인 메뉴 보기에서 모델을 선택한다.

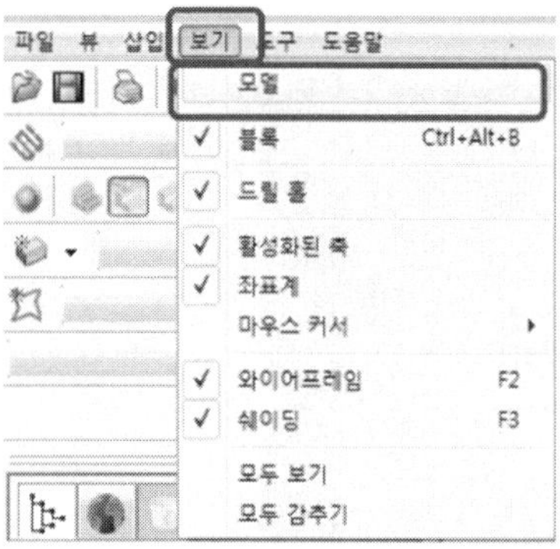

④ 실제 화면에서는 위의 그림의 음영과 같이 모델의 빨강색인 부분이 노란색으로 변경되는 것을 확인한다.

⑤ 작업 창에 모델을 불러온 후 가공을 위한 공구를 정하기 위해 모델의 R구간을 살펴본다.

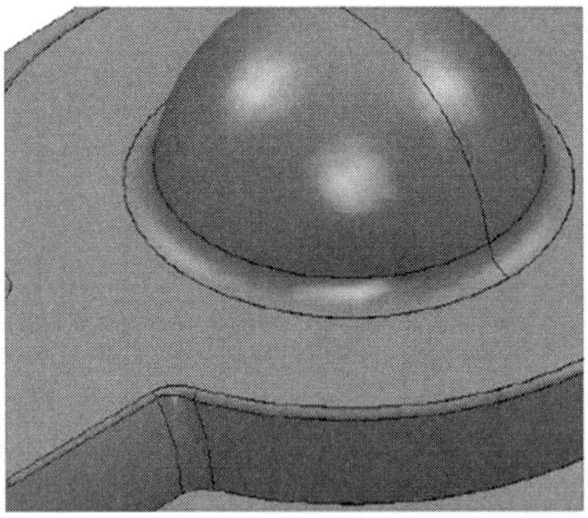

⑥ 메인 툴바의 모델 측정기 버튼을 선택한다.

⑦ 측정 창이 나타나면 아래 그림과 같이 3포인트로부터 반경 측정 아이콘을 선택한다.

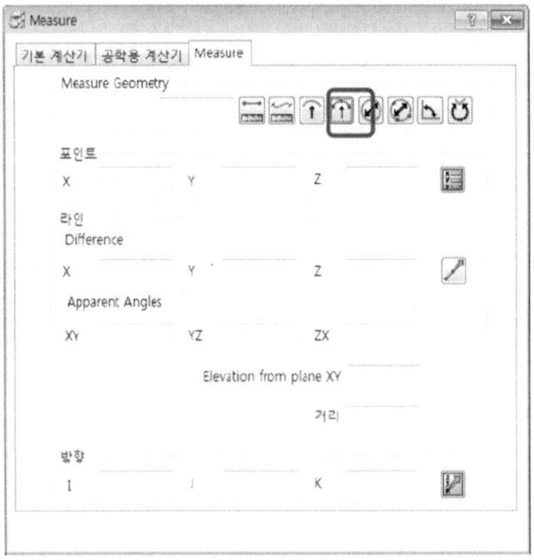


⑧ 다음의 그림과 같이 측정 툴바가 나타나면 3점으로부터 반경 측정 아이콘을 선택한다.

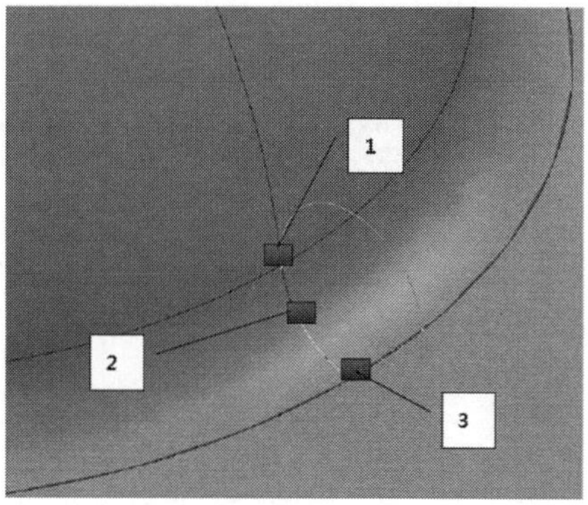


⑨ 모델을 Zoom하여 영역을 확대하고 위 그림과 같이 포인트 위치에 순서대로 클릭하면 반지름 3 mm와 지름 6 mm인 것을 확인할 수 있으며, 최소 공구는 직경 6 mm를 사용한다.

## (3) 가공을 위한 준비

### ● 블록 설정

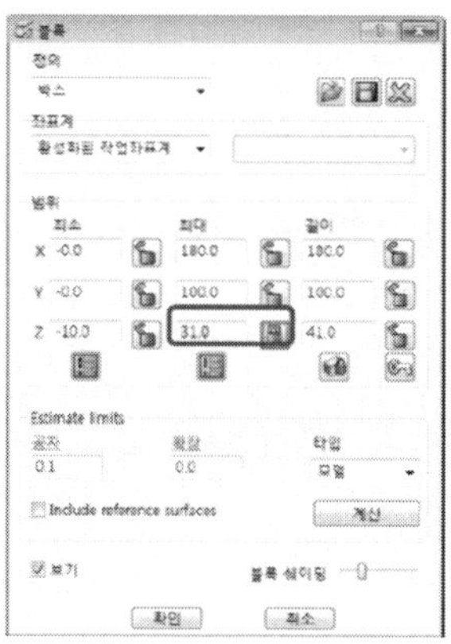


최대 외각 크기보다 여유를 준다.

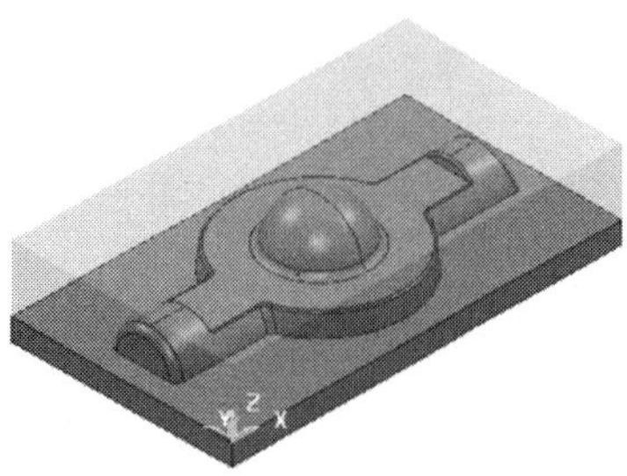

### 급속 이송 높이 설정

- 메일 툴바의 급속 이송 높이 아이콘을 클릭한다.

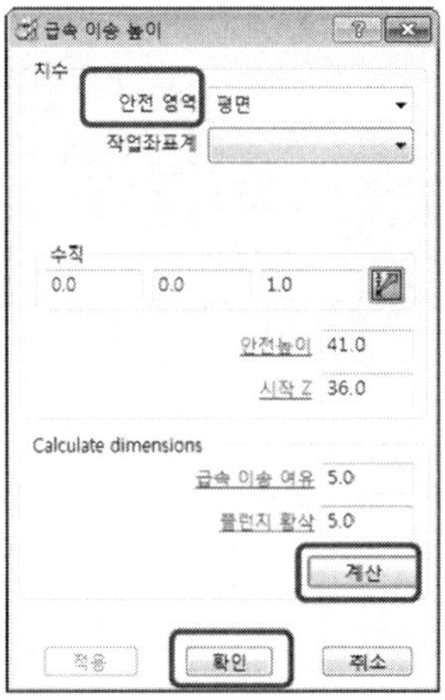


### 가공 시작과 끝 포인트 설정

① 메일 툴바의 시작과 끝 포인트 아이콘을 선택한다.

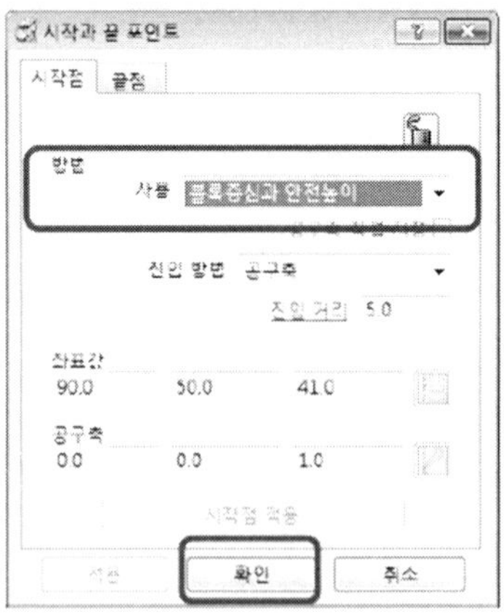


② 가공을 위한 설정이 되었으므로 가공을 시작한다.

## (4) 황삭 가공

### ● 공구 설정

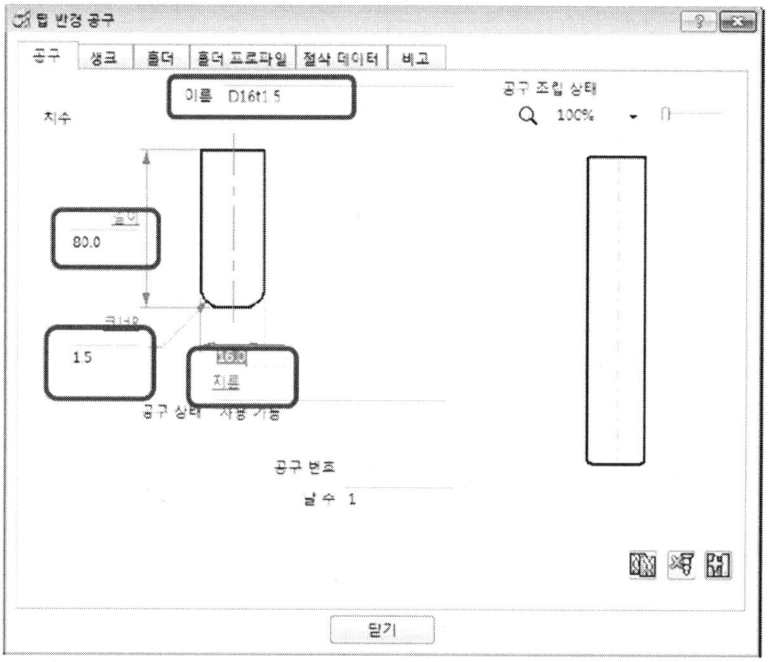

① 공구 툴바에서 팁반경 공구를 선택한다.

② 이름 D16t1.5, 지름 16, 코너 R1.5로 황삭 공구를 생성한다.

③ 황삭 가공을 위해 툴패스 선택 아이콘을 선택하고 3D 황삭 모델 탭에서 Model Area Clearance를 선택한다.

④ 황삭 창이 열리면 아래의 그림과 같이 설정 값을 입력한다.

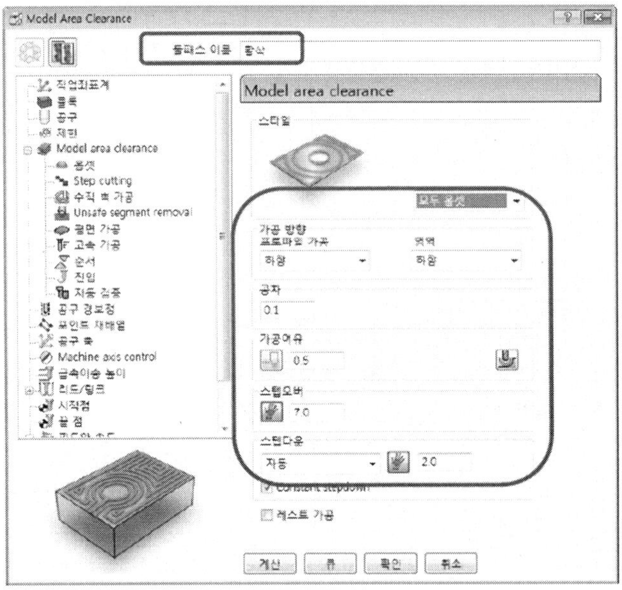

툴패스 이름 - 황삭
스타일 - 모두 옵셋
가공방향 - 하향
공차 - 0.1
가공여유 - 0.5
스텝오버 - 7.0
스텝다운 - 2.0을 입력한다.

⑤ 제한 - 블록 안 가공으로 설정한다.

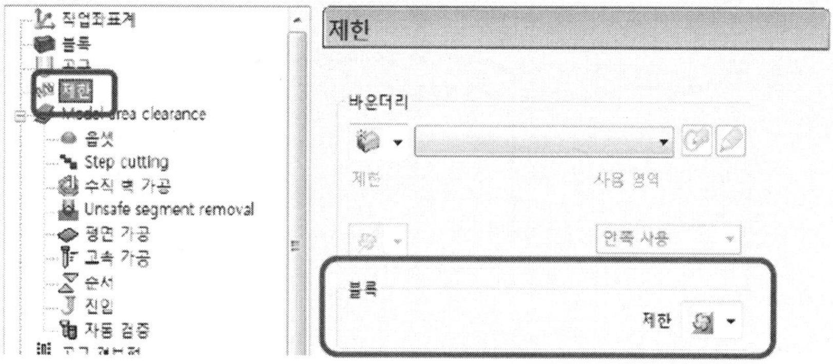

⑥ 툴패스 설정 창 탐색기에서 옵셋 메뉴를 선택하고, 가공 방향 유지(Maintain cut direction)의 체크를 풀고, 방향을 밖에서 안으로 변경한다.

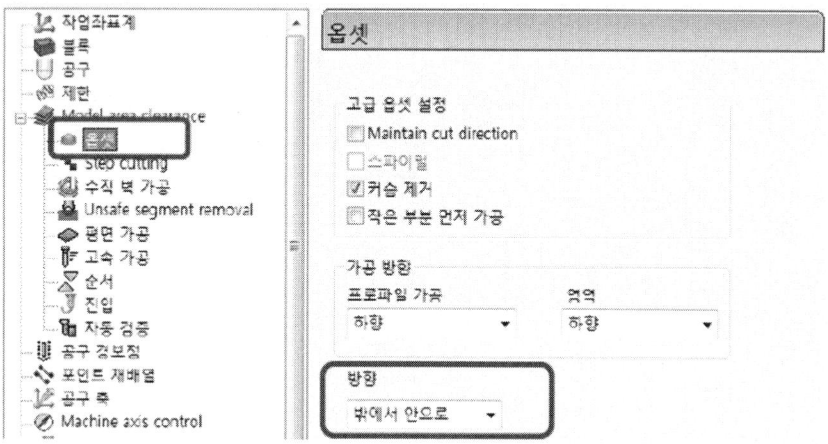

⑦ 위 그림과 같이 동일한 조건을 입력한다.

⑧ 공구가 진입하는 방법을 설정하는 리드/링크 메뉴를 선택하고 설정

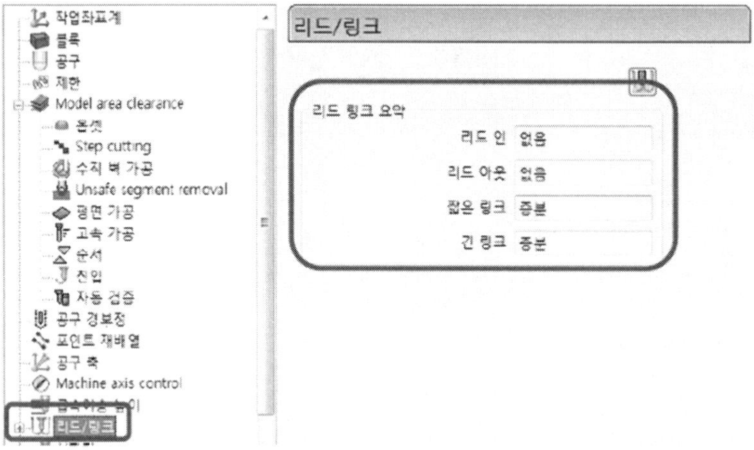


⑨ 고속가공 옵션을 아래의 그림과 같이 설정한다.

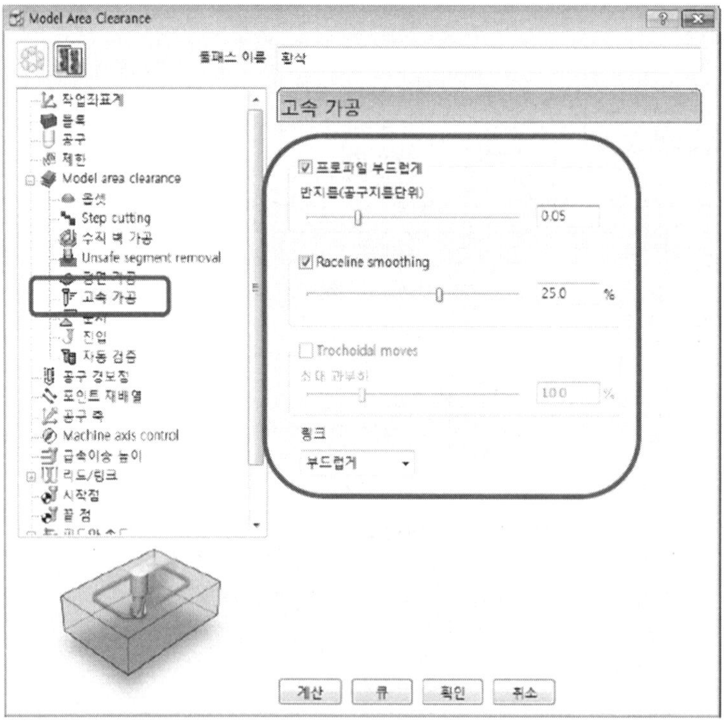

⑩ 모든 가공 조건을 설정하였다면 계산 버튼을 눌러 툴패스를 생성한다. 아래 그림과 같이 황삭 툴패스가 생성된 것을 확인할 수 있다.

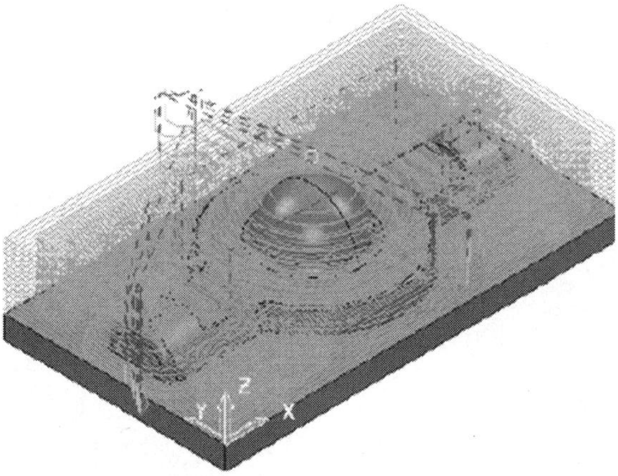


⑪ 뷰밀 툴바의 들어가기  아이콘을 클릭한다.

⑫ 파워밀의 작업창이 아래 그림과 같이 바뀌는 것을 확인할 수 있다.

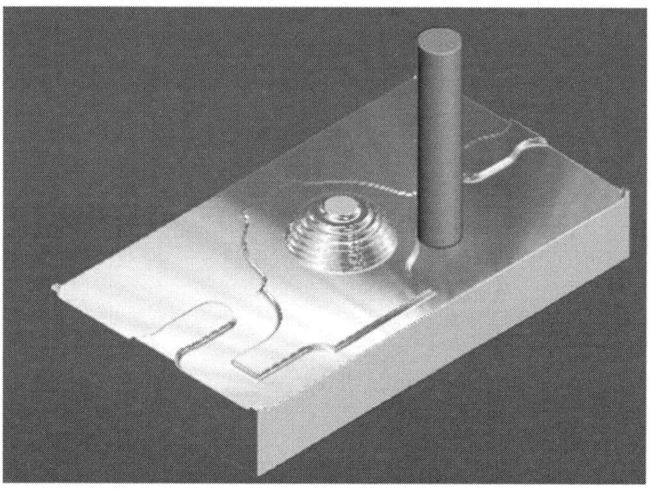

⑬ 뷰밀 툴바에서 황삭을 선택하고 시작 버튼 ▷ 을 누르면 가공이 시작된다.

⑭ 모의 가공을 통해 황삭 가공 후의 형상을 확인할 수 있다.

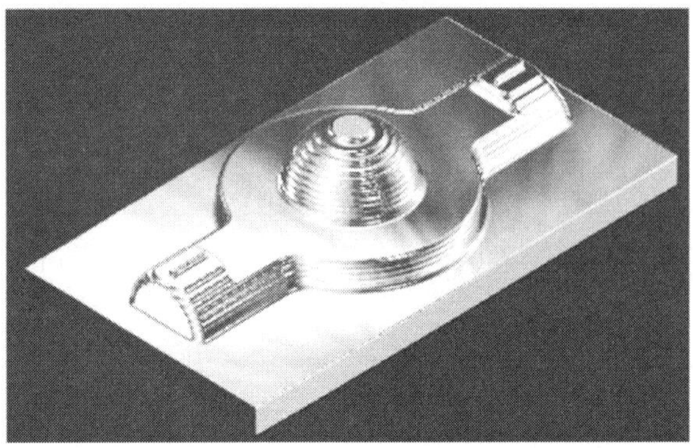

## (5) 중삭 가공

① 공구 이름 BN10, 지름 10을 입력하여 볼엔드밀 공구를 생성한다.

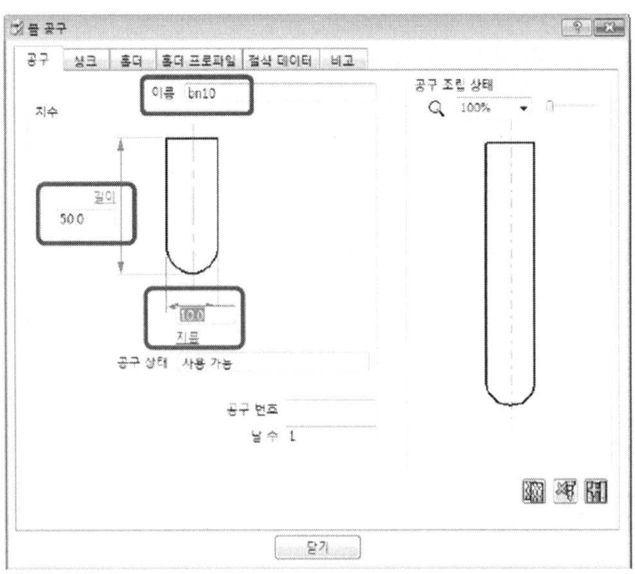

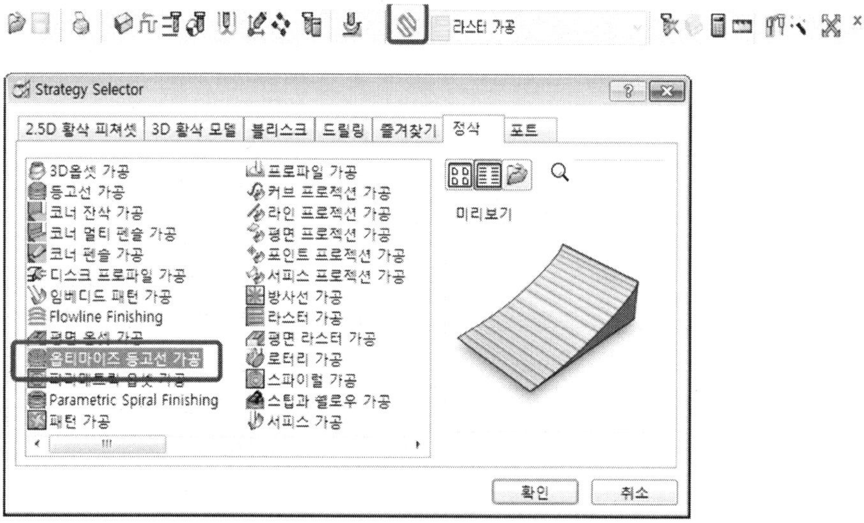


중삭 가공에서는 정삭 가공 방법 중 3D 옵셋 가공과 등고선 가공 두 가지 툴패스가 합쳐진 옵티마이즈 등고선 가공 방법을 사용한다.

② 옵티마이즈 등고선 가공 창이 열리면 다음과 같이 설정값을 입력한다.

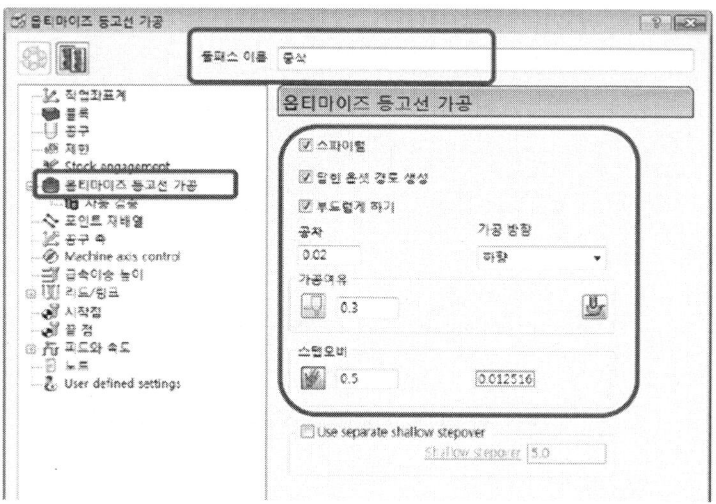


툴패스 이름 - 중삭
스파이럴
닫힌 옵셋 경로 생성
부드럽게 하기
공차 - 0.02
가공방향 - 하향
가공여유 - 0.3
스텝오버 - 0.5

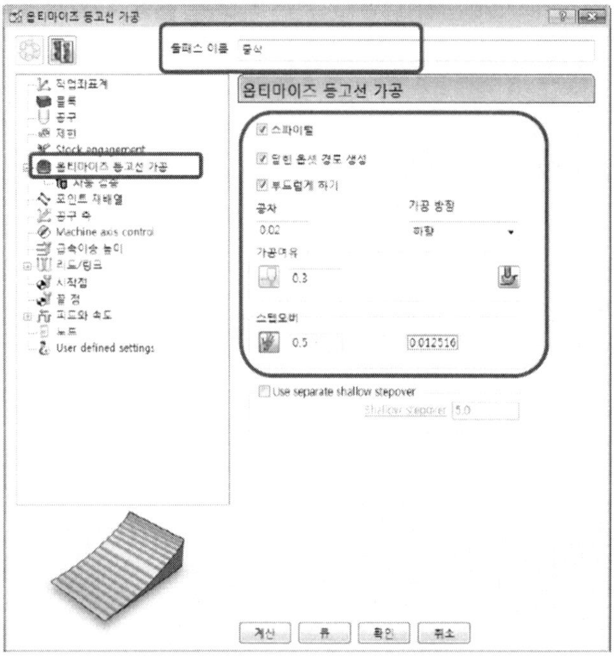


툴패스 이름 - 중삭
스파이럴
닫힌 옵셋 경로 생성
부드럽게 하기
공차 - 0.02
가공방향 - 하향
가공여유 - 0.3
스텝오버 - 0.5

③ 제한 - 블록 안 가공으로 설정한다.

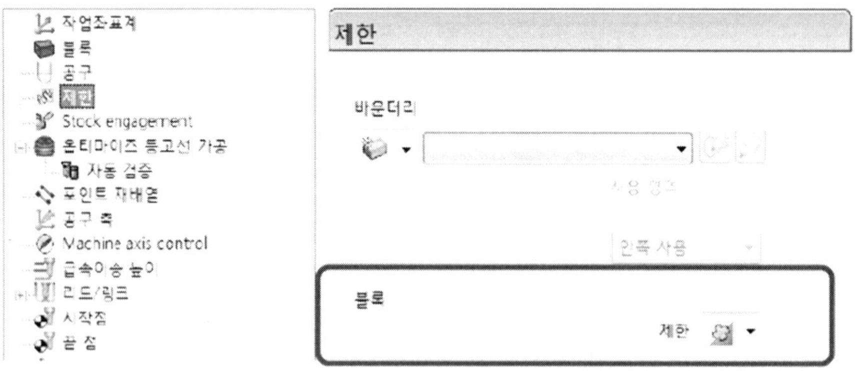

④ 툴패스 진입과 진출을 정의하는 리드와 링크 아이콘을 클릭한다.

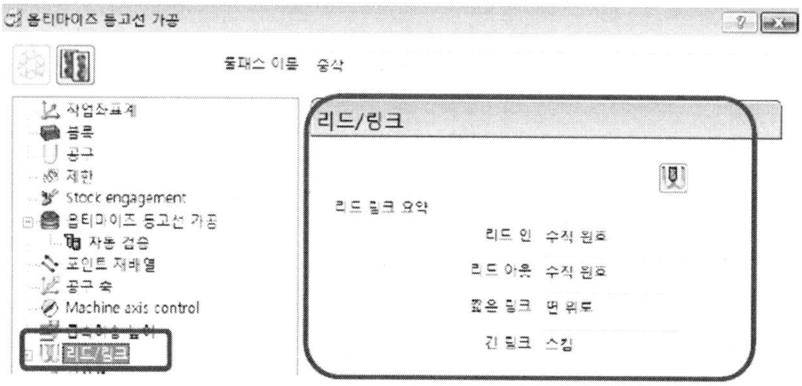

⑤ 확인 버튼을 눌러 가공 창을 연다.

⑥ 리드와 링크 대화 상자에서 리드인 탭을 선택하고 아래와 같이 설정한다.

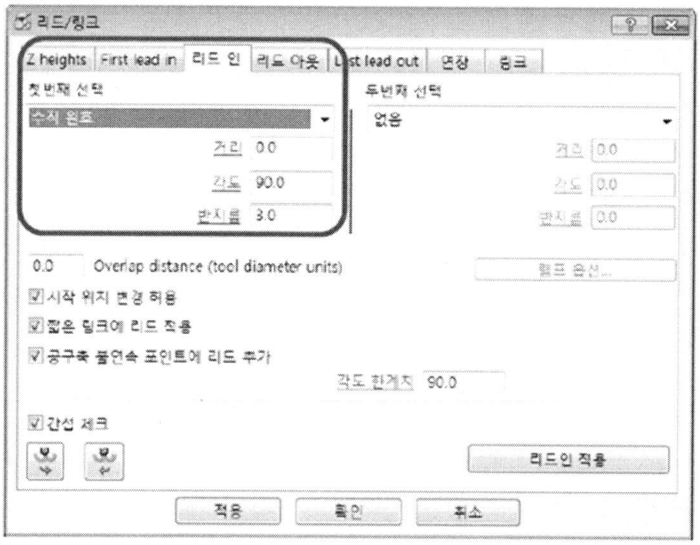

수직 원호

거리 - 0.0

각도 - 90

반지름 - 3

좌측 하단의 리드인과 동일한 리드아웃 아이콘을 클릭하고 적용한다.

⑦ 다음으로 링크 탭을 선택하고 아래 그림과 같이 설정한다.

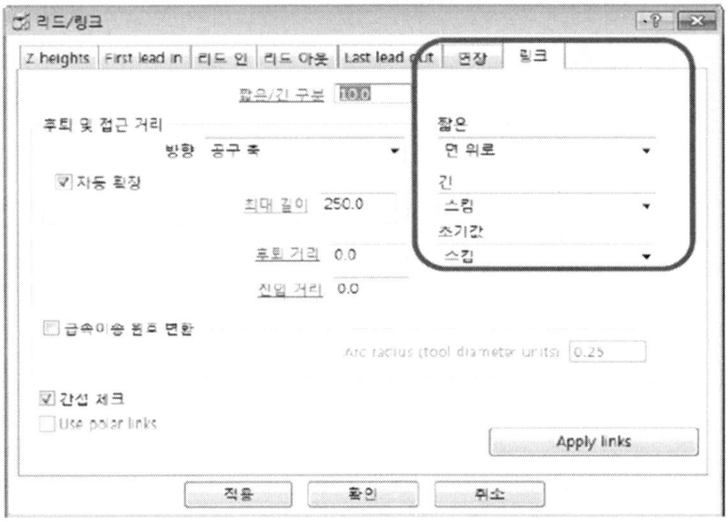


짧은/긴 구분 - 10

짧은 - 면 위로

긴 - 스킴

초깃값 - 스킴을 적용

⑧ 중삭 가공에서는 정삭 가공 방법 중 3D 옵셋 가공과 확인 버튼을 눌러 <리드/링크> 창을 닫고, 툴패스 설정 창에서 계산 버튼을 눌러 형상부 중삭 툴패스를 생성한다.

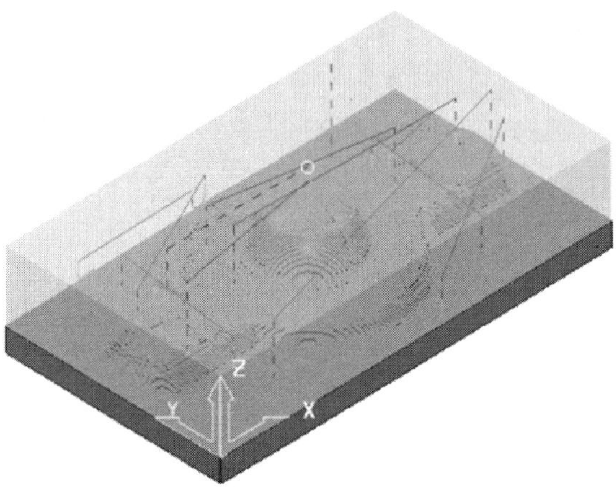

⑨ 중삭 모의 가공한 결과를 확인한다.

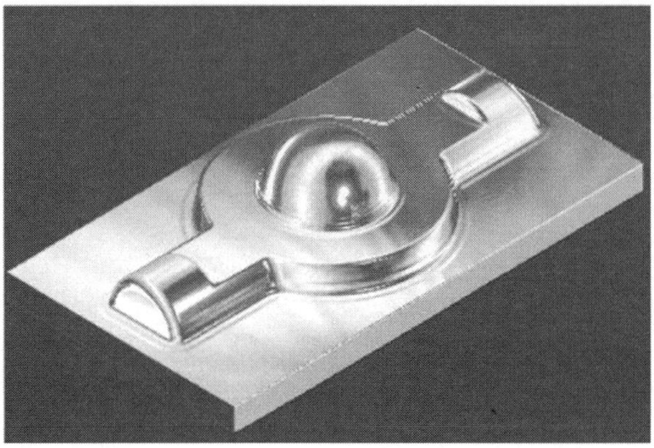

## (6) 정삭 가공

① 바운더리를 생성하기 위해 8 mm 볼엔드밀 공구인 BN8 이름의 공구를 생성한다.

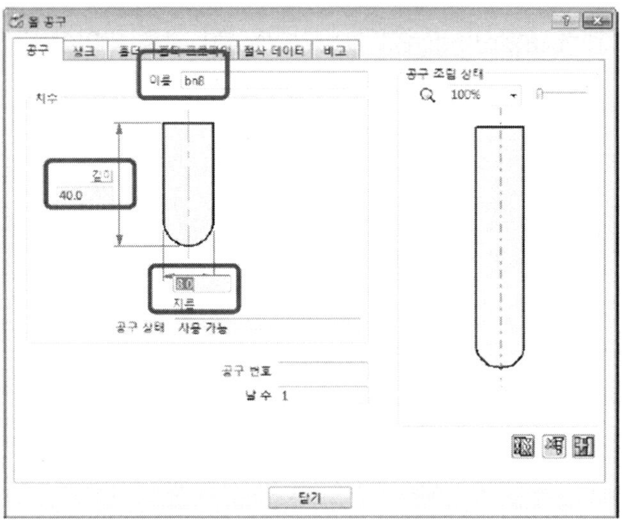


이름- bn8

지름- 8.0인 볼 공구를 생성한다.

② 파워밀 탐색창의 바운더리 메뉴에서 마우스 오른쪽 버튼을 클릭한다.

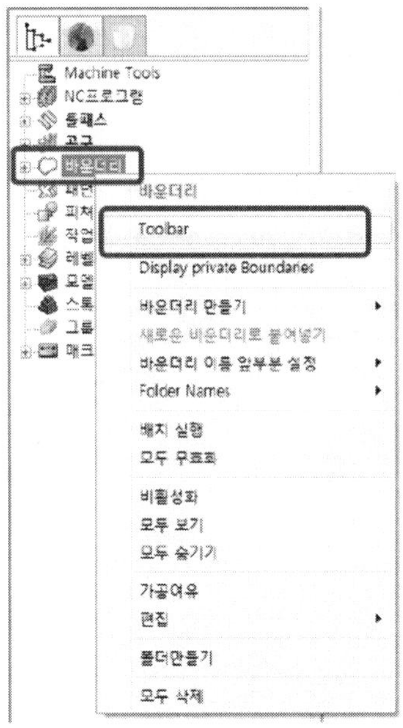

③ 파워밀 화면의 하단에 아래와 같은 바운더리 툴바가 생성된 것을 확인할 수 있다.

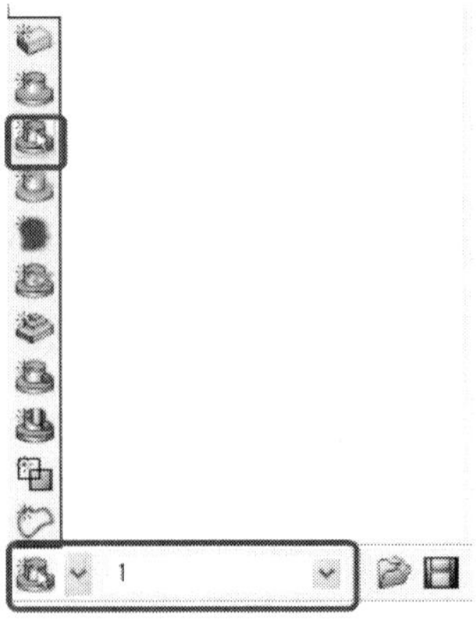

선택한 면만을 가공하는 선택면 바운더리를 생성하도록 한다.

④ 바운더리 메뉴 중 선택면 바운더리 아이콘을 선택한다.

⑤ 선택된 서피스 바운더리를 아래 그림과 같이 정의한다.

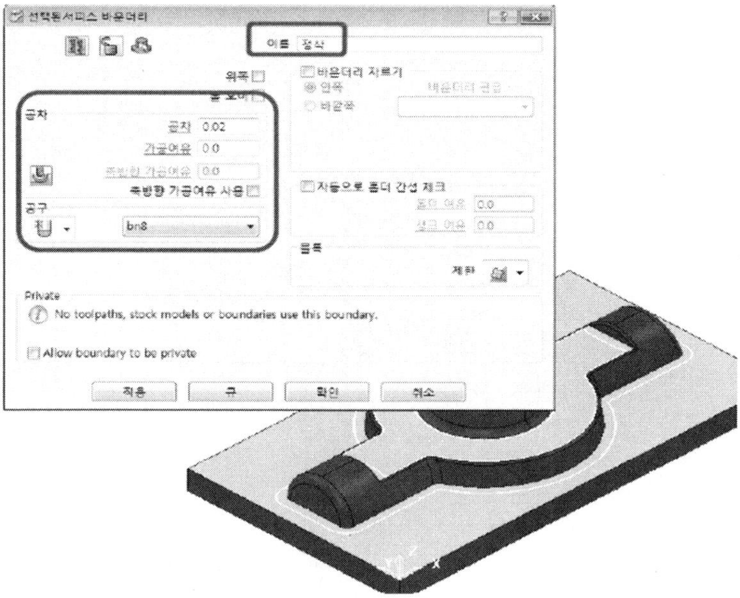


이름 - 정삭
공차 - 0.02
가공여유 - 0.0
공구 - bn8

⑥ 그림과 같이 모델의 사각 바닥면을 선택해서 8 mm 볼 공구를 선택하고 선택된 서피스 바운더리를 생성한다.

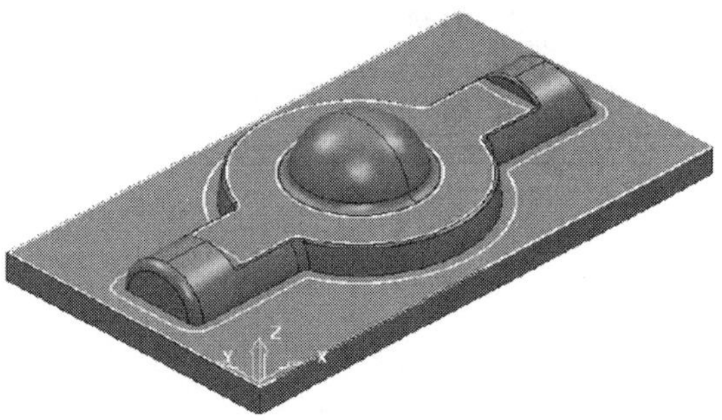

⑦ 사각형 모양의 바운더리를 선택하고 마우스 오른쪽 버튼 클릭 - 편집 - 선택된 성분 삭제를 누른다.

⑧ 툴패스 선택창에서 정삭 탭을 선택한다.

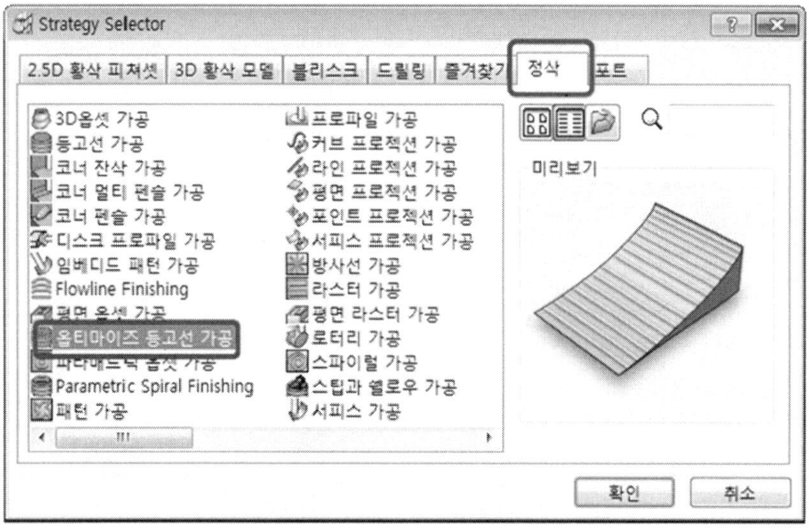


⑨ 확인 버튼을 눌러 가공 창을 연다.

⑩ 옵티마이즈 등고선 가공 창이 열리면 아래의 그림과 같이 설정 값을 입력한다.

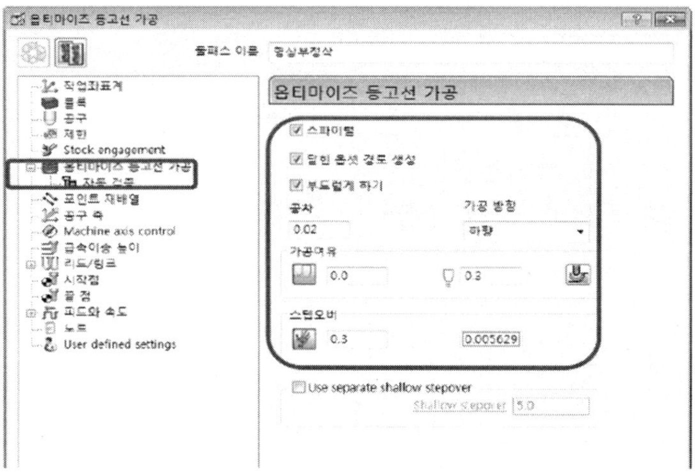


툴패스 이름 - 형상부 정삭
스파이럴
닫힌 옵셋 경로 생성
부드럽게 하기
공차 - 0.02
가공방향 - 하향
측벽 가공여유 - 0
바닥면 가공여유 - 0.3
스텝오버 - 0.3을 입력한다.

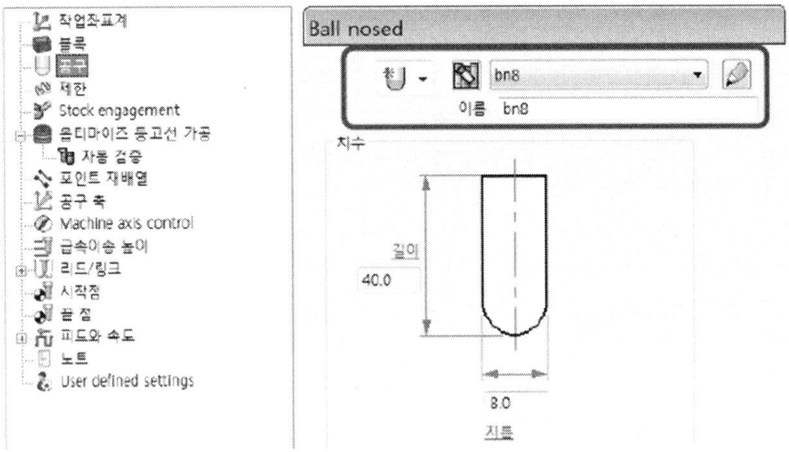

⑪ 바운더리는 위에서 생성한 정삭 바운더리를 선택하고 사용영역은 안쪽 사용으로 변경한다.

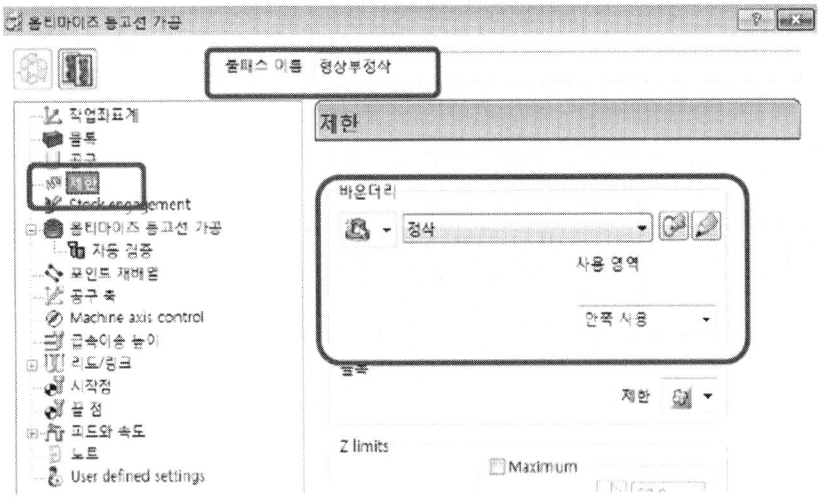

⑫ 툴패스 탐색기 영역에서 리드/링크 메뉴를 선택하고 아래 그림과 같이 링크 부분을 설정한다.

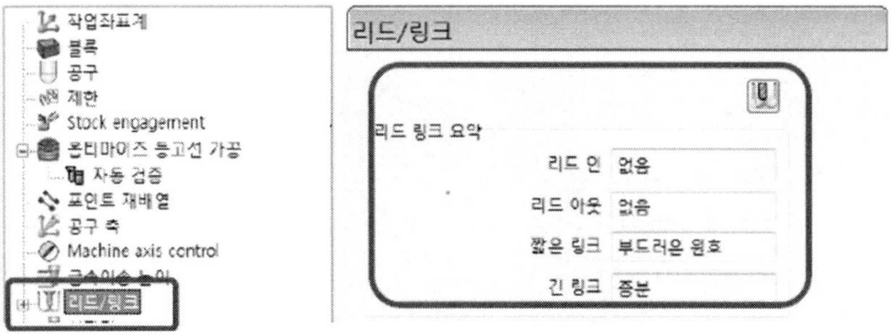

⑬ 링크 탭을 선택하고 짧은/긴 구분 - 5, 짧은 - 원 및 원호, 긴 - 증분, 초깃값 - 증분으로 설정한다.

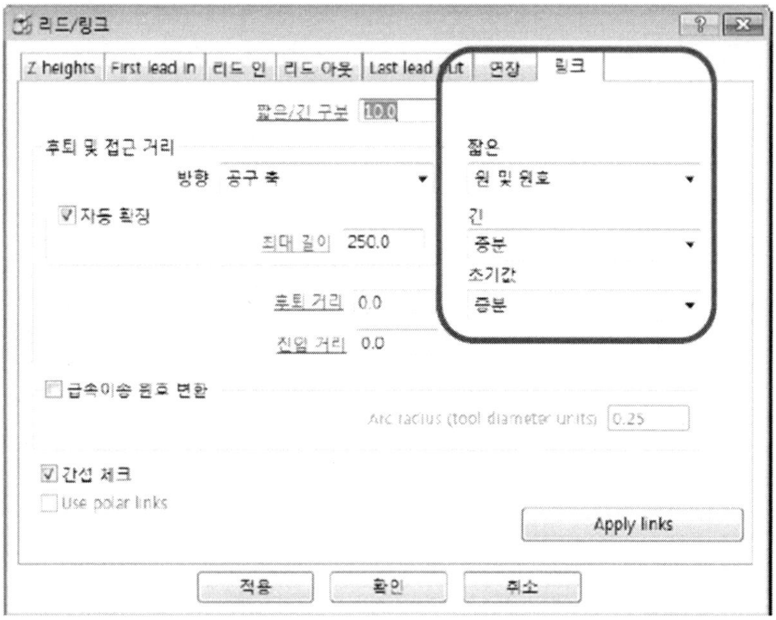

⑭ 확인 버튼을 눌러 리드와 링크 창을 종료하고 툴패스 설정 창에서 계산 버튼을 눌러 툴패스를 생성한다.

아래 그림과 같이 툴패스가 생성된 것을 확인할 수 있다.

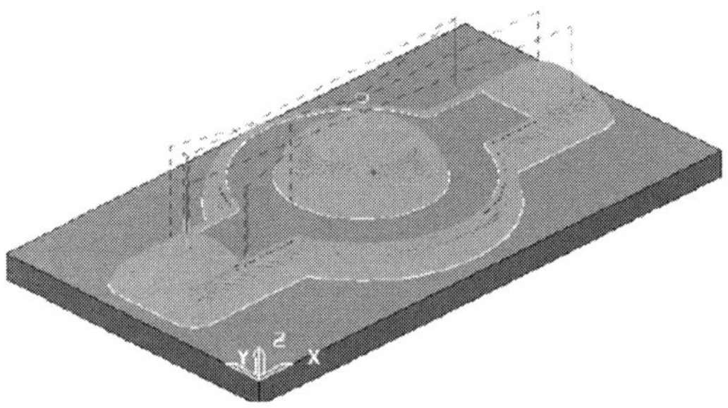

⑮ 다음은 형상부 정삭 툴패스를 생성할 때 사용한 바운더리를 이용해서 평면 영역에 대한 정삭 가공을 진행한다. 평엔드밀 공구를 선택하여 12 mm 공구를 생성한다.

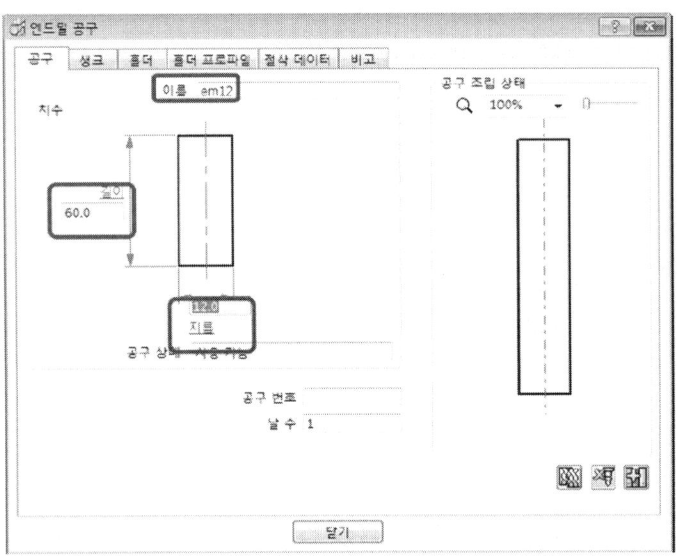


평엔드밀
공구 이름-EM12
지름-12를 입력한다.

⑯ 툴패스 선택창에서 3D 황삭 모델 탭을 선택하고 슬라이스 황삭 가공 방법을 선택한다.

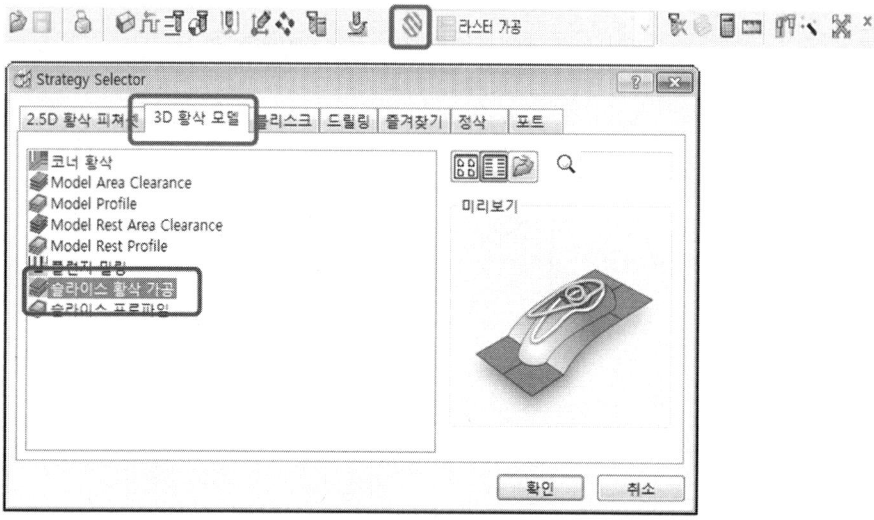


⑰ 슬라이스 황삭 가공 창이 열리면 아래 그림과 같이 설정값을 입력한다.

툴패스 이름-평면 정삭
슬라이스-평면
모두 옵셋
공차-0.02
가공여유-0.0
스텝오버-6.0을 입력한다.

⑱ 툴패스 탐색기 영역의 제한에서 바운더리를 형상부 정삭에 사용했던 정삭 바운더리로 선택하고 사용 영역을 바깥쪽 사용으로 설정한다.
제한은 블록 안 가공으로 설정한다.

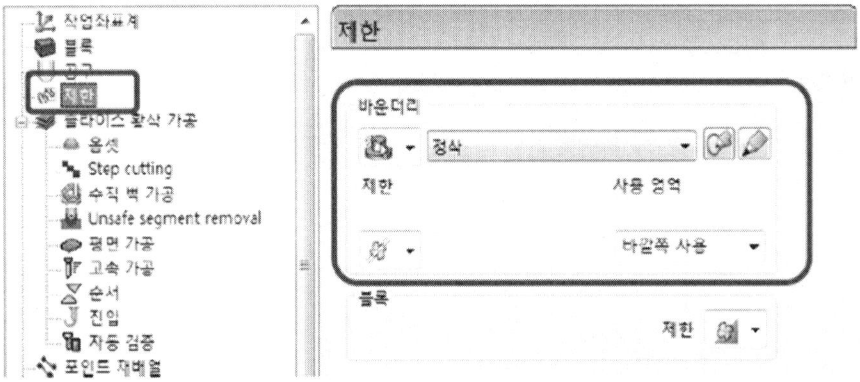


⑲ 툴패스 탐색기 영역에서 옵셋 메뉴를 선택한다.

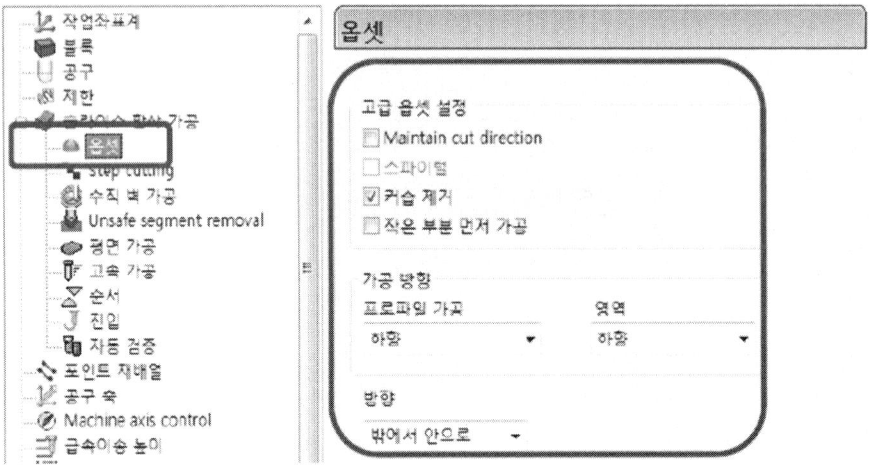

방향은 밖에서 안으로 선택한다.

다음 그림과 같이 고속가공 옵션을 설정한다.

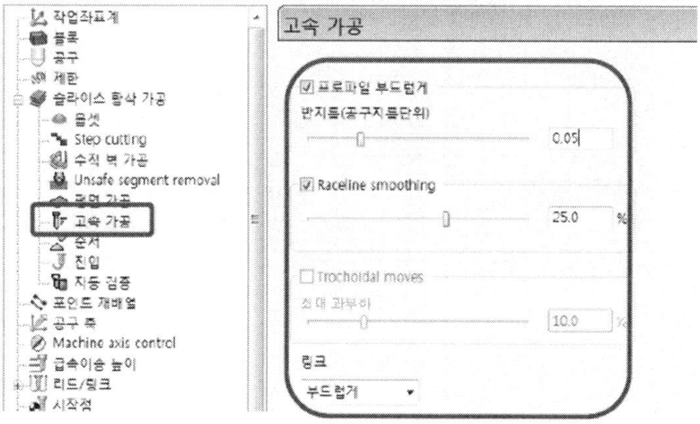


⑳ 계산 버튼을 눌러 툴패스를 생성한다. 이때 아래 그림과 같은 툴패스가 생성된 것을 확인할 수 있다.

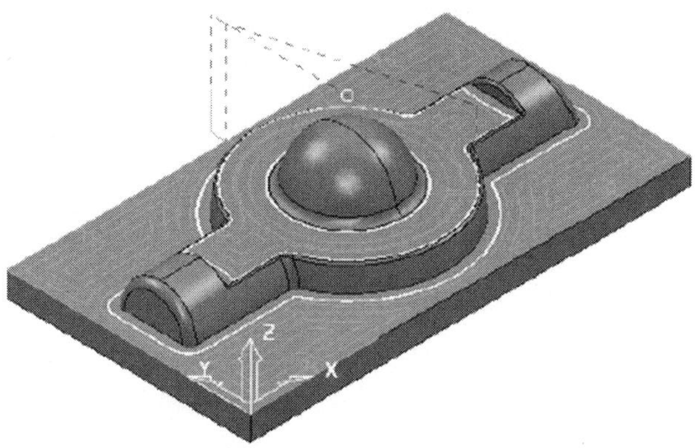

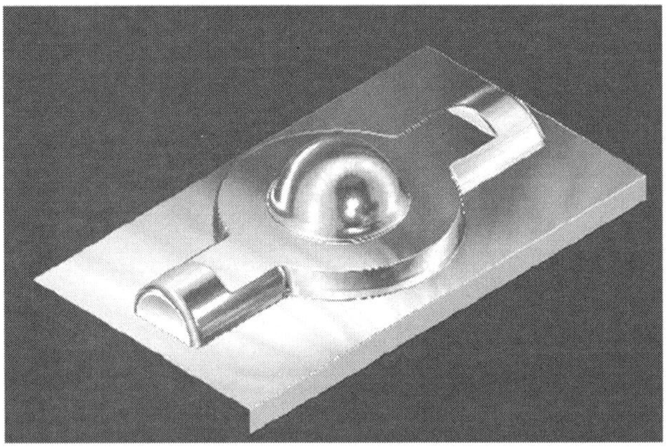

## (7) 코너 가공

① 코너 부분의 가공을 위해 6 mm 볼엔드밀 공구를 생성한다.

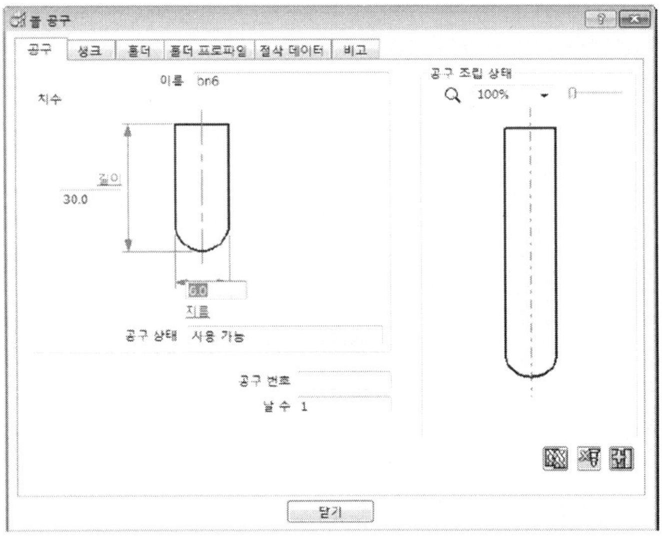


공구 이름 – bn6
지름 – 6.0
볼공구를 생성한다.

② 툴패스 선택창에서 정삭 탭을 선택하고 코너 잔삭 가공 방법을 선택한다.

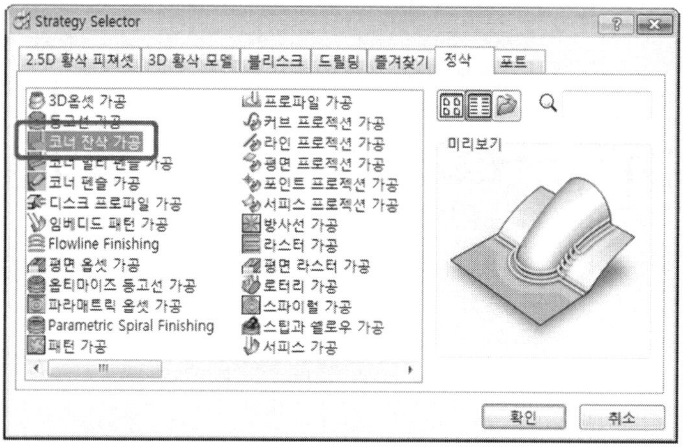


③ 확인 버튼을 눌러 코너 잔삭 가공 창을 연다.

④ 아래와 같이 잔삭 가공 조건을 설정한다.

툴패스 이름-코너 잔삭

출력-양쪽

출력경계각도(Threshold angle)-30

커습-0.02

공차-0.02

가공방향-하향

가공여유-0.0으로 설정한다.

⑤ 코너 감지(corner detection) 창에서 참조 공구를 형상부 정삭에 사용했던 bn8 공구를 선택한다.

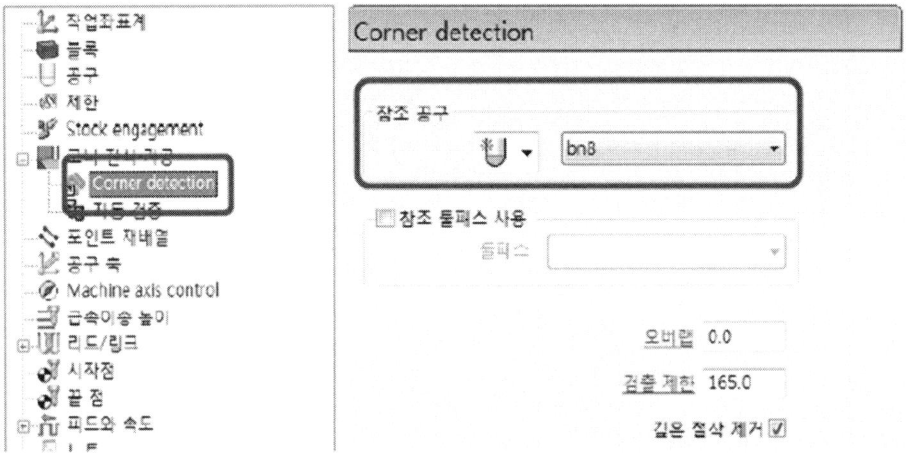

⑥ 리드와 링크 옵션을 선택하고 아래 그림과 같이 설정한다.

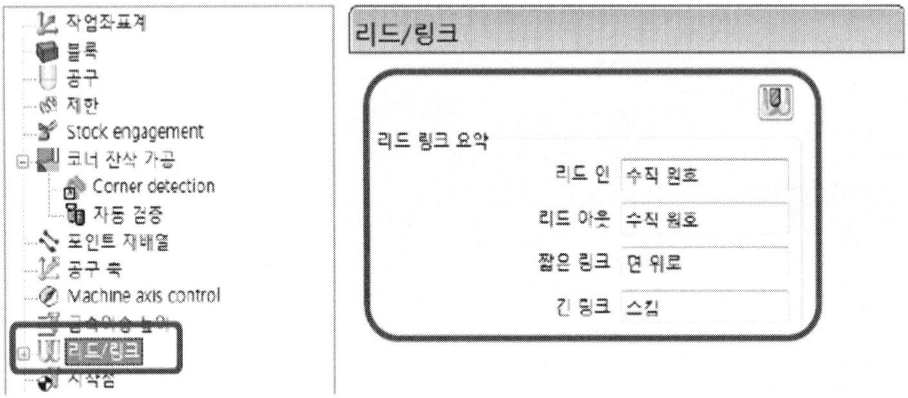

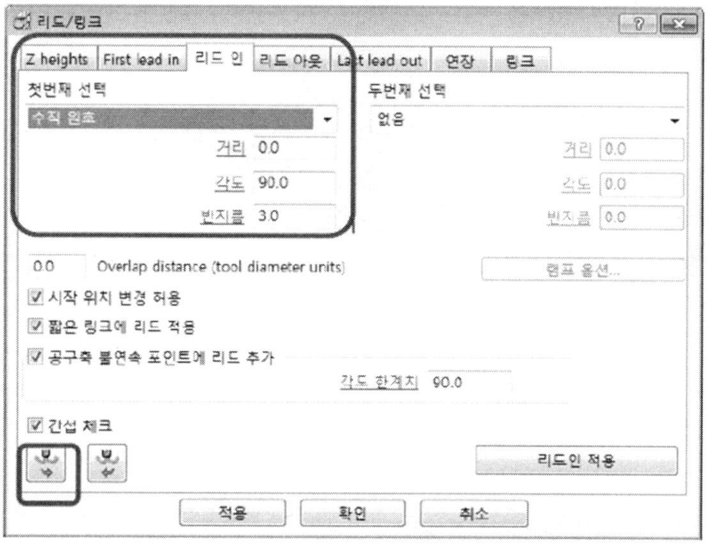


수직원호

각도: 90

반지름: 3.0

⑦ 리드/링크 창 좌측 하단의 리드인과 동일한 리드아웃 버튼을 클릭한다.

⑧ 링크는 아래에 보이는 그림과 같이 설정한다.

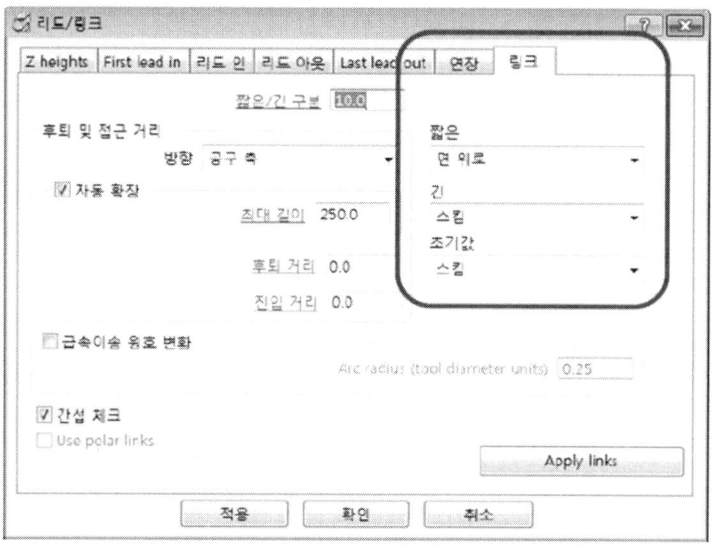


짧은/긴 구분: 10

짧은: 면 위로

긴: 스킴

초깃값: 스킴

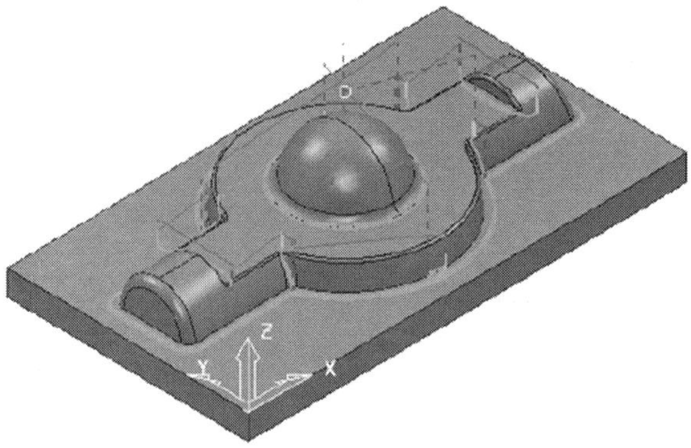


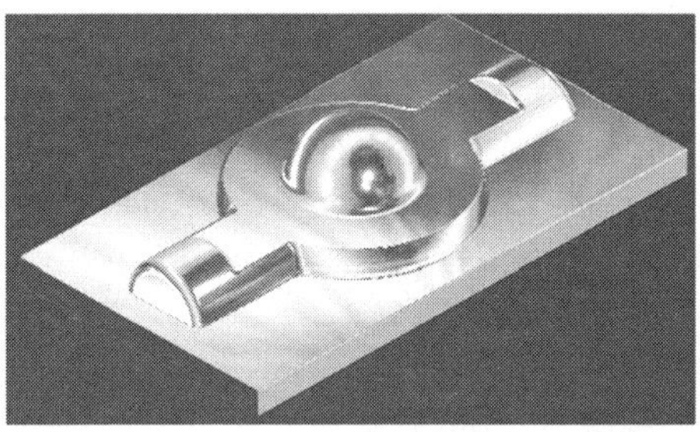

지금까지 파워밀의 다양한 가공 방법을 통해 툴패스 생성이 완료되었다.

## (8) NC 데이터 출력

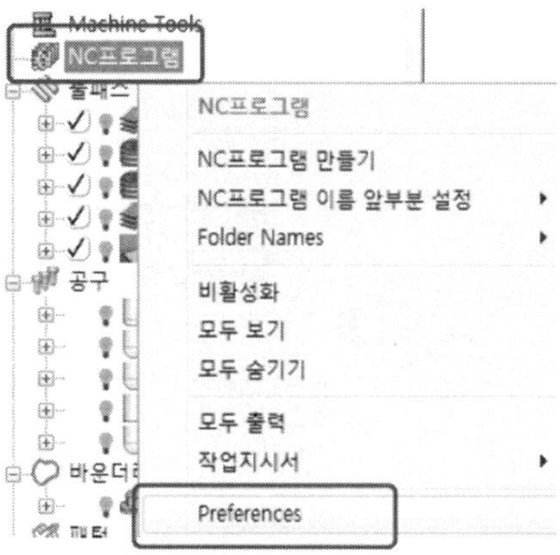


① 우선 출력될 NC data의 경로와 기계 option 파일을 정의한다.

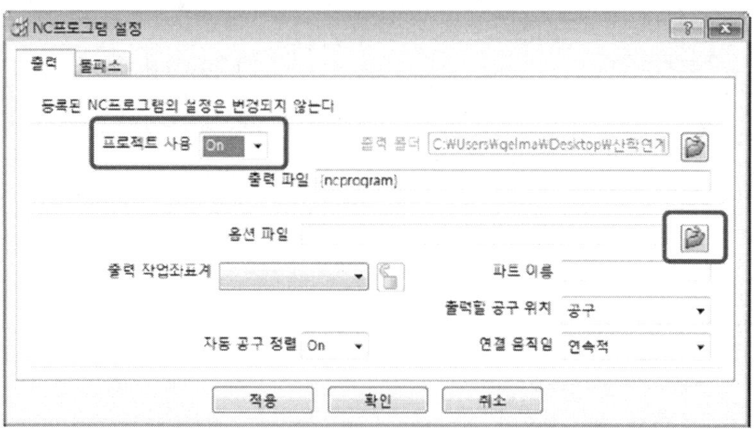


② 프로젝트 사용을 ON으로 설정하고 사용할 옵션 파일을 선택하기 위해 옵션 파일 항목의 폴더 아이콘 을 클릭한다.

③ 다음과 같은 대화창이 나타나면 Fanuc15m.opt 파일을 선택한다.

④ 열기 버튼을 눌러 옵션 파일을 선택한다.

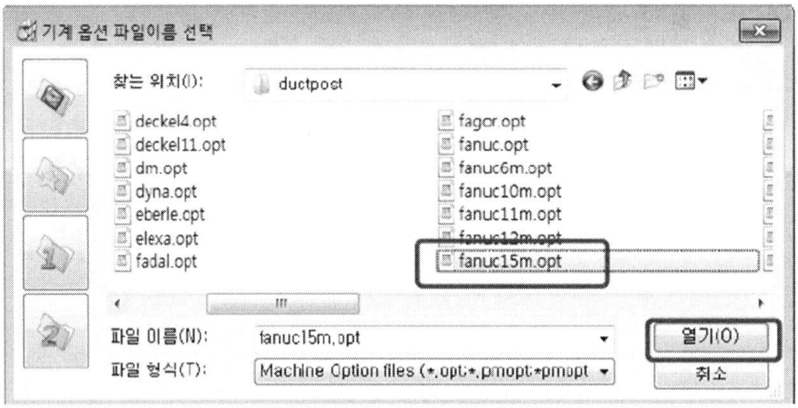


⑤ 툴패스에서 마우스 오른쪽 버튼을 누르고 메뉴에서 NC프로그램에 등록을 선택한다.

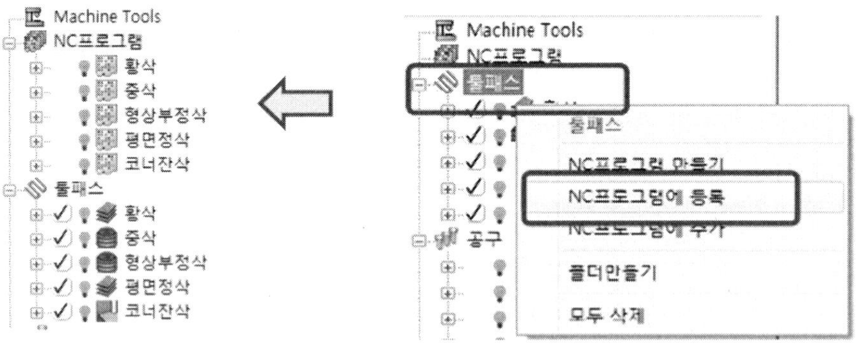


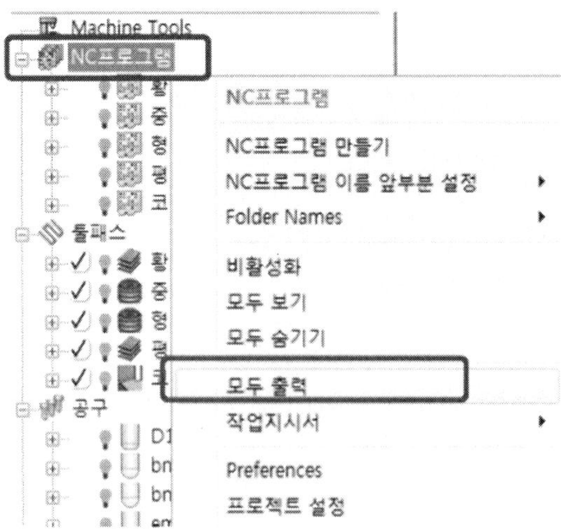

⑥ 저장된 프로젝트 경로에서 출력된 파일을 확인한다.

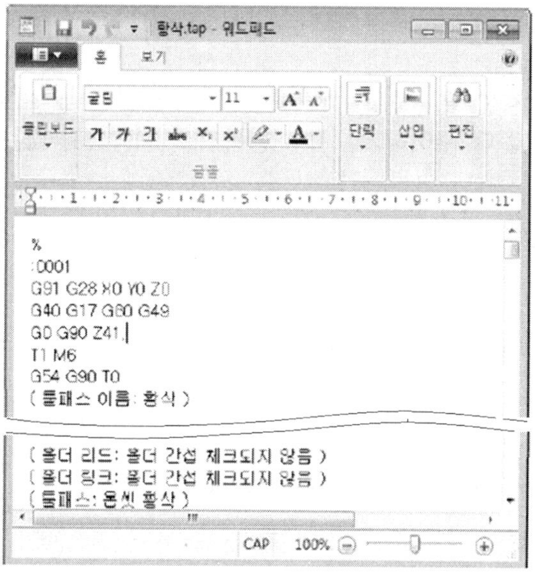

## 복습문제

**01.** CAM 시스템에서 공구 홀더 간섭 체크를 하려면 공구 홀더가 정의되어 있어야 한다. 공구 홀더를 정의할 때 주어야 할 치수 항목으로 적당하지 않는 것은?

㉮ 상단 지름 ㉯ 하단 지름 ㉰ 높이 ㉱ 테이퍼 각

➜ ㉱

**설명** 공구 홀더를 정의할 때 작업 대화창에서 지정해 주어야 할 치수 항목으로는 산단 지름, 하단 지름, 높이 등이 있으며, 여러 단이 있는 경우에는 이들을 반복해서 입력한다.

**02.** CAM 시스템의 결과물로 출력되는 작업지시서에서 치수선 스타일(style) 옵션에서는 어떠한 옵션 유형들이 사용될 수 있는가?

㉮ 수평과 수직 ㉯ 앞면과 뒷면

㉰ 좌측과 우측 ㉱ 실선과 점선

➜ ㉮

**설명** CAM 시스템의 결과물로 출력되는 작업지시서에서 치수선 스타일(style) 옵션으로는 수평과 수직의 2가지가 사용되고 있어서 수평으로 치수선을 나타내거나 수직으로 치수선을 나타낸다.

**03.** 황삭 가공을 실시하였음에도 불구하고 과대한 미절삭 체적이 남아서 현재의 공구보다 작은 공구를 사용하여 후속 가공하는 것을 무엇이라고 하는가?

㉮ 황잔삭 옵셋 가공 ㉯ 황잔삭 스파이럴 가공

㉰ 황잔삭 펜슬 가공 ㉱ 황잔삭 레스트 가공

➜ ㉱

**설명** 황삭 가공을 하였음에도 불구하고 중삭을 하기에는 무리가 있는 과대한 미절삭 체적이 남는 경우에는 이를 크기가 작은 공구로 후속 가공을 하는바, 이를 황잔삭 레스트(Rest) 가공이라 한다.

**04.** 3D 옵셋 가공 패턴을 이용하여 정삭 가공을 진행하고자 한다. 이때 작업 대화창에서 지정하여야 할 파라미터로 볼 수 없는 것은?

㉮ 공차　　㉯ 가공 방향　　㉰ 공구 지름　　㉱ 스텝오버 값

➜ ㉰

**설명** 정삭 가공 단계에서 3D 옵셋 가공을 이용할 때, 작업 대화창에는 공차, 가공 방향, 가공 여유, 스텝오버 등의 항목을 지정할 수 있도록 되어 있다. 공구 지름은 이미 공구 DB 만들기에 이미 입력되어 있다.

# 참고문헌


교육과학기술부, "고등학교 공작기계 I, II", A07.(2011).

김동열 외 3인, "최신 CNC가공 및 CAD/CAM기술", 기전연구사(2009).

서지한, 서광규, "CAD/CAM 개론", 북스힐(2002).

양석동, "기계가공분야 모듈교재 NC프로그래밍", 한국산업인력공단(2013).

엄정섭, "CAM실무_PowerMILL", 일진사(2016).

이민수, "기계가공분야 모듈교재 NC프로그래밍초급, 고급", 한국산업인력공단(2012).

이수용, "기계공작법", 한국산업인력공단(2009).

이승희 외 1, "기계재료", 한국산업인력공단(2006).

이영식, "CNC공작법", 한국산업인력공단(2007).

이영식, "머시닝센터 기초실기", 한국산업인력공단(2013).

이영식, "머시닝센터 응용실기", 한국산업인력공단(2013).

"코오로이 절삭 카다로그", 한국야금(주), 2014.

한국산업인력관리공단, "CAM 학습모듈", 고용노동부(2014-2015).

&03. CNC선반 조작 1502010403_14v2

&04. CNC선반 가공 프로그래밍(Machine) 1502010404_14v2

&05. CNC밀링(머시닝센터) 조작 1502010405_14v2

&06. CNC밀링(머시닝센터) 가공 프로그래밍(Machine) 1502010406_14v2

&07. CNC선반 가공 프로그래밍(CAM) 1502010407_14v2

&08. CNC밀링(머시닝센터) 가공 프로그래밍(CAM) 1502010408_14v2

"Fanuc Serise 취급설명서", 한국화낙, 2005.

"SENTROL-M 취급설명서", ㈜통일중공업, 2013.

http://www.delcam.co.kr

http://www.iljinsa.com

http://www.ncs.go.kr

# 찾아보기

## ㄱ

### ㅊ



### ㅋ

**ㅌ**



**ㅍ**



**ㅎ**



**기타**

< 謝 辭 >

이 저서는 서울과학기술대학교 교내 학술연구비 지원으로 수행되었습니다.

**This study was supported by Seoul National University of Science and Technology.**

# CAD/CAM 실무

## PowerMILL 이용 3차원 가공

2016년 6월 20일 1판 1쇄 인쇄
2016년 6월 25일 1판 1쇄 발행

저 자 ◎ **맹 희 영**
감 수 ◎ **한국델켐(주)**
발행자 ◎ **조 승 식**
발행처 ◎ (주) 도서출판 **북스힐**
서울시 강북구 한천로 153길 17
등 록 ◎ 제 22-457 호

(02) 994-0071(代)

(02) 994-0073

bookswin@unitel.co.kr
www.bookshill.com

**값 16,000원**

잘못된 책은 교환해 드립니다.

**ISBN 979-11-5971-022-3**